百濟 地方統治制度 研究

- 檐魯制를 中心으로 -

百濟 地方統治制度 研究

- 檐魯制를 中心으로 -

李 鎔 彬 著

서경문화사

머리말

필자가 백제사에 관심을 가지게 된 시기는 석사학위 논문을 준비하는 과정에서부터라 할 수 있다. 그 이전에는 비록 구체적이지는 못했지만 고고학을 해보려는 생각에 학교 박물관에서 실시하는 각종 발굴 및 지표조사 활동 등에 적극적으로 참여하면서 나름대로의 지견을 넓힐 수 있었다. 해서 공부를 계속한다면 무엇을 하여야 할 것인지에 대한 필자의 결심은 비교적 확고한 편이었다.

익히 알려진 것처럼 고고학은 무엇보다도 현장을 중시하는 학문이다. 그러나 학부를 졸업한 후 공부에만 전념할 수 없었던 여건으로 말미암아 필자는 여러 난관에 부딪히게 되었다. 이는 석사학위 논문을 준비하는 과정에서 필자의 관심이 문헌사학으로 돌아서게 된 이유이기도 하다. 그때까지 공부한 고고학을 어느 정도는 활용할 수 있다는 생각에 석사학위 논문 주제는 고대사 연구가 적합하다는 나름의 결론을 내렸다. 더욱이 백제사 연구는 최근 관심의 고조 추세에도 불구하고 연구하는 분들이 비교적 적어 좀 더 새로운 영역을 개척해 볼 수 있을 것이란 기대를 갖기에 충분했다. 그럼에도 본격적인 백제사 연구의 시작은 연구 분야를 선정하는 단계부터 주제를 확정하는 과정에 이르기까지 많은 시행 착오를 거쳐야만 했다.

이후 필자가 박사과정에 들어서면서 새로이 주목한 주제는 백제 지방통치제도의 변화상이었다. 특히 <담로제>에 대하여는 연구자들 사이에 '백제의 중앙이 모든 지배영역을 직접 통치하기 위하여 편제한 지방통치제도'라는 공통된 인식이 형성되어 있었다. 이러한 인식에는 담로제 편제 이전의 지방통치제도였던 5부제는 제도로 미숙하였다는 측면의 부각과 그 이후에 시행된 제도는 보다 발전적이었으리라는 선입견이 없지 않았다. 그러나 『삼국사기』 백제본기에는 담로제가 편제되었다고 하는 근초고왕 혹은 개로왕 이후에도 기존 백제의 지방통치제도인 5부제가 지속적으로 나타나고 있으며, 이를 통하여 부와 부민에 대한 국왕의 통치 행위가 계속되고 있음을 알 수 있다.

따라서 담로제는 그 개념 규정에서부터 실시 시기 및 지역, 지방관의 성격, 통치 방식 등에 대한 전면적인 재검토가 필요하였고, 이에 대한 올바른 사실 규명은 이 제도 이외에 백제사의 전개 과정 속에서 존속하였던 여타의 지방통치제도를 이해하는 데도 필수적 과제라 할 수 있다. 필자는 이러한 문제 의식을 염두에 두고 백제사 전개 과정 속에 존속하였던 지방통치제도로 5부제, 담로제, 5방제를 상정하고 그 편제와 변화·발전 과정에 대하여 종합적으로 고찰·정리하여 새로운 인식을 더하고자 하였다.

그 결과 필자는 백제의 멸망 전까지 존속하였던 5방제 이전은 5부제가 백제의 지방통치에 있어서 근간을 이루고 있었던 반면 담로제는 기존의 견해와는 달리 결코 5부제의 해체를 담보로 편제된 것이 아니라 편중된 지역에 특수한 목적을 가지고 설정되었으며, 두 제도는 일정 기간 병존하였다고 파악하였다.

이 책은 필자가 제출한 박사학위논문의 골격을 대체로 유지하면서 내용의 일부를 보완·수정한 것이다. 그러나 한정된 사료와 필자의 능력 부족으로 말미암아 논지 전개상 무리한 추측과 논리의 비약이 적지 않았음을 자인할 수밖에 없다. 이 책을 읽는 모든 분들의 폭넓은 가르침과 격려를 바랄 뿐이다. 필자의 보잘 것 없는 연구 성과가 한 권의 책으로 간행되기까지는 참으로 많은 분들의 가르침과 도움이 있었다.

먼저 이정인·이범직·김위현·신천식·홍종필 선생님은 역사학에 대한 가르침뿐 아니라 학도로서의 기본 자세에 이르기까지 많은 가르침을 주셨다. 특히 신천식 선생님은 학부시절부터 현재에 이르기까지 부형과 같은 마음으로 여러모로 모자라고 미흡한 제자가 공부를 계속 할 수 있도록 많은 도움을 주시면서 참으로 평생 갚지 못할 은혜를 베풀어 주셨다. 김위현·홍종필 선생님께서도 항상 자애로운 마음으로 필자를 이끌어 주셨으며, 사학과의 정성화·정철웅·김차규 교수님의 격려도 큰 힘이 되었다.

또한 대학원 시절 가르침을 주신 중앙대 김호일·정신문화연구원 정구복 선생님께도 사의를 표한다. 학위 논문을 심사하는 과정에서 거친 글을 다듬고 그나마 논문으로서 격식을 갖출 수 있도록 지도해 주신 이화여대 신형식·충북대 양기석 선생님께도 깊은 감사를 드리지 않을 수 없다.

강안수 명지대 화공과 교수님께서는 필자가 직장생활을 하면서도 공부를 병행할 수 있도록 많은 배려를 해주셨고, 이외에도 헤아릴 수 없을 정도로 많은 분들이 도움과 격려를 아끼지 않으셨다. 이 자리를 빌어 거듭 감사를 드린다.

평생을 고단한 삶을 사시면서도 자식들의 교육을 위하여 정신적·육체적 수고를 마다하지 않으신 부모님의 은혜도 빼놓을 수 없다. 지금도 그 모진 고생을 하시던 양친의 모습을 떠올리면 마음이 착잡해진다. 이 책이 나오게 된 까닭은 뭐니뭐니 해도 부모님의 오랜 고생의 대가라 여긴다.

그리고 필자의 정신적인 후원자가 되어서 격려를 아끼지 않으신 장인·장모님과 형님·누님 내외분들께도 감사드린다.

아울러 이 책이 남편 뒷바라지를 위하여 누구보다도 마음 고생이 많았을 사랑하는 아내 정경숙과 아빠 노릇 한번 변변히 못해 준 필자의 자녀들 서경·서연·호연에게는 자그마한 위안이 되었으면 하는 바람이다.

바쁜 와중에도 이 책의 교정을 위하여 애써 준 오랜 벗 염승화에게도 고마움을 표한다. 끝으로 어려운 상황에서도 이 책의 출판을 흔쾌히 승낙해 주신 서경문화사 김선경 사장님과 알찬 책이 되도록 고생하신 편집부 여러분에게도 감사의 마음을 전한다.

앞으로 더욱 연구에 정진하는 길이 여러 고마운 분들의 은혜에 보답하는 것이라고 거듭 생각하며 머리말로 갈음하고자 한다.

2002년 1월 저자

차 례

第 I 章

序　論

1. 研究史 檢討
2. 研究主題 및 方法

第 I 章

序　　論

1. 研究史 檢討

백제사에 대한 인식의 폭이 넓어지면서, 최근 가장 많은 관심이 집중된 분야중의 하나가 백제의 중앙과 지방의 관계를 규명하고자 하는 노력이라 할 수 있다. 이러한 경향은 백제의 중앙에 의한 지방지배 문제는 결국 백제의 정치 발전 정도를 가늠할 수 있는 중요한 요인이므로 결코 소홀히 할 수 없는 과제이기 때문이다. 특히 삼국이 치열하게 대립하고 있는 상황에서 통치영역내의 지방에 대한 효율적 관리는 국가의 생존과 직결된다는 점에서 연구자들의 관심을 더욱 배가시켰다고 하겠다.

그러나 백제의 지방통치체제에 관한 연구는 1980년대 중반 이후에 이르러 본격화되었으며, 그 이전에 이루어진 연구는 대체적인 윤곽을 제시하는 차원에 머물렀을 뿐 專論은 아니었다.[1]

1) 1980년대 중반 이전 백제사에 관한 연구성과는 盧重國, 『百濟政治史硏究－國家形成과 支配體制의 變遷을 中心으로－』, 一潮閣, 1988, 1～19쪽에 잘 정리

1980년대 중반 이후 진행된 연구결과 백제사에서 지방통치와 관련된 제도로는 5部制, 城·村制, 檐魯制, 王·侯·太守制, 方·郡·城制 등이 상정되고 있다. 그러나 이들 제도가 계승적 발전과정 속에서 존재한 것인지, 시기적 선후관계와 공존성 문제, 또는 동일한 제도에 대한 다른 표현인지 등 여러 문제가 해결되지 못한 가운데 논란이 계속되고 있는 실정이다. 따라서 본 절에서는 백제 지방통치제도의 전개와 변화과정에 대한 기존 견해들을 거시적 측면에서 살펴본 후 각론과 관련한 여러 견해들을 5부제, 담로제, 5방제의 순서로 세분하여 상술하고자 한다.

백제의 지방통치제도에 대하여 본격적인 연구를 수행한 것으로 평가되는 今西龍은 5부·5방에 대하여 武寧王代에 지방에 22담로를 설치했다가 사비 천도후 도성의 5부와 지방의 5방으로 나누었으나 5방은 전국을 구획한 것은 아니었으며, 백제 말기의 5부 단계에 와서야 전 영역을 나누었다고 하면서 지방에 대한 행정단위도 5방에서 5부로 변화하는 것으로 파악하였다.2)

金哲埈은 백제 초기의 전국행정구역으로서 部制는 왕도를 포함하는 5부제인데 近肖古王代에 이르러 크게 팽창하였다가, 이후 毗有王代에 이르러 그 역할이 축소되었고 사비시대에 이르러 5方으로 정비된다고 하였다.3) 이 견해는 초기의 5부제가 사비시대의 5방에 연결된다는 점에 그 특징이 있다고 할 수 있으나, 이에 관련된 구체적 논증이 결여되었고, 또한 백제사의 전개 과정에서 확인되는 담로제를 전혀 언급하지 않았다는 한계를 안고 있다.

盧重國은 근초고왕 이전은 5부체제, 근초고왕대부터 웅진 도읍기까

되어 있다.

2) 今西龍, 「百濟五方五部考」『百濟史硏究』, 近澤書店, 1934, 288~308쪽.

3) 金哲埈, 『韓國古代社會硏究』, 知識産業社, 1975, 60~63쪽.

지는 담로체제, 사비 도읍기는 방·군·성체제가 본격적으로 시행되고 있다고 파악하였다.[4] 이처럼 백제의 지방통치제도가 시대를 달리하면서 계기적으로 변화하고 있다는 점과 실시 시기의 구체적 논증 결과는 이후 연구자들에게 많은 영향을 주었다.

朴賢淑 또한 노중국의 견해와 같이 초기 5부체제－4세기 중반 이후의 담로제－6세기 중반 이후의 5방체제로의 전환이라는 계기적 관계로 설정하면서 이는 간접지배에서 직접지배로, 부분적 실시에서 전국을 단위로 한 일원적 통치체제로의 발전과정으로 보고 있다.[5] 그러나 그 논증 과정에는 노중국과 상이한 부분이 많이 있음을 지적할 수 있다.

반면 鄭載潤은 東城王代에 중앙정부의 통치력이 강하게 미치는 웅진 부근의 주요 성에는 지방관을 파견하였지만, 토착세력이 강한 지역에는 이와 달리 중앙의 귀족과 왕족들을 이 지역의 王·侯로 파견하다가 이들에 대한 제압이 어느 정도 이루어진 무녕왕대에 이르러 담로제를 실시하였고, 이후 6세기 중반경에 담로를 관할하는 方이 설치되면서 5방제가 확립된 것이라고 하였다.[6] 즉 웅진 천도 이후 중앙 정부의 통치력이 점차 강화되면서 동성왕대의 왕·후호제－무녕왕대의 담로제－6세기 중반의 5방제로 변화했다는 것이다. 이러한 견해는 왕·후호제를 담

4) 盧重國,「泗沘時代 支配體制의 變遷」『韓㳓劤博士停年紀念史學論叢』, 1981;「漢城時代 百濟의 地方統治－檐魯體制를 中心으로－」『邊太燮博士華甲紀念史學論叢』, 1985;「目支國에 대한 一考察」『百濟論叢』2, 1990;「漢城時代 百濟의 檐魯制 實施와 編制基準」『啓明史學』2, 1991.
5) 朴賢淑,「百濟 初期의 地方統治體制硏究－'部'의 性格과 變化過程을 中心으로－」『百濟文化』20, 1990;「百濟 檐魯制의 實施와 그 性格」『宋甲鎬敎授停年退任紀念論文集』, 1993;「百濟 泗沘時代의 地方統治體制 硏究」『韓國史學報』창간호, 1996;「百濟地方統治體制硏究」, 고려대대학원 박사학위논문, 1997;「百濟 泗沘時代의 地方統治와 領域」『百濟의 地方統治』, 學硏文化社, 1998.
6) 鄭載潤,「熊津·泗沘時代 百濟의 地方統治體制」『韓國上古史學報』10, 1992.

로제와는 별개의 제도로서 상호 계기적 관계에 있었다고 보는 것으로 末松保和,[7] 坂元義種,[8] 武田幸男[9] 등의 일본 학자들이 이미 제기한 바 있으며, 이후 田中俊明도 이러한 의견을 따르고 있다.[10] 그러나 웅진 천도 이전 한성시대의 제도에 대한 언급이 없는 관계로 백제 지방통치 제도의 전체적인 변화와 발전과정을 살필 수 없다는 아쉬움이 있다.

金英心은 5~7세기 백제의 지방통치체제를 남방으로의 영역 확대 과정과 결부시켜 언급하면서 초기 부체제 이후 설치한 22담로란 蓋鹵王代에 백제의 전 영역을 중앙정부의 강력한 통제 아래에 두기 위하여 편제한 것으로 보면서 담로제와 5방제를 계기적 관계로 보고 있는 기존의 견해와는 달리 담로의 설정단계부터를 5방제의 성립과정으로 파악하고 있다는데 차이가 있다.[11] 그러나 이 역시 5~7세기라는 한정된 시기를 대상으로 하였기 때문에 상대적으로 5세기 이전에 실시되었던 제도를 이해하기에는 부족한 감이 있다.

金起燮은 초기 5부의 성격을 행정상의 필요에 따라 편제된 것이지만 그 시기는 『삼국사기』의 기록과 같이 온조왕대가 아니라 근초고왕대에

---

7) 末松保和, 『任那興亡史』, 吉川弘文館, 1949, 109~114.

8) 坂元義種, 「五世紀の<百濟大王>とその王・侯」 『古代の朝鮮』, 學生社, 1973, 99~103쪽.

9) 武田幸男, 「『6世紀における朝鮮三國の國家體制」 『東アジア世界における日本古代史講座』 4, 學生社, 1980, 47~48쪽.
특히 氏는 4세기 말의 성・촌제, 5세기의 왕・후・태수제, 6세기 초의 담로체제, 6세기 중엽 이후의 방・군・성체제로 파악하고 있다.

10) 田中俊明, 「百濟 地方統治에 대한 諸問題－5~6세기를 중심으로－」 『百濟의 中央과 地方』, 忠南大百濟硏究所, 1996.

11) 金英心, 「5~6세기 百濟의 地方統治體制」 『韓國史論』 22, 1990; 「6~7세기 百濟의 地方統治體制－地方官을 중심으로－」 『韓國古代史硏究』11, 1997; 金英心, 「百濟地方統治體制硏究－5~7세기를 중심으로－」, 서울대대학원 박사학위논문, 1997.

성립되었으며, 이후 부를 통한 간접지배의 방식을 벗어나 강화된 왕권을 반영하는 지방행정조직인 담로제가 출현하는 시기를 개로왕대로 보고 있다.12)

백제 지방통치제도의 계기적 변화·발전이라는 이들 견해와는 달리 4세기 중반 이후 백제에는 기존 영역인 금강 이북 지역은 기존의 제도인 5부제가, 금강 이남의 새로 복속한 지역에는 거점성 중심의 담로제가 상존하는 이원적 지방통치제도가 일정 기간 존속하였다는 견해도 제기되었다.13)

이상에서 백제의 지방통치제도의 전체적인 흐름을 간략히 살펴보았는데 그 결과 상당한 견해차가 있음을 확인할 수 있었다. 따라서 各論에서는 초기 5부제와 담로제 및 방·군·성제의 검토를 통하여 이러한 견해차가 발생하게 되는 세부적 요인을 좀더 구체적으로 살펴보고자 한다.

기록에 나타나는 부제에 대한 학계의 연구성과는 크게 둘로 구분할 수 있다.

첫째는 온조왕대에 국내를 남·북부와 동·서부로 획정하였다는 『삼국사기』 백제본기의 기사14)와 관련한 견해인데, 이때의 부는 백제의 통치영역을 행정상의 편의를 위하여 인위적으로 구획한 지방통치제도라는 인식이다.

---

12) 金起燮, 「百濟 前期의 部에 관한 試論」 『百濟의 地方統治』, 學硏文化社, 1998.

13) 李道學, 「漢城 後期의 百濟 王權과 支配體制의 整備」 『百濟論叢』 2, 百濟文化開發硏究院, 1990, 307~308쪽; 『백제 고대국가 연구』, 一志社, 1995, 321~329쪽.

14) 『三國史記』 卷23 百濟本紀1 溫祚王 31年 春正月. "分國內民戶 爲南北部"
『三國史記』 卷23 百濟本紀1 溫祚王 32年 秋八月. "加置東西二部"

둘째는 『周書』·『北史』·『隋書』 등[15]에 보이는 부에 대한 견해로 이것은 왕도를 구획한 것이며, 또한 『일본서기』에 나오는 인명이 관칭된 부명 즉 상·중·하·전·후부 등도 왕도의 부[16]를 지칭하는 것으로 보는 견해[17]이다.

현재까지의 연구결과 후자의 부가 왕도를 구획한 것이라는 데에는 별다른 이견이 없으나 전자의 부는 공통된 의견이 도출된 바가 없다. 또한 대부분의 연구가 백제의 지방통치제도를 언급하면서 부분적인 관심을 표명하는 정도였고,[18] 그 결과는 다음과 같이 간략하게 정리할 수

---

15) 『周書』 卷49 列傳41 異域上 百濟. "治固麻城…都下有萬家 分爲五部曰 上部 前部 中部 下部 後部 統兵五百人"
『北史』 卷94 列傳82 百濟. "其都曰居拔城 亦曰固麻城…都下有萬家 分爲五部 曰 上部 前部 中部 下部 後部 部有五巷 士庶居焉 部統兵五百人"
『隋書』 卷81 列傳46 東夷 百濟. "其都曰居拔城…其內爲五部 部有五巷 士人居焉"

16) 왕도는 여타 지역과는 달리 국왕의 직접적인 통제하에 있고, 중앙의 지배층이 거주하는 지역이기 때문에 다른 지역에 비해 중앙과 긴밀한 관계를 가지고 제도의 운영상 서로 분리 시킬 수 없는 측면이 있다. 하지만 왕도의 편제는 중앙에서 정치를 이끌어가는 중앙통치체제와는 다른 차원의 왕도라는 지역에 대한 통치제도라는 점에서 지방통치체제의 범주에 포함시킬 필요가 있다(金英心, 「百濟의 支配體制 整備와 王都 5部制」 『百濟의 地方統治』, 學硏文化社, 1998, 104쪽).

17) 다만 『일본서기』 흠명기 13년조(552)의 西部 姬氏와 제명기 원년조(655)의 '西部恩率鬼室福信' 등은 왕도 5부를 다르게 표현한 것으로는 보이지 않는다. 이는 백제멸망기의 기록인 『삼국사기』 백제본기 의자왕 20년조(660)의 "國本有五部 三十七郡 二百城 七十六萬戶"에서 알 수 있듯이 방위명 부는 5방과 동일한 실체로 여겨진다. 따라서 『일본서기』에서 방위명 부를 관칭한 인물들을 일괄적으로 왕도인으로 보는 것은 재고 되어야 한다. 이와 관련하여 백제 초기의 전국 행정구역이었던 5부가 사비시대의 5방으로 연결된다는 견해(金哲俊, 「百濟社會와 文化」 『武寧王陵 發掘調査報告書』, 文化財管理局, 1973)가 주목된다.

18) 백제 초기 '部'를 지방통치제도로 인식하면서 심도 깊게 다룬 연구자는 朴賢淑(「百濟 初期의 地方統治體制硏究-'部'의 性格과 變化過程을 中心으로-」

있다.

今西龍[19]을 제외한 대부분의 연구자가 5부제의 실재를 인정하고 있다.[20] 다만 그 성격은 전국을 인위적으로 구획한 초보 단계의 지방통치 조직으로 인식하는 견해[21]와 고대국가 형성과정에서 부족연맹체의 대안 개념으로 사용되는 단위정치체인 '부체제'로 파악하면서[22] 왕도의 지배자 집단의 거소이며, 또한 이들이 관할하는 일정한 구역으로 보는 견해[23]로 대별된다.

부의 실시 시기는 온조왕[24] · 고이왕[25] · 근초고왕대[26]로, 해체 시기

『百濟文化』 20, 1990)을 들 수 있다.

19) 今西龍, 「百濟五方五部考」『百濟史硏究』, 近澤書店, 1934, 307~308쪽.

20) 백제 초기의 부제는 보통 중앙을 포함하여 5개의 부로 구성된 것으로 인식하고 있다. 그러나 5부가 아닌 4부로 보는 견해(李宇泰, 「百濟의 部體制－新羅와의 比較를 중심으로－」『百濟史의 比較硏究』, 忠南大百濟硏究所, 1993, 95~98쪽)와 초기에는 중앙부 · 북부 · 동부의 3부제로 운영되다가 고이왕대에 이르러 5부제로, 이후 근초고왕대에는 중앙부와 북부의 2부 중심 체제로 운영된 것으로 파악하는 견해도 있다(朱甫暾, 「百濟 初期史에서의 戰爭과 貴族의 出現－部體制를 중심으로－」『百濟史上의 戰爭』, 忠南大百濟硏究所, 1993,69~86쪽).

21) 李鍾旭, 「百濟의 建國과 統治體制의 編成」『百濟論叢』 4, 1994, 10쪽.
朴賢淑, 앞의 논문, 1990, 21~41쪽.

22) 盧泰敦, 「三國時代 '部'에 關한 硏究－成立과 構造를 中心으로－」『韓國史論』 2, 1975, 14~16쪽; 「初期 古代國家의 國家構造와 政治運營－部體制論을 中心으로－」『한국고대사학회 제1회 하계세미나발표요지』, 1999, 4~5쪽.
盧重國, 앞의 책, 96~98쪽; 앞의 논문, 1991, 22~23쪽.
文東錫, 「한강유역에서 백제의 국가형성」『역사와 현실』 21, 1996, 88~89쪽.

23) 盧重國, 위와 같음.

24) 李鍾旭, 앞의 논문, 1004, 10쪽.
朴賢淑, 앞의 논문, 1990, 21~41쪽.

25) 盧重國, 앞의 논문, 22~23쪽.
朱甫暾, 앞의 논문, 1993, 69~86쪽.

는 고이왕[27] · 근초고왕대[28]라는 의견이 제시되었다.

따라서 5부제의 실재 및 그 운영에 따른 견해는 대략 공통점을 찾을 수 있지만, 성격과 실시 및 해체 시기 등에는 통일된 견해가 없음을 알 수 있다. 이러한 이유는 『삼국사기』 초기 기록의 해석 차이에 기인하는 바[29] 임은 주지의 사실이다.

다음으로 담로제는 중국 사서인 『양서』 백제전에 그 실체가 기술되어 있어서 비교적 활발한 연구가 이루어졌다. 그런데도 백제의 전반적인 지방통치제도에 대한 인식의 혼란은 결국 담로제의 정확한 실상을 파악하지 못하고 있는 데서 기인하는 바가 크다고 할 수 있다. 즉 담로제의 개념, 관련사료에 대한 이해, 편제배경 및 그 시기, 왕 · 후제와의 관련성, 실시지역, 지배방식과 성격 등 거의 모든 부분에서 많은 논란을 야기하고 있다.

먼저 담로에 대하여는 보통 '城邑' · '大城'으로 파악하면서 이를 지방의 治城으로 이해하고 있다.[30] 그러나 최근 담로는 순수한 우리말의 흙이나 벽돌, 그리고 돌로 둘러쌓아 밖과 구분하는 구조물인 '담'에서 비롯된 것으로 이를 마한 소국의 토성과 연결시키면서 지방의 치성으로 보는 견해도 제기되었다.[31]

단, 주보돈은 백제 초기에는 중앙부 · 북부 · 동부의 3부제로 운영되다가 고이왕대에 5부제가 확립된 것으로 파악하고 있다.

26) 金起燮, 「百濟 漢城時代 統治體制硏究－近肖古王代를 중심으로－」, 한국정신문화연구원 박사학위논문, 1997, 200쪽.

27) 盧泰敦, 앞의 논문, 1975, 14~16쪽.

28) 朱甫暾, 앞의 논문, 1993, 69~86쪽.

29) 『삼국사기』 초기 기록의 사료적 가치에 대한 제견해는 盧重國, 앞의 책, 21~30쪽 및 李道學, 「百濟의 起源과 國家形成에 관한 재검토」 『한국 고대 국가의 형성』, 民音社, 1990, 106~130쪽 참조.

30) 李丙燾, 『韓國古代史硏究』, 博英社, 1976, 506쪽.

31) 兪元載, 「『梁書』 <百濟傳>의 檐魯」 『百濟의 中央과 地方』, 忠南大百濟硏究

다음으로 담로의 편제 배경과 설치 지역 및 그 성격 등은 대체로 지방에 대한 국가 통제력 강화의 지향에 따라 간접지배 방식인 부체제의 미숙성을 극복하고자 지방관을 파견함으로써 백제 전역을 적극적이고 일원적인 통치체제로 편제하려는 것으로 파악하고 있다.[32] 다만 이도학만이 근초고왕대에 새로이 복속한 지역인 금강 이남의 전라도 지역을 거점성 중심으로 통치한 제한된 지방지배 방식으로 파악하고 있어 5부제와 담로제의 이원적 지방통치제도를 상정하고 있을 뿐이다.[33]

한편 담로제의 편제시기는 이를 정확히 판단할 수 있는 자료가 없는 관계로 연구자간 많은 이견을 보이고 있다. 그러나 이 분야의 연구자들은 연구방법상 『양서』 백제전 뿐 아니라 『일본서기』의 단편적인 기사를 중심으로 제도 설정과 관련된 역사적 배경 등을 적극 활용・분석하고 있다는 공통점을 가지고 있다.[34] 그 결과 담로제의 실시시기는 백제의 건국 초기[35]・근초고왕대[36]・개로왕대[37]・무녕왕대[38]로 보는 견해

所, 1996, 53~59쪽; 「백제의 마한 정복과 지배 방법」『영산강유역의 고대사회』, 학연문화사, 1999, 152~154쪽.

32) 盧重國, 앞의 논문, 1985, 135쪽.
金英心, 앞의 논문, 1990, 86쪽.
朴賢淑, 앞의 논문, 1993, 627~629쪽.
金起燮, 앞의 논문, 1997, 210쪽.
田中俊明, 앞의 논문, 1996, 179~180쪽.

33) 李道學, 「漢城 後期의 百濟 王權과 支配體制의 整備」『百濟論叢』 2, 1990, 309~310쪽.

34) 담로의 편제 시기에 대한 이해는 이 제도의 실상을 파악하는데 매우 중요한 의미를 가지므로 이와 관련한 제견해들은 본문을 통하여 다시 상세하게 살펴 볼 예정이다.

35) 李丙燾, 앞의 책, 1976, 506쪽.

36) 盧重國, 앞의 논문, 1985, 135쪽
李道學, 앞의 책, 1995, 328쪽.
金壽泰, 「百濟의 地方統治와 道使」『百濟의 中央과 地方』, 忠南大百濟研究所, 1996, 141~142쪽.

로 나타나고 있다.

다음으로 담로제와 왕·후제와의 관련성 문제이다. 이 문제는 왕·후제를 과연 담로와 같이 지방통치제도로 인정할 수 있는지 여부에 따라 몇 가지 견해로 구분할 수 있다.

먼저 왕·후제를 지방통치제도로 인정하는 입장은 왕·후호 수작자들이 후에서 왕으로 승진하거나 분봉되는 지역이 변경되는 것으로 보아 현실적인 세력이 반영되었을 뿐 아니라 실질적인 임무를 수행하고 있었던 것으로 보고 있다. 또한 이들은 왕권하에 강력하게 예속되어 있었고, 지방을 통치하고자 파견한 지방관이라는 것이다.[39] 따라서 『양서』에 보이는 '자제종족'을 『송서』·『남제서』·『위서』 등의 왕·후호 수작자의 다른 표현으로 보고 두 제도를 동일한 실체로 파악하고 있다. 그러나 왕·후제가 지방통치제도인 것은 분명하지만 담로제와 동일한 실체는 아니며, 왕·후제가 한 단계 진전된 것이 담로제로 이들 두 제도는 계기적 관계에 있었다고 이해하기도 한다.[40] 반면 왕·후제를 百濟流의 천하관 형성이라는 차원에서 작위적이고 의례적인 성격[41]으로 보거나 혹은 백제의 대중국관계·해외경영과 관련된[42] 것으로 파악하면서 이 제도가 지방통치와는 무관한 것으로 인식하기도 한다.

---

37) 金英心, 앞의 논문, 1990, 83~86쪽.
金起燮, 앞의 논문, 1997, 200~202쪽.
38) 李基白, 『韓國古代政治社會史硏究』, 一潮閣, 1996, 191~192쪽.
梁起錫, 「熊津時代의 百濟支配層 硏究」 『史學志』14, 1980, 20쪽.
鄭載潤, 앞의 논문, 1992, 515쪽.
39) 金英心, 앞의 논문, 1990, 83~86쪽.
李道學, 앞의 논문, 1990, 309~310쪽.
40) 田中俊明, 앞의 논문, 1996, 179~180쪽.
41) 梁起錫, 「5세기 百濟의 「王」·「侯」·「太守」制에 대하여」 『史學硏究』 38, 1984, 75쪽.
42) 盧重國, 앞의 논문, 1985, 150~151쪽.

백제의 지방통치제도 중 가장 진전된 형태로 멸망 시까지 존속하였던 제도인 5방제는 중국의 여러 사서를 통하여 그 실체가 비교적 소상히 확인되기 때문에 몇몇 각론을 제외하고는 연구자간 견해차가 그리 크지 않나.

먼저 5방제의 성립 배경과 관련 6세기 초 백제의 전 영역이 22개의 담로로 분할되면서 점차 중앙의 강력한 통제가 어려워지자, 지방의 통제력 강화와 수취기반의 확대를 꾀하는 과정에서[43] 몇개의 담로를 하나의 범주로 묶게 된다. 중앙정부의 통치력, 특히 군사적 측면에서의 통치력을 좀 더 효율적으로 행사하려고 상위의 행정구획으로서 5방을 설정한 것으로[44] 단순한 명칭 변경이 아닌 근본적인 변화의 추구로 보고 있다.[45]

5방제의 실시시기와 관련해서는 웅진시기,[46] 사비천도를 전후한 시기,[47] 사비천도 후 위덕왕대,[48] 6세기 전반부터 점진적인 변화과정을

---

43) 노중국은 백제가 지방통치체제를 5방제로 전환한 것은 16관등제·22부제·수도 5부제 등의 중앙통치체제와 병행하여 정비된 것으로 보고 있다(앞의 책, 1988, 248쪽).

44) 金英心, 앞의 논문, 1990, 99쪽.
鄭載潤, 앞의 논문, 1992, 517~525쪽.

45) 金周成, 「백제 지방통치조직의 변화와 지방사회의 재편」『國史館論叢』35, 1992, 45~52쪽.
김주성은 담로제하에서 담로에 살고 있었던 민에 대한 지배권과 수취권은 중앙에서 직접 장악하고 있었지만 그 이외의 지역에 대한 수취권은 여전히 지방토착세력의 수중에 있었던 것으로 보고 있다.

46) 金英心, 「6~7세기 百濟의 地方統治體制-地方官을 중심으로-」『韓國古代史硏究』11, 1997, 76~77쪽.

47) 盧重國, 앞의 책, 1988, 247~248쪽.
鄭載潤, 앞의 논문, 1992, 521쪽.
金周成, 앞의 논문, 1992, 41쪽.
金壽泰, 앞의 논문, 1996, 134쪽.
田中俊明, 앞의 논문, 1996, 181쪽.

거치면서 성립되었다는 견해[49]가 제기되었다.

다음으로 5방제의 통치조직은 대체로 방－군－성의 누층적 구조를 가지고 있으면서 그 지방관으로 방령－군장－성주(도사)를 상정하고 있는데 이들간 철저한 통속관계가 이루어졌다는 견해[50]와 군정부문에는 비교적 철저한 통속관계가 이루어졌으나 민정부문에는 방과 군 사이에 직접적인 통속관계가 설정되지는 않았을 것으로 추정하는 견해[51]로 나누어 진다. 반면 중국사서에 보이는 방－군－성 관련 사료가 점진적 발전 과정을 보여주는 것이지 완성된 제도를 기술한 것은 아니라는 견해도 제기되었다.[52]

이상에서 살펴본 바와 같이 백제의 지방통치제도 연구는 그 동안 괄목할 만한 진전이 있었다. 그 연구 성과를 함축하여 요약한다면 백제의 지방통치제도는 대체로 5부제－담로제－5방제가 계기적 관계에 있었으며, 이러한 제도의 변화는 전대 제도의 미숙성을 극복하는 과정에서 나타나는 좀 더 변화·발전된 제도로의 지향이라 할 수 있다. 그러나 각론에서 아직까지 해결해야 할 문제점 또한 적지 않음을 확인할 수 있었다. 이에 본고에서는 지방통치제도의 변화 요인이 단순히 지방의 지배력 강화에만 있는 것이 아니라, 중앙의 정치적 동향과 외부세력의 움직임과도 밀접한 상관관계가 있다는 기본 전제하에 기존 연구들을 종

俞元載, 「百濟의 領域變化와 地方統治」『百濟의 地方統治』, 學硏文化社, 1998, 32～33쪽.

48) 朴賢淑, 앞의 논문, 1988, 176～177쪽.

49) 李根雨, 「百濟의 方郡城制 관련사료에 대한 재검토」『韓國 古代의 考古와 歷史』, 學硏文化社, 1997, 357～359쪽.

50) 金周成, 앞의 논문, 1992, 43～45쪽.

51) 盧重國, 앞의 책, 1988, 256～260쪽.
金英心, 앞의 논문, 1990, 109～112쪽; 앞의 논문, 1997, 76～77쪽.

52) 李根雨, 앞의 논문, 1997, 357～359쪽.

합적으로 재검토함으로써 나름대로 새로운 인식을 더하고자 한다.

2. 研究主題 및 方法

앞서 살펴본 바와 같이 백제사의 전개과정에서 존속하였던 지방통치제도로 5부제-담로제-5방제가 있었음을 알 수 있었다. 따라서 본고의 주제 또한 이들 제도의 전반적인 실상을 올바로 파악하고자 하는 데에 있다. 이를 위하여 기존 연구성과를 토대로 관련 사료에 대한 면밀한 분석과 고고학적 연구성과를 적극 반영함으로써 백제의 지방통치제도에 대한 새로운 인식을 더 하고자 한다. 이러한 과정을 통하여 백제 중앙에서 지방을 지배하는 구체적 방식과 통제방법 등을 확인하고, 또한 사료에 나타나는 지방통치제도가 과연 계기적 관계에 있었는지의 여부와 제도적 상관관계 및 편제시기 등도 밝힐 수 있을 것으로 기대된다.

먼저 第Ⅱ章에서는 백제 초기의 지방통치제도로 알려진 5부제에 대하여 살펴보고자 한다. 5부제는『삼국사기』백제본기에 따르면 온조왕대에 설정된 것으로 나타나고 있다. 그러나 초기 기록의 신빙성에 대한 상반된 견해가 상존하고 있기 때문에 사료의 해석에 따라 발생할 수 있는 한계성을 극복하여야 한다. 이를 위하여 당시 한강유역 선주민 세력과 백제 건국세력의 제반 역량 및 마한의 동향 등에 대한 종합적 검토를 통하여 백제가 건국 초기에 과연 초보적이나마 지방을 통제하기 위한 제도를 편제할 수 있었는지를 알아보고자 한다.

또한 백제 초기 말갈·낙랑·마한 등 주변국과의 관련 기사 분석을 통하여 이들 세력과의 역관계와 초기 영역 변화와의 상관성을 추적할 것이다. 백제의 중앙은 이러한 과정속에서 외부 세력에 적절히 대처하고 새로 편입된 지역과 구성원 등을 효율적으로 통제할 필요성을 인식하고 있었을 것이다. 이러한 상황에 대한 적절한 대처는 결국 지방 지배를 위한 제도의 조직화로 이어졌을 것이고 이는 백제가 고대국가로 성장하는 과정과도 밀접하게 관련된다. 따라서 이러한 필요성이 과연 5부제의 성립과 변화·발전에 직접적인 동인이 될 수 있었는지가 구명되어야 하는데 『삼국사기』 백제본기에 보이는 부의 운영과정과 그 역할 등의 구체적 사례를 통하여 그 성격을 밝힐 수 있을 것이라고 본다.

제Ⅲ장에서는 백제의 성장과 이에 따른 새로운 제도로서의 담로제 대두 배경 및 관련사료의 검토를 통한 실시시기, 왕·후제와의 관련성 여부 등을 검토할 것이다.

백제는 온조왕 이후 고이왕대를 거치면서 내부 체제의 정비를 바탕으로 점진적이면서도 지속적으로 영역을 확장하고 있었다. 이후 4세기대에는 급변하는 동북아 정세에 적절한 대응이 요구되는 시기였다. 이에 비류왕과 근초고왕대에 이루어진 대내외적 변화 즉 대내적으로는 중앙통치력의 강화와 외부적으로는 영역확장 등에 관한 구체적 윤곽을 살펴봄으로써 담로제 대두 배경을 파악할 수 있으리라 여겨진다.

이를 위하여는 담로제 실시 시기에 대한 검토가 필요한데 『양서』 백제전과 『양직공도』의 관련 내용을 정밀 분석·비교하고, 또한 담로의 실상과 관련이 있는 것으로 보이는 『삼국사기』와 『일본서기』 등의 단편적 기사를 검토하고자 한다. 이외에 역사적 정황 등을 유기적이고 종합적으로 살펴본다면 담로제 편제 시기를 어느 정도 추정할 수 있을 것이다.

담로제와 왕·후제와의 관련성 여부는 담로제 이해를 위한 핵심 사안중 하나라 할 수 있다. 따라서 왕·후호 수작자와 관련된 내용을 기술하고 있는 중국 사서들의 검토를 통하여 이것이 백제 어느 시기의 사실을 기술하고 있는지를 살펴본다면 담로제와 왕·후호제가 동일한 실체인지 여부를 판단할 수 있을 것으로 믿어진다.

제Ⅳ장에서는 『일본서기』와 중국사서 등을 적극 활용하고 또한 타국의 예와 비교하여 근초고왕대의 남방경략과 담로가 편제된 지역과의 상관관계 및 담로제의 지배방식과 성격 등 담로제의 전개된 과정을 살펴보고자 한다.

먼저 『일본서기』 신공기 49년조 기사를 통하여 근초고왕대에 이루어진 가라7국과 전남 서남해안 지역에 대한 경략이 당시의 사실을 전하고 있는지 여부와 이것이 사실이라면 그 요인이 어디에 있었는지를 알아보고자 한다.

또한 앞장에서의 연구결과를 토대로 『양서』 백제전에 담로의 장관으로 나타나는 '자제종족'이 『송서』·『남제서』·『위서』 등의 백제전에 보이는 왕후호 수작자와 동일한 실체였고, 『일본서기』에 보이는 군호칭자들과도 밀접한 관련이 있었다면 이들의 임지는 담로의 편제 지역과 밀접한 관련이 있었을 것이다. 따라서 왕·후호 앞에 관칭된 지명과 가야지역과 관련하여 나오는 군 호칭자들의 활동 지역을 비정해 본다면 담로가 편제된 지역을 어느 정도 추정해 볼 수 있을 것으로 사료된다.

담로제의 구조·지방관·운영실태 등의 지배방식과 관련해서는 『일본서기』에 보이는 백제의 대가야 관련 기사와 또한 타국의 예를 통하여 어느 정도의 실상을 파악할 수 있을 것으로 기대된다.

끝으로 제Ⅴ장에서는 5방제의 성립과 전개과정을 검토할 것이다.

5방제의 성립배경을 담로제의 미숙성 극복에 있다고 보는 기존 학계의 견해는 너무 상식적이고 평면적인 이해라 할 수 있다. 따라서 담로제의 소멸과 5방제의 성립은 이러한 제도적 측면뿐 아니라 역사적 상황도 검토의 대상이 되어야 한다. 그러므로 백제 웅진 천도의 직접 배경이 되는 대고구려전에서의 패배 요인을 살펴볼 필요가 있다. 즉 고구려전에서의 패배 요인 분석을 통하여 담로제가 가지고 있었던 문제점과 새로운 제도의 편제시 지향하는 바는 또한 무엇인가를 파악할 수 있으리라 기대된다.

5방제의 성립시기와 관련 부소산성·나성의 축조 시기와 백제의 대가야와 영산강유역 정치체에 대한 정책 변화 등의 시기를 유기적으로 살펴본다면 대략적인 성립시기를 짐작할 수 있을 것이다.

5방제의 통치조직과 지방관의 성격은 관련사료의 면밀한 분석 뿐 아니라 중국에서의 실시 사례 및 동일 시기 주변국들의 지방통치제도와 비교해 본다면 그 속성을 어느 정도 파악할 수 있을 것이다.

第 Ⅱ 章

百濟 初期의 5部制

1. 百濟 初期 領域의 變化過程
2. 5部制의 成立
3. 5部制의 運用과 性格

第 Ⅱ 章

百濟 初期의 5部制

1. 百濟의 初期 領域 變化過程

『삼국사기』 백제본기에 따르면 백제는 온조왕 13년에 북으로는 浿河, 남은 熊川, 서로는 大海, 동으로는 走壤으로 영역을 획정하고 있다.[1)] 이 기록에 보이는 패하는 오늘날의 예성강, 주양은 춘천지역, 대해는 서해를 이르는 것으로 보는 것이 학계의 일반론이나 웅천은 경기 남부의 안성천으로 보는 견해[2)]와 공주 부근의 금강 유역으로 보는 견해[3)]로 대별된다. 그러나 온조왕 26년에 백제에 병합된 마한의 세력 근거지를 대체로 금강과 차령산맥의 이북에 위치한 目支國으로 그 중심지는 직산[4)]이나 천안일대[5)] 혹은 아산만 유역[6)]으로 비정하고 있음을

1) 『三國史記』 卷23 百濟本紀1 溫祚王 13年 8月. "遣使馬韓告遷都 遂劃定疆場 北至浿河 南限熊川 西窮大海 東極走壤".

2) 李丙燾, 『韓國古代史研究』, 博英社, 1976, 479쪽.
千寬宇, 「三韓의 國家形成」 下 『韓國學報』 3, 1976, 117~132쪽.
朴燦圭, 「百濟의 馬韓征服過程 研究」, 단국대대학원 박사학위논문, 1995, 100쪽.

3) 李道學, 「백제 고대국가 연구」, 一志社, 1995, 318~321쪽.

감안하면 남계인 웅천은 안성천으로 보는 것이 타당할 듯 싶다.

이처럼 백제가 건국 초기[7]부터 일정 영역을 확보할 수 있었던[8] 요인은 건국세력의 정치적 역량[9]외에 외부세력의 끊임없는 도전을 극복하는 과정에서도 그 요인을 찾을 수 있다.[10] 즉 외부세력의 위협에 효

---

4) 李丙燾, 앞의 책, 248쪽.
俞元載, 「百濟 湯井城硏究」『百濟論叢』 3, 1995, 80~85쪽.

5) 權五榮, 「중서부지방 백제 토광묘에 대한 시론적 검토」『百濟硏究』 22, 1991, 103쪽.

6) 朴燦圭, 앞의 논문, 1995, 71~81쪽.

7) 백제 초기라 함은 대체로 온조집단에 의해 국가가 형성된 후 고이왕의 정치개혁시까지로 보고 있다(李鍾旭, 「百濟의 國家形成－三國史記 百濟本紀를 중심으로－」『大丘史學』 11, 1976, 35쪽). 그러나 본고에서는 논지의 전개상 근초고왕의 즉위 이전까지 포함시키고자 한다.

8) 온조왕 13년에 획정한 영역에 대하여 고이왕대(俞元載, 「百濟 領域變化와 地方統治」『百濟의 地方統治』, 學硏文化社, 1998, 17~19쪽) 혹은 근초고왕대(李道學, 「4세기 정복국가론에 대한 검토」『韓國古代史論叢』6, 1994, 264쪽; 金起燮, 「근초고왕대 남해안 진출설에 대한 재검토」『백제문화』 24, 1995, 26쪽)의 사실이 소급·부회된 것으로 보는 견해도 있다. 그러나 온조왕대는 이미 기마전이 보편적 수단이었으며, 또한 당시의 지배방식이 거점을 중심으로 한 것임을 감안하면(朴燦圭, 앞의 논문, 1995, 102쪽), 이들 지역이 온조왕대에는 이미 백제의 정치적 영향권내에 있었던 지역으로 이해할 수 있다.

9) 백제의 건국세력은 기원전 1세기경 주몽에 이어 고구려의 2대 왕으로 즉위하는 유리집단과의 주도권 다툼에서 패하여 남하한 것으로 고구려의 중심세력과 거의 대등한 실력을 가지고 있었다. 또한 온조와 비류의 남하에 동행한 烏干·馬黎 등 十臣과 따르는 백성이 많았다는 것으로 보아 남하 유이민은 비교적 대규모 세력이었을 것으로 보인다. 이러한 점을 감안한다면 백제의 건국세력은 비록 고구려의 중심세력에 의하여 밀려났다고는 하여도 고구려의 선진문화를 체험하고 또한 이를 실행에 옮길만한 능력을 가진 대규모 이주 집단임을 알 수 있다. 따라서 이들은 건국뿐 아니라 이에 따른 국가조직을 편성할 능력이 있었고, 또한 기마와 철제무기 등 군사적인 능력도 갖추고 있었음을 알 수 있다. 이에 대한 자세한 논고는 李鎔彬, 「百濟初期의 地方統治體制 硏究－'5部制'를 中心으로－」『實學思想硏究』 12, 1999, 104~111쪽 참조.

과적으로 대처하고, 또한 영역의 확대과정에서 새로이 편입된 지역의 적극 통치를 위하여 부여나 혹은 고구려에서의 경험을 토대로 5부를 편제했던 것으로 보인다.[11] 그러나 백제가 통치영역의 확장과 체제정비

---

10) 申瀅植, 『百濟史』, 이화여대출판부, 1992, 78~80쪽.

11) 盧泰敦, 「三國時代 '部'에 關한 硏究-成立과 構造를 中心으로-」 『韓國史論』 2, 1975, 16쪽.
李鍾旭, 「百濟王國의 成長」 『大丘史學』 12·13, 1977, 64쪽; 「高句麗 初期의 地方統治制度」 『歷史學報』 94·95, 1982, 10쪽.
盧重國, 「漢城時代 百濟의 檐魯制 實施와 編制基準」 『啓明史學』, 1991, 22~23쪽.
반면 백제의 부제는 부여·고구려의 부에 비하여 족제적 성향이 거의 없는 것이 다분히 작위적이므로 오히려 낙랑군 등 중국 군현의 부제 운영방식을 참고하여 성립된 것이라는 견해도 있다(金起燮, 「百濟 前期의 部에 관한 試論」 『百濟의 地方統治』, 學硏文化社, 1998, 87~90쪽; 『백제와 근초고왕』, 학연문화사, 2000, 39~41쪽 및 梁起錫, 「百濟 初期의 部」 『韓國古代史硏究』 17, 2000, 187~189쪽). 그러나 낙랑의 부가 동부와 남부도위만 보이고 있고, 또한 『三國志』 卷30 魏書 東夷傳30 東沃沮條에 "漢以土地廣遠 在單單大領之東 分治東部都尉治不耐城 別主領東七縣 時沃沮亦皆爲縣"이라 하여 한은 토지가 廣遠하다는 이유로 단단대령의 동쪽을 나누어 동부도위로 하여금 불내성에 치소를 두고 영동 7현을 따로 주관하게 하였다. 이러한 점으로 미루어 보면 중국의 변방 군에 소속된 부도위의 경우 자연적 지리환경으로 인하여 군치와 멀리 떨어진 토착 원주민의 거주지나 새외의 위협적인 외족세력과 직면하는 방향에 설치되고 있었음을 알 수 있다. 따라서 한대의 변군 부도위가 관할하던 지역은 郡太守의 직할지역과 구별되는 특수한 성격을 갖고 있었다. 또한 군현제적 통치가 특별히 어려웠던 지역에 설치한 것이므로 중앙정부에 대한 예속성이 직할지보다 훨씬 약하였음을 알 수 있다. 따라서 백제의 5부 편제 목적과는 그 성격에서 많은 차이가 있으므로 중국 군현의 부도위보다는 북방 유목민들의 부제와 대비하는 것이 타당하리라 여겨진다. 흉노의 경우 영역을 중군·동방·서방 등의 방위명 부로 구분하고 이를 각각 單于·左方(賢)王·右方(賢)王 등이 관할하면서 전쟁뿐 아니라 일상생활에서의 교통로 확보 등의 역할을 하고 있다(林幹, 「單于庭及諸王駐牧地(管轄區)的分布」 『凶奴通史』, 人民出版社, 1986, 33~45쪽). 그러므로 흉노를 비롯한 북방 유목민들의 부제는 부여에게 직·간접적으로 영향을 주었으며(박경철, 「扶餘國家의 支配構造 考察을 위한 一試

등을 통하여 고대국가로 성장하기 위해서는 외부세력의 위협뿐 아니라 내부적으로도 토착세력의 반발을 무마하고 이들의 적극적 지원을 얻어야 하는 상황이었지만 그것이 그렇게 순탄하지만은 않았던 것으로 보인다. 따라서 백제는 5부의 편제 이전에 내부의 모순을 해결하고 그 결속을 공고히 하려는 정지작업이 선행되어야만 했다.

A-1) 春二月 王都老嫗化爲男 五虎入城 王母薨 年六十一歲 夏五月 王謂臣下曰 國家東有樂浪 北有靺鞨 侵軼疆境 少有寧日 況今妖祥屢見 國母棄養 勢不自安 必將遷國 予昨出巡觀 漢水之南 土壤膏腴 宜都於彼 以圖久安之計(『三國史記』 卷23 百濟本紀1 溫祚王 13年)
2) 夏四月 立廟以祀國母(『三國史記』 卷23 百濟本紀1 溫祚王 17年)

요상한 기운이 일어나는 것과 왕모가 돌아가는 사정 및 국내정세의 불안, 그로 말미암은 국모묘의 설치와 같은 일련의 사건이 이러한 추측을 가능하게 한다. 물론 온조왕 17년에 세워지는 국모묘는 동왕 13년에 있었던 王母의 죽음과 연결할 수 있다. 그러나 왕모의 죽음이 老嫗가 남자로 변하는 것과 같은 요상한 기운과 밀접한 관련이 있는 것으로 미루어 보아 그 이면에는 다른 사건이 내포되어 있었을 것이다. 따라서 국모묘가 토착신앙(地神)과 관련이 있으며, 온조왕 원년에 동명왕묘를 세운 것과 대비될 수 있다는 연구결과[12)]를 주목하면 A1)의 현상은 내부적으로 토착세력들의 동요와 관련시켜 볼 수 있다. 즉 토착세력의 동요를 무마하고자 이들의 실체를 인정하고 통치체제내에 흡수하기 위한

論」『古朝鮮과 扶餘의 諸問題』, 1996, 152쪽), 부여계인 고구려와 백제 또한 이러한 제도를 경험하고 援用하였던 것으로 보아야 한다.

12) 金杜珍, 『韓國古代의 建國神話와 祭儀』, 一潮閣, 1999, 177~178쪽.

방편으로 A2)와 같이 국모묘를 건립한 것이 아닌가 추측된다.

이러한 내부 정비과정을 거친 백제는 드디어 "나라가 완성되고 백성들이 모여들어 대적할 적이 없는"[13] 국가로 거듭나면서 온조왕 17년 이후 외부세력과의 관계에서 그간의 열세를 反轉시킬 수 있었던 것으로 여겨진다. 따라서 온조왕대 백제의 영역확장 과정은 곧 말갈·낙랑·마한과의 대외관계와 밀접한 관련이 있다.

『삼국사기』 권23 백제본기1 온조왕대의 말갈 관계 기사를 살펴보면 다음과 같다.

B－1) 2年 春正月 王謂君臣曰 靺鞨連我北境 其人勇而多詐 宜繕兵積穀 爲拒守之計
2) 3年 秋9月 靺鞨侵北境 王帥勁兵 急擊大敗之 賊生還者十一二
3) 8年 春2月 靺鞨賊三千來圍慰禮城 王閉城門不出 經旬賊糧盡而歸 王簡銳卒追及大斧峴 一戰克之殺虜五百餘人
4) 10年 冬10月 靺鞨寇北境 王遣兵二百 拒戰於昆彌川上 我軍敗績 依靑木山自保 王親帥精騎一百 出烽峴救之 賊見之卽退
5) 11年 夏4月 樂浪使靺鞨襲破甁山柵 殺掠一百餘人
6) 13年 夏5月 王謂臣下曰 國家東有 樂浪北有 靺鞨侵軼疆境 少有寧日
7) 18年 冬10月 靺鞨掩至 王帥兵 逆戰於七重河 虜獲酋長素牟 送馬韓 其餘賊盡坑之
8) 22年 9月 王帥騎兵一千 獵斧峴東 遇靺鞨賊 一戰破之 虜獲生口分賜將士
9) 40年 秋9月 靺鞨來攻述川城
10) (40年) 冬11月 又襲斧峴城 殺掠百餘人 王命勁騎二百拒擊之

13) 『三國史記』 卷23 百濟本紀1 溫祚王 24年 秋7月. "王作熊川柵 馬韓王遣使責讓曰 (中略) 今以國完民聚 謂莫與我敵大設城池 侵犯我封疆其如義何".

처음으로 말갈[14]관계 기사가 등장하는 온조왕 2년(기원전 17년) 이후 백제와 말갈은 매우 빈번히 접촉하고 있는데 예외없이 모두가 전쟁으로 일관하고 있다. 이러한 백제와 말갈간의 지속적인 충돌요인에 대하여 한강유역의 재지집단이었던 말갈과 새로운 이주집단인 백제와의 영토 분쟁으로 보고 따라서 어떠한 타협도 있을 수 없었을 것이라는 견해[15]와 백성의 약탈, 가축이나 재보획득, 풍부한 물산 등의 확보를 위한 경제적 요인으로 보는 견해[16]로 대별할 수 있다. 그러나 사료 B)를 통하여 말갈의 來侵 시기를 분석해 보면 총 10회의 말갈 관련기사 중 직접 충돌하는 경우는 8회로 이 중 백제와 낙랑간의 민감한 정치 문제였던 병산책을 낙랑의 사주로 공격하는 경우(B5)를 제외한다면 백제와 말갈이 직접 충돌하는 것은 7회이다. 그런데 그 시기는 예외없이 농산물의 수확기와 빈궁기였던 9월에서 2월 사이에 집중되고 있다. 따라서 말갈과 백제의 충돌은 경제적 문제에서 기인하는 바가 더 컸음을 알 수 있다.

온조왕대 말갈과의 역관계를 살펴보면 대략 왕 13년(기원전 6년) 이전에는 말갈에게 국도인 위례성이 피습을 당하고 있고(B3), 대응책도

---

14) 말갈의 실체에 대하여 대부분의 연구에서 (동)예로 파악하고 있으나 말갈이 어느 한 집단을 지칭하는 고유명사라기 보다는 낙랑과 고구려의 변방주민 즉 피지배민이라는 의미를 담고 있는 보통명사로 사용되었을 가능성이 있으며(韓圭哲, 「高句麗時代의 靺鞨硏究」『釜山史學』 14 · 15, 1988, 47쪽), 따라서 동예세력으로 보기 어렵다는 견해도 있다(李東熙, 「南韓地域의 高句麗系 積石塚에 대한 再考」『韓國上古史學會』 28, 1998, 133쪽). 말갈의 실체에 대한 제설의 정리는 姜琁植, 「百濟의 國家形成過程에 대한 一考察」『韓國上古史學報』 12, 1993, 202쪽 주 49) 및 文安植, 「『三國史記』 羅 · 濟本紀의 靺鞨 史料에 대하여」『韓國古代史硏究』 13, 1998, 148쪽 참조.

15) 이홍종, 「『三國史記』 '靺鞨' 記事의 考古學的 接近」『韓國史學報』5, 1998, 16쪽.

16) 文安植, 앞의 논문, 1998, 169쪽.

소극적일 뿐 아니라 왕이 직접 출전할 수 밖에 없었을 정도로 모든 국력을 기울여야 하는 열세에 놓여 있었다. 이후 왕 18년(기원전 1년)을 기점으로 상대적 우위를 점하면서 말갈세력을 구축하는 등 상황이 반전된 것으로 파악된다. 그러나 온조왕대 말갈과의 충돌이 대체로 백제의 동・북경인 昆彌川(예성강)・靑木山(開城)・烽峴・七重河(坡州의 積城)・大斧峴(平康)・述川城(坡州 州內面)[17]에서 이루어 지고 있으며, 온조왕 이후에는 상기지역외에 馬首城[18](抱川)・高木城[19](漣川)・赤峴城[20](포천부근)・沙道城[21](포천)・牛谷[22](金川) 등에서도 충돌하고 있는데 이들 지역 또한 온조왕대의 충돌지역과 큰 차이가 없는 것으로 보인다.[23] 따라서 백제의 동・북경은 대체로 예성강 이동에 위치한 것을 확인할 수 있으며, 온조왕 13년의 영역 획정 이후 고이왕 이전까지 큰 변동이 없었음을 확인할 수 있다.

그러므로 비록 말갈에 비하여 상대적 우위를 확보하였다고 하여도 백제의 입장에서는 말갈세력이 존재하는 한 국가의 안위가 언제든 위협받을 수 있는 상황이었다. 따라서 방어책을 강구하여야만 하였고 말

---

17) 述川城의 위치는 보통 경기도 여주로 비정하고 있다. 그러나 말갈의 백제 침공지역이 대부분 한성의 동북방에 위치한 반면 술천성을 여주에 비정할 경우 동남방에 위치하게 되므로 부자연스러운 면을 발견할 수 있다. 따라서 이를 고구려의 述彌忽縣이 있었던 경기도 파주군 주내면으로 비정하기도 한다. 彌는 買와 마찬가지로 川, 水를 뜻하기도 하므로, 술미홀을 술천성에 비정하는 견해(金起燮, 「百濟 近肖古王代의 北境」 『軍史』 29, 1994, 8쪽)에 따른다.

18) 『三國史記』 卷23 百濟本紀1 多婁王 3年 10月 및 7年 9月.

19) 『三國史記』 卷23 百濟本紀1 多婁王 4年 8月.

20) 『三國史記』 卷24 百濟本紀2 仇首王 3年 8月.

21) 『三國史記』 卷24 百濟本紀2 仇首王 3年 8月 및 4年 2月.

22) 『三國史記』 卷24 百濟本紀2 仇首王 16年 11月.

23) 이들 지역에 대한 위치 비정은 千寬宇, 앞의 논문, 1976, 118~120쪽과 金起燮, 앞의 논문, 1994, 6~13쪽을 참조하였다.

갈의 내침이 예상되는 지역을 중심으로 정비된 방위체계의 설정 필요성이 요구되었다.[24]

다음으로 樂浪의 존재도 말갈과 함께 백제의 국가성장에 장애가 되는 세력으로 파악된다. 『삼국사기』 권23 백제본기1 온조왕대의 낙랑관계 기사는 아래와 같다.

C－1) (4年) 秋8月 遣使樂浪修好
2) 8年 秋7月 築馬首城竪甁山柵 樂浪太守使告曰 頃者 聘問結好意同一家 今逼我疆 造立城柵 或者其有蠶食之謀乎 若不渝舊好墮城破柵 則無所猜疑 苟或不然 請一戰以決勝負 王報曰 設險守國古今常道 豈敢以此有渝於和好 宜若執事之所不疑也 若執事恃强出師 則小國亦有以待之耳 由是 與樂浪失和
3) 11年 夏4月 樂浪使靺鞨襲破甁山柵 殺掠一百餘人
4) (11年) 秋7月 設禿山狗川兩柵 以塞樂浪之路
5) 18年 11月 王欲襲樂浪牛頭山城 至臼谷 遇大雪乃還

낙랑은 백제의 동방에 있었던 세력으로[25] 처음 백제와는 우호관계를

24) 당시 말갈의 침입은 백제의 동쪽에 집중되고 있었다. 따라서 백제 초기의 영역을 고려할 때 철원·포천 방면과 가평·춘천 방면에 백제의 방어 중심이 형성되었으며, 특히 초기의 말갈이 함경도·강원도 지역의 동예라면 철원·포천지역이 말갈의 침공로가 되기 때문에 백제가 설치한 성책은 교통로를 고려할 때 포천·철원 방면이 중심이 되었을 것이라는 견해가 있다(서영일, 『신라 육상 교통로 연구』, 학연문화사, 1999, 290쪽).

25) 낙랑은 백제의 북쪽에 위치하고 있었기 때문에 이는 기록의 잘못일 것으로 이해되었으나 『삼국사기』 백제본기에는 일관되게 백제의 북쪽에는 말갈이, 동쪽에는 낙랑이 있는 것으로 기록되어 있다. 따라서 최근 말갈이란 명칭이 그 실체를 달리해 『삼국사기』에 등장하는 것과 같이 낙랑의 실체 역시 다양한 관점에서 파악하여야 한다는 전제하에 낙랑의 실체를 춘천지역에 잔존해 있던 진한의 한 분파로 보는 견해(朴賢淑, 「百濟 地方統治體制 硏究」, 고려대대학원 박사학위논문, 1997, 38쪽)와 한강 중상류유역에서 영남지역으로 이동중이던 진한연맹체로 보는 견해도 있다(姜鍾薰, 「『三國史記』 初期

유지하다가(C1) 백제가 영역확장 과정에서 馬首城과 瓶山柵을 축조하게 되자 이해 관계가 상충되면서 적대관계가 되었다(C2). 상대적 열세에 놓여 있었던 백제는 낙랑의 침입에 대비하여 禿山과 狗川에 柵을 세워 통로를 막았던 것으로 보인다(C4). 『漢書』 卷93 佞幸傳에서 顔師古는 "徼猶塞也 東北爲之塞 西南爲之徼 塞者以障塞爲名 徼者取徼遮之義也" 라 하여 塞[26]는 동북에 위치한 요새이고, 徼는 서남에 위치한 요새를 이르는 것이 된다. 따라서 '徼'는 '塞'에 대칭되는 말로 단순히 변방을 가리키는 것이 아니라 夷敵을 막기 위해 강가에 설치한 서남쪽의 요새를 의미하는 것이므로, '새'는 동북쪽의 강가에 설치한 요새를 말하는 것이다.[27] 따라서 백제가 온조왕 11년에 세운 독산·구천 양책은 백제와 낙랑의 경계가 되는 강가 즉 백제의 동북방면에 위치한 강가에 세운 요새로 낙랑이 백제로 나오려면 반드시 거쳐야 하는 지역이었을 것이다.

낙랑은 말갈을 부용세력으로 삼을 정도(C3)로 백제의 세력에 비하여 상대적 우위를 점하고 있었던 것으로 보이며 백제의 입장에서는 낙랑

記錄에 보이는 '樂浪'의 實體－辰韓聯盟體의 공간적 범위와 관련하여－」 『三韓의 社會와 文化』, 1995, 133~149쪽).

26) 塞는 전국시대에 이르러 군현 징병제의 실시와 보병 위주의 전쟁술이 채택됨에 따라 평시에 많은 병력을 주둔케 하고 대규모 전쟁에 대비하는 변방의 방어시설로 출현하게 된다. 이는 봉건 성방국가가 영역국가로 변모하는 등 정치·사회구조의 변화를 반영하는 것이라 한다(張寅成, 「중국 고대 障塞의 출현과 형태」 『百濟研究』 28, 1998, 416쪽). 한대에 이르러 새는 장성만이 아니라 목책, 계곡 등도 포괄하는 변경의 방어시설을 총칭하는 용어로 규모가 큰 것을 성이라 하고 그 보다 작은 것은 장, 장보다 작은 것은 (봉)수라고 하였다(勞榦, 「釋漢代之亭障與烽燧」 『勞榦學術論文集』 甲編, 藝文印書館, 1976, 701쪽).

27) 徐榮洙, 「衛滿朝鮮의 形成過程과 國家的性格」 『韓國古代史研究』 9, 1996, 101쪽.

張寅成, 위의 논문, 397쪽 주 1).

의 동향을 항상 예의 주시하여야만 하였다. 그러나 온조왕 18년 이후 백제는 낙랑 침공 계획을 세우고 낙랑의 근거지인 牛頭山城을 습격하고자 하였으나 臼谷에 이르러 大雪을 만나 귀환하고 있다(C5). 우두산성은 춘천지역으로, 구곡은 양주와 가평의 경계지역으로 비정되고 있다.[28] 따라서 백제의 동계 역시 온조왕 13년의 영역획정시와 큰 변동이 없었던 것으로 보인다.

반면 백제와 마한과의 관계는 마한 병탄전까지는 비교적 우호적 입장을 견지하고 있다. 『삼국사기』 권23 백제본기1 온조왕대의 마한관계 기사를 살펴보면

D－1) 10年 秋9月 王出獵獲神鹿 以送馬韓
2) (13年) 8月 遣使馬韓告遷都 遂劃定疆埸 北至浿河 南限熊川 西窮大海 東極走壤
3) 18年 冬10月 靺鞨掩至 王帥兵逆戰於七重河 虜獲酋長素牟 送馬韓 其餘賊盡坑之
4) 24年 秋7月 王作熊川柵 馬韓王遣使責讓曰 王初渡河 無所容足吾割東北一百里之地安之 其待王不爲不厚宜思有以報之 今以國完民聚 謂莫與我敵 大設城池 侵犯我封疆 其如義何 王慙遂壞其柵
5) 25年 春2月 王宮井水暴溢 漢城人家馬生牛一首二身 日者曰 井水暴溢者 大王勃興之兆也 牛一首二身者 大王幷鄰國之應也 王聞之喜 遂有幷呑辰馬之心
6) 26年 秋9月 王曰 馬韓漸弱 上下離心 其勢不能 又儻爲他所幷則脣亡齒寒 悔不可及 不如先人而取之 以免後艱
7) (26年) 冬10月 王出師 陽言田獵 潛襲馬韓 遂幷其國邑 唯圓山錦峴二城 固守不下
8) 27年 夏4月 二城降 移其民於漢山之北 馬韓遂滅

28) 千寬宇, 앞의 논문, 1976, 118쪽.
金起燮, 앞의 논문, 1994, 12～13쪽.

9) (27年) 秋7月 築大豆山城
10) 34年 冬10月 馬韓舊將周勤 據牛谷城叛 王躬帥兵五千討之 周勤 自經 腰斬其尸 幷誅其妻子

미한은 백제 건국세력의 한강 하류지역 정착을 용인하였고(D4), 이는 유이민 세력을 무력으로 제압할 수 없다는 현실적 판단과 낙랑・말갈 등 이종족의 침입을 견제하려는 방파제로 삼고자 한 것이었다.[29] 또한 마한이 할양한 동북 1백리[30]의 땅은 별다른 정치체가 존재하지 않았던 공지로 여겨진다.[31] 이러한 점은 위만세력이 고조선 서쪽 변경지역으로 정착하는 과정을 통하여 비교할 수 있다. 고조선이 위만집단의 서쪽변경 거주를 허락한 이유는 위만세력의 출신 내력과 실력을 충분히 인정

---

29) 李鍾旭, 앞의 논문, 1976, 44～45쪽; 앞의 논문, 1994, 4쪽.
30) 중국 전국시대에 제후의 封地가 일백리였다는 예를 들어 고조선이 위만에게 또는 마한이 온조에게 할양한 일백리의 의미는 이들 유이민 세력을 제후국과 같은 존재로 여겼으며 특히 이들 사이에는 군사적인 이해관계가 강하였기 때문에 부용관계의 측면이 강하였을 것으로 짐작된다(朴燦圭, 위의 논문, 1995, 98～99쪽).
31) 백제 건국세력이 처음 정착한 지역이 한강 하류지역이 아니라 경기 북부지역이며 위의 正始年間에 있었던 백제 고이왕에 의한 대방군 공격과 이에 대한 위의 군사적 보복으로 韓那奚 등 수십국이 항복하면서 백제는 세력확장은 물론 통치기반 자체가 위협을 받고 있었는데 백제가 한강 하류지역으로 이주한 것은 이 당시였다고 한다(李賢惠, 「3세기 馬韓과 白濟國」『百濟의 中央과 地方』, 忠南大百濟硏究所, 1996, 6～11쪽; 文安植, 앞의 논문, 1998, 155～157쪽). 또한 백제 건국신화에 근거하여 초기 백제는 溫祚－肖古系와 優台－沸流－古爾系가 동시에 병존한 별개의 정치체로 초고계가 한강 하류지역, 고이계는 지금의 경기도 서북부지역 특히 개풍・파주・연천・양주로 이어지는 서해 근처의 임진강 유역에 근거하고 있었다고 한다. 따라서 고이계는 한군현과 인접한 관계로 이들과 지속적으로 대립・충돌하는 과정속에서 세력이 현저하게 약화되었고 4세기 초에 이르러 결국 온조－초고계에 흡수・통합되었다는 견해도 있다(김기섭, 『백제와 근초고왕』, 학연문화사, 2000, 62～71쪽).

하고 계속되는 유이민 세력의 고조선 내부로의 유입에 따른 사회적 충격을 완화하는 동시에 한과의 완충을 삼기 위한 것으로 볼 수 있다. 그러므로 위만에게 진의 上下障[32]이 설치되었던 요동지역의 땅 일백리를 봉해주고 박사로 임명하여 서쪽 변경을 지키게 하였던 것이다.[33] 『史記』 조선전에는 "滿이 망명하여 동쪽으로 塞를 나와 패수를 건너 진의 옛 공지 上下障에 살았다"[34]라고 하여 진과 고조선과의 완충지 역할을 하던 空地에 위만집단이 거주한 것으로 보인다.[35] 그렇다면 백제의 건국세력이 처음 정착하였던 한강 하류지역도 비록 마한의 영향권안에 속하였다고는 하나 별다른 정치체가 존재하지 않았던 空地였을 개연성이 높다고 할 수 있다. 만약 이 지역에 소국을 형성하고 있던 정치체가 존재하였다면 필연 백제의 정착과정은 순탄하지 못하였을 것이다.[36] 백제는 이후 사냥에서 잡은 신록과 말갈전에서 사로잡은 말갈의 추장 소모를 마한에 보내고(D1·3), 또한 천도 사실을 고하고 영역을 획정(D2)

---

32) 障은 鄣으로도 쓰여지는 山中小城으로 변방의 險要한 지역에 위치하고 인위적으로 구축한 조그만 성으로 성안에는 吏士가 진주하여 堠望하면서 적을 막거나 살피는 작용을 하였다고 한다(張寅成, 앞의 논문, 1998, 412쪽).

33) 『三國志』 卷30 魏書 東夷傳30 『魏略』 所引. "燕人衛滿亡命爲胡服 東度浿水 詣準降 說準求居西界 故中國亡命爲朝鮮藩屛 準信寵之 拜爲博士 賜以圭 封之百里 令守西邊".

34) 『史記』 卷115 朝鮮列傳55. "滿亡命聚黨千餘人 魋結蠻夷服 而東走出塞 度浿水居秦故空地上下鄣"

35) 위만이 거주하던 지역을 상하 2중의 障塞가 설치된 것으로 보아 이는 단순한 공지가 아니라 秦의 遼東外要에서 관할하던 지역으로 보는 견해도 있다(徐榮洙, 「對外關係史에서 본 樂浪郡」 『史學志』 31, 1998, 100~101쪽).

36) 백제와 말갈의 계속적인 무력충돌의 요인에 대하여 백제의 한강유역 정착으로 생활권을 상실하게 된 말갈의 저항으로 보는 견해가 있다(이홍종, 앞의 논문, 1998, 16쪽). 그러나 이 당시 말갈은 하나의 통일된 정치체를 구성한 세력으로 보이지는 않으며, 읍락단위별로 독립된 활동을 한 것으로 생각된다.

하는 등 마한에 신속하면서 우호관계를 유지하고 있었다. 그러나 마한 신속이 세력의 열세 때문이라기보다는 의례적 측면이 강하였던 것으로 판단된다. 이는 국가 성립과정에서 주적이었던 동·북방의 낙랑·말갈 세력에 대항하기 위하여는 남쪽 후방에 위치하고 있었던 마한과의 우호관계가 절대적으로 필요한 상황이었다. 그러므로 백제는 마한의 추인 아래 낙랑과 말갈의 세력을 구축하면서 그 통치영역을 확장시킬 수 있었을 것이다. 따라서 낙랑과 말갈에 대한 상대적 우위를 확보하게 되는 온조왕 18년 이후 백제의 대마한 정책은 변화하게 된다.

즉 온조왕 24년 웅천책을 세우면서37) 계속적으로 유지되던 우호관계가 손상되기 시작하는데(D4) 이는 백제의 계산된 행동으로 볼 수 있다. 이러한 점은 바로 다음해에 마한을 병탄할 뜻을 세우고(D5) 오래지 않아 병합하는 것을 통하여(D7) 확인할 수 있다. 이때 백제에게 멸망당하는 마한은 직산·천안 등에 중심지를 두고 안성천 이남에서 금강·차령산맥 이북을 통치 영역으로 하던 목지국으로 결국 백제의 남계는 금강과 차령산맥으로 까지 확대되고 있음을 알 수 있다. 그러나 온조왕대는 同王 13년 사방 강역을 획정한 이후 동·북방으로의 영역에는 큰 변화가 없었던 것으로 보인다. 반면 남방으로는 마한의 맹주인 목지국을 병합함으로써 영역의 확장은 물론 이 지역 민에 대한 지배권까지 확보하게 된다.

---

37) 『三國史記』 卷23 百濟本紀1 溫祚王 24年 秋7月. "王作熊川柵".
성이나 책의 설치목적은 통상 적의 침입을 방어하기 위한 것으로 인식되고 있다(張元燮, 「百濟 初期 東界의 形成에 관한 一考察-靺鞨과의 關係를 中心으로-」 『靑溪史學』 7, 1991, 114쪽). 그러나 백제가 동북경과 남경에 세운 甁山柵과 熊川柵에 대하여 낙랑과 마한은 국기를 위협하는 사태로 인식하고 있는 것으로 보아 백제가 세운 책은 방어보다는 오히려 공격을 위한 거점 확보로 보인다.

따라서 온조왕대의 대외관계는 왕 17년 이전까지는 건국과정에서 나타나는 내부적 모순의 표출로 외부세력의 위협에 국가의 역량을 결집하지 못한 까닭에 소극적으로 대처할 수밖에 없었다. 그러나 이후 토착세력과의 갈등을 수습하면서 '國完民聚'하는 단계로 국가역량이 제고되었다. 이를 근간으로 대외관계를 반전시키면서 동・북방의 영토를 더욱 공고히 하고 아울러 남방으로의 영역 확장을 이루게 된다. 이후 온조왕 31년과 33년에 걸쳐서 고대국가로의 발전을 담보하기 위하여 통치체제를 정비하게 되는 것이다.

『三國史記』에 따르면 온조왕 이후 근초고왕 이전까지 총 38회의 대외관계 기사가 보인다. 이중 6회의 말갈 관계[38], 3회의 낙랑 관계,[39] 1회의 고구려 관계[40]를 제외하고는 나머지 28회가 신라와의 관계기사인데 이중 4회를 제외한 24회가 전투기사이다. 따라서 이 시기 백제의 영역 확장을 위한 주된 관심은 주로 동남방의 신라 방면에 있었음을 알 수 있다. 즉 백제는 다루왕 36年 영토를 娘子谷城(청주)까지 확장[41]한 이후 蛙山城(報恩)・狗壤城(沃川)・母山城・圓山鄕(聞慶)・缶谷城(尙州 혹은 金泉)・腰車城(尙州)・獐山城・熊谷(善山)・烽山城(榮州)・槐谷城(槐山) 등[42] 소맥산맥을 중심으로 한 지역에서 신라와 치열하게 접전을 벌이고 있다. 따라서 근초고왕 이전 백제는 동남쪽으로 소백산맥 이서까지 영역을 확장한 것으로 보인다.

38) 多婁王 3年 冬10月・4年 秋8月, 肖古王 49年 秋9月, 仇首王 3年 秋8月・16年 11月, 古爾王 25年 春.

39) 古爾王 13年 秋8月, 責稽王 13年 秋9月, 汾西王 7年 春2月・冬10月.

40) 責稽王 卽位年.

41) 『三國史記』 卷23 百濟本紀1 多婁王36年 冬10月. "王拓地至娘子谷城 仍遣使新羅請會 不從".

42) 이들에 대한 지명비정은 李丙燾 譯註, 『三國史記』 下, 乙酉文化社, 1983, 11~27쪽을 참조하여 작성하였음.

그렇다고 백제의 관심이 동남방에만 있었던 것은 아니었다. 온조왕 이후 백제는 북방으로의 진출에 역시 많은 관심을 가지고 있었다. 이는 선진문화에 대한 욕구와 밀접한 관련이 있었을 것으로 보인다. 그러나 북방에는 중국의 군현세력이 엄존한 관계로 이 지역으로의 진출은 한계가 있었다. 즉 고이왕대에는 국초부터 국가의 안위를 위협하던 말갈세력 보다 완전한 우위를 차지하게 된다.[43] 반면 낙랑과 대방의 태수가 고구려 정벌에 나선 틈을 타 낙랑변방의 민을 탈취하기도 하지만 결국은 힘의 열세를 인정하고 탈취한 민들을 되돌려 보내고 있다.[44] 또한 북방지역으로의 진출을 적극적으로 꾀했던 것으로 보이는 책계왕과 분서왕은 오히려 중국 군현세력에게 전사하거나 피살을 당한다.[45] 따라서 백제는 중국 군현의 정세혼란을 이용하여 북방으로의 영역 확장을 꾀하기는 하지만 군현 세력의 존속기에는 세력의 열세로 말미암아 순조롭게 진행되지 못하였음을 알 수 있다.

『삼국사기』 백제본기에는 온조왕대에 마한을 병합한 이후 더 이상 마한 관련 기사가 보이지 않고 있다. 그러나 당시의 마한은 안성천 이남과 금강・차령산맥 이북을 점하고 있던 목지국으로,[46] 그 이남에는 별도의 정치체가 존속하고 있었을 것으로 보인다. 그런데 『通典』을 보

43) 『三國史記』 卷24 百濟本紀2 古爾王 25年 春. "靺鞨長羅渴獻良馬十匹 王優勞使者以還之".

44) 『三國史記』 卷24 百濟本紀2 古爾王 13年 秋8月. "魏幽州刺史毋丘儉與樂浪太守劉茂朔方太守王遵伐高句麗 王乘虛遣左將眞忠 襲取樂浪邊民 茂聞之怒 王恐見侵討 還其民口".

45) 『三國史記』 卷24 百濟本紀2 責稽王 13年 秋9月. "漢與貊人來侵 王出禦爲敵兵所害薨".
『三國史記』 卷24 百濟本紀2 汾西王 7年. "春2月 潛師襲取樂浪西縣 冬10月 王爲樂浪太守所遣刺客賊害薨".

46) 兪元載, 「百濟 湯井城硏究」 『百濟論叢』 3, 1995, 80~85쪽.

면 "晉武帝咸寧中 馬韓王來朝 自是無聞三韓 蓋爲百濟新羅所呑幷"47)이라 하여 275~279년까지도 마한의 來朝 기사가 나타나고 있다. 또한 이러한 마한과 진의 통교 기록은 『진서』 동이전의 마한·진한조와 武帝本紀에는 3세기 후반(277~290)까지 계속 되고 있다. 『진서』 등에 보이는 마한은 금강과 차령산맥의 이남에 있었던 목지국의 잔여세력 혹은 이와는 별도의 정치체로 보인다.48) 따라서 최소한 290년까지는 마한의 존재를 확인할 수 있다. 그렇다면 새로이 확인되는 마한 세력을 백제가 통합하는 시기는 기록에서 사라지는 290년 이후 즉 백제의 책계왕 5년 이후로 판단된다. 그러나 책계왕과 그 뒤를 이어 즉위하는 분서왕의 경우 앞서 살펴본 바와 같이 낙랑과의 대결과정에서 전사하거나 피살 당할 뿐아니라 그 재위기간도 짧았다는 점을 감안하면 남방 경영에 전념하기는 어려웠을 것으로 보인다.49) 그렇다면 백제가 이 지역으로의 영역을 확장하는 시기는 비류왕대로 보는 것이 타당하다. 이와 관련 주목되는 것은 김제에 위치한 벽골지가 신라 흘해니사금 21년에 시축된다는 기사이다.50) 이를 백제의 사실로 본다면51) 백제 비류왕 27년(330) 이전에는 백제가 금강이남에서 노령산맥 이북까지의 마한 세력을 병합

47) 『通典』 卷185 東夷上 弁辰.

48) 진과의 통교기사에 보이는 마한에 대하여 286년 이전의 마한은 금강 이남의 益山에 위치한 건마국이며, 그 이후는 영산강유역의 신미국으로 보고 있다(유원재, 「백제의 마한정복과 지배방법」 『榮山江流域의 古代社會』, 學硏文化社, 1999, 141~145쪽). 반면 290년 이전까지의 마한은 목지국을 중심으로 하는 충청도 일대의 세력집단으로 보기도 한다(강봉룡, 「영산강유역 고대사회와 나주」 『榮山江流域의 古代社會』, 學硏文化社, 1999, 171~178쪽).

49) 全榮來, 「百濟南方境域의 變遷」 『千寬宇先生還曆紀念 韓國史學論叢』, 1985, 140쪽.

50) 『三國史記』 卷2 新羅本紀2 訖解尼師今 21年.

51) 全榮來, 앞의 논문, 1985, 140쪽.
朴燦圭, 앞의 논문, 1995, 135~136쪽.

하고 영역으로 편입하였음을 알 수 있다. 그렇다면 이들 지역의 마한 세력은 비류왕 즉위년(304)에서 동왕 27년(330) 사이에 백제에게 흡수된 것이다. 그러나 비록 비류왕대에 금강유역의 마한 중심 세력이 병합되었다고 하여도 당시에 일시적으로 이루어진 것이라기 보다는 온조왕 이후 점진적이며, 지속적으로 추진된 대마한 정책의 결과로 보는 것이 타당할 듯 싶다.

이상에서 살펴본 바와 같이 백제는 온조왕 13년 사방의 영역을 획정한 이후 지속적으로 영토확장 노력을 경주하고 있다. 그 결과 근초고왕 이전까지 백제는 대체로 북으로는 예성강유역, 동으로는 소백산맥 이서, 남으로는 노령산맥 이북을 영역으로 편제한 것으로 보인다.

2. 5部制의 成立

앞에서 살펴본 바와 같이 백제의 고대국가로서의 건국과정은 주체세력의 준비된 역량에 기인한 바가 컸다. 그러나 고대국가로의 발전을 위하여는 체제 유지의 토대로서 토지와 민이 결합된 통치영역을 확장하고 나아가 효율적인 영역 통치를 위하여 지배체제의 정비가 필요하였다.[52] 이러한 필요성의 일환으로 비록 초보적 수준이라 하여도 지방통치를 위한 조직의 편제가 이루어졌던 것으로 보인다. 그러나 비록 초보적 수준의 지방통치조직이라 하여도 일정한 기준이 적용되었을 것이며[53] 부여계 고구려 유이민이었던 백제의 건국세력은 부여와 고구려에서의 역사적 경험을 援用하였을 것으로 추정된다.

---

52) 金瑛河,「韓國古代社會의 政治構造」『韓國古代史硏究』 8, 1995, 43~44쪽.
53) 盧重國,「漢城時代 百濟의 檐魯制 實施와 編制基準」『啓明史學』 2, 1991, 3~4쪽.

부여의 경우 4명의 加가 주관하는 四出道 제도를 가지고 있었는데[54] 이는 사방을 다스리는 장관이 4명이며, 그 중심에 왕이 존재한다는 것이다. 따라서 부여에는 전국의 4구역과 그 중앙을 다스리는 왕의 직할구역을 합하면 5부가 존재하는데 부여의 지방편제가 5라는 수를 기본으로 하였음을 뜻한다. 이러한 관념은 고구려와 백제 등 부여계 국가로 확산되었을 것으로 보인다.[55] 부여의 5부는 국왕의 직할지를 중심으로 4周 방어를 목적으로 그 中核地(據點地域)의 방어역량을 강화하고 나아가 보다 효율적인 국가권력의 침투와 관철을 꾀하고자 자연환경과 지정학의 특성을 고려하여 구획되었다.[56]

고구려의 5부제 역시 부여의 영향을 받은 것으로 볼 수 있다. 즉 고구려의 건국세력인 주몽이 압록강 중류의 졸본지역에 정착하면서 先住의 소국 혹은 부족과 같은 성격을 지닌 '나'집단[57]들을 통합·편입하면서 초기의 5부가 성립된다.[58] 이러한 과정은 고구려의 5부가 선주민이 아닌 주몽집단,[59] 즉 부여계 이주민이 편제한 것으로 5부의 성격이 방

---

54) 『三國志』 卷30 魏書 東夷傳30 扶餘. "諸加別主四出道 大者主數千家 小者數百家".

55) 李道學, 「方位名 夫餘國의 성립에 관한 檢討」 『白山學報』 38, 1991, 12~13쪽.

56) 朴京哲, 앞의 논문, 1996, 152쪽.

57) 노태돈, 『고구려사 연구』, 사계절, 1999, 108~109쪽.

58) 桂婁部·消奴部·椽那部·貫那部·桓那部로 이루어진 5부의 성립이 고구려의 건국 연대인 기원전 37년 이전에 이미 성립되었으며, 이들은 혈연적 집단이 아닌 지역적인 정치세력을 뜻한다는 견해도 있다(서병국, 『고구려제국사』, 1997, 45~51쪽). 반면 5부의 성립시기를 대무신왕 중반 이후 태조왕초로 보는 견해도 있다(金基興, 「高句麗의 國家形成」 『한국 고대국가의 형성』, 民音社, 1990, 210쪽).

59) 주몽의 출자에 대하여 북부여·동부여·부여라 하여 기록마다 각기 다르게 기술하고 있다. 즉 5세기 초에 쓰여진 광개토왕릉비와 모두루묘지에서는 북부여 출자로, 『삼국사기』·『삼국유사』에는 동부여 출자로 전하고 있다. 반

위명이든[60] 혹은 종족명이든[61] 부여에서의 경험을 토대로 한 것임을 알 수 있다. 따라서 백제의 경우도 이러한 기본 원칙이 적용되었을 것으로 여겨진다.

백제가 모든 통치영역을 5部로 편성하기 이전 이들 지역의 영유권 확보는 서부-동·북부지역-남부지역의 순서였을 것으로 보인다. 이들 중 남부를 제외한 지역은 대체로 백제 건국집단과 같이 북방계 유이민이라는 점에서는 동일하나 남하해 오던 시기와 경로, 혹은 출자 등은 차이가 있었다.[62]

먼저 서부지역의 중심을 이루었던 세력은 토광묘를 축조하였던 미추홀의 비류세력으로 보인다. 이들은 해로를 통하여 남하한 후 미추홀에 정착하면서 주로 해안선과 강을 따라 활동하였던 해상세력으로 한강하류지역을 중심으로 그 세력권을 확대해 나갔다.[63] 따라서 그 집단의 거주지역은 인천을 중심으로 한 경기도와 충남의 해안지대로 추정된다.[64] 이들 세력의 남하는 상대적으로 온조집단보다 빨랐을 것으로 보인다.[65]

면 중국측 사서인 『양서』·『위서』·『주서』·『수서』 등에서는 부여에서 출자한 것으로 기록하고 있다. 그러나 이들 기록중 어느 것을 취하든 주몽의 출자가 부여계임은 분명하다.

60) 부의 말미에 붙어 있는 '奴'는 방위를 뜻하는 고구려의 토속어로 조선어에서 사방을 뜻하는 '녘'(nyok)과 같은 것이므로 5부는 방위명을 칭한 것이라는 견해가 있다(白鳥古吉, 「丸都及國內城考」『史學雜誌』 25-4, 1914).

61) 노태돈, 앞의 책, 1999, 54쪽.

62) 盧泰敦, 「古代國家의 成立과 發展」『韓國史』 2, 國史編纂委員會, 1977, 169쪽.
金哲埈, 「百濟建國考」『百濟研究』 特輯號, 1982, 9~12쪽.

63) 千寬宇, 「目支國攷」『韓國史研究』 24, 1979, 29~30쪽.

64) 비류계를 해씨로 보고 그 집단의 거주지역을 북부로 보는 견해(盧重國, 앞의 책, 112~124쪽)와 서부세력의 기반을 공주를 포함한 충남일대로 보는 견해도 있다(權五榮, 「初期百濟의 성장과정에 관한 일고찰」『韓國史論』 15, 1986, 88~90쪽).

『삼국사기』 백제본기의 비류시조전승에는 비류의 출자를 北扶餘王 解夫婁의 庶孫인 優台의 장자로 주몽과의 혈연적 관계를 부인하고 있다. 이는 고구려와의 관계가 배제되었던 것으로 보이며 고구려계임을 강조한 온조시조전승과는 큰 차이가 있음을 알 수 있다. 따라서 비류집단은 온조집단과는 상이한 계통으로 전형적인 고구려계 유이민은 아니었던 것으로 여겨진다.

이들 세력은 한강유역에 정착한지 얼마되지 않은 온조집단에게 흡수·통합된 듯 하다. 『삼국사기』의 온조시조전승에 의하면

E) 遂至漢山 登負兒岳 望可居之地 沸流欲居於海濱 十臣諫曰 惟此河南之地 北帶漢水 東據高岳 南望沃澤 西阻大海 其天險地利 難得之勢 作都於斯不亦宜乎 沸流不聽 分其民 歸彌鄒忽以居之 溫祚都河南慰禮城 以十臣爲輔翼 國號十濟 是前漢成帝鴻嘉三年也 沸流以彌鄒 土濕水鹹 不得安居 歸見慰禮 都邑鼎定 人民安泰 遂慙悔而死 其臣民皆歸於慰禮 後以來時百姓樂從 改號百濟 (『三國史記』卷23 百濟本紀1 溫祚王 元年)

라고 하여 十臣의 간언을 듣지 않은 비류가 온조가 정착한 위례지역이 '都邑鼎定'하고 '人民安泰'함을 보고 '慙悔而死'하자 그를 따르던 신민들이 모두 온조에게 귀부하였다는 표현에서 그 대략적인 상황을 추정해 볼 수 있다. 비류가 '慙悔而死' 한 것은 남하 후 신민들이 위례에 정착하기를 권한 건의를 무시하고 미추홀에 자리잡은 것을 참회해서 죽었다는 사실을 말하는 것이다. 그러나 이 기록의 실제적 의미는 아마도 한강하류지역의 주도권을 놓고 양세력이 대결하는 가운데서 先來 유이

65) 『삼국사기』 백제본기의 시조전승중 비류의 시조전승이 온조의 시조전승보다 더 원초적이고 오래 되었다는 데는 이견이 없다. 이에 대한 자세한 논고는 金杜珍, 『韓國古代의 建國神話와 祭儀』, 一潮閣, 1999, 206~214쪽 참조.

민 세력이었던 비류집단이 後來 유이민 세력인 온조집단과의 경쟁에서 세력의 열세로 마침내 패배한 것을 나타낸 것이 아닌가 한다.

이러한 사실로 미루어 보아 비류집단이 온조집단과는 혈연적·문화적으로 이질적인 존재였고, 또한 엄존하는 세력 차이로 말미암아 온조집단에게 무력으로 병합된 것으로 추정된다. 따라서 이들은 종족적 이질성과 세력차이로 인하여 백제의 지배층으로 편입되지 못하였던 것으로 보인다. 이는 북부와 동부 출신들이 합병 후 백제의 최고위직을 역임하는 것과 대비된다.

북부세력은 온조집단과 마찬가지로 북방계통의 유이민으로 보이는데 右輔에 임명되는 北部 解婁의 출신지를 부여라 한 것으로 보아[66] 부여계와 깊은 관련이 있음을 짐작할 수 있다. 그러나 고구려 초기의 琉璃王, 大武神王, 閔中王, 慕本王 등이 모두 解氏인 점이나, 부여의 기본묘제가 적석총이 아니라 토광묘나 석관묘인 점, 그리고 졸본부여 계통으로 보이는 석촌동 지역의 백제 건국세력과의 긴밀성으로 미루어 보면 이 해루 집단 역시 졸본부여 출신으로 볼 수 있다.[67] 이들 북부 세력은 한사군의 설치 이후 대체로 기원전 1세기경에 남하하여 경기 북부지역[68]에 정착한 후, 기원전 1세기 말에 이르러 각기 하나의 독립된 정치집단으로 성장하였던 것이다.[69] 이들은 이후 동북방의 말갈·낙랑

---

66) 『三國史記』 卷23 百濟本紀1 溫祚王 41年 春正月. "右輔乙音卒 拜北部解婁爲右輔 解婁本扶餘人也".

67) 李東熙, 「南韓地域의 高句麗系 積石塚에 대한 再考」 『韓國上古史學報』 28, 1998, 129~130쪽.

68) 북부의 위치에 대하여 황해도 지역(千寬宇, 앞의 논문, 1976, 117~124쪽), 춘천 중도와 양평 문호리 지역(權五榮, 앞의 논문, 1986, 52~53쪽), 임진강 유역(李東熙, 앞의 논문, 129~130쪽)이라는 견해가 있으나 대체로 황해남부와 경기북부로 보는 것이 타당할 듯 싶다.

69) 李鍾旭, 앞의 논문, 1976, 61~63쪽.

세력의 위협이 증대하는 상황하에서 혈연적·문화적 동질성을 가지고 있던 온조집단과 연합하였으나 이후 비약적인 성장을 거듭하는 백제의 압력에 세력의 열세를 인정하면서 별 다른 충돌없이 자발적으로 복속한 것으로 보인다.

동부세력의 실체와 관련하여 주목되는 것은 한강중류 일대에 널리 분포하고 있는 초기철기문화 유적을 성립시킨 세력이라 할 수 있다.[70] 이들 세력 역시 온조집단이나 해루집단과 마찬가지로 북방계 유이민계통이었을 것으로 여겨지는데 백제에 흡수·통합되는 과정과 그 시기는 북부세력과 비슷했던 것으로 추측된다.

백제의 남부는 마한의 영역을 편제한 것이다.[71] 그러나 여기서 검토하여야 할 사항은 과연 온조왕대에 병합된 마한의 실체는 무엇이며 그 위치와 영역은 어디인가 하는 문제이다.

마한의 실체와 관련한 학계의 일반론은 마한의 영역은 중서남부지역이며, 성립시기는 늦어도 준왕의 남주(기원전 2세기초) 이전에 해당하고, 소멸시기는 백제 근초고왕의 南征(369)과 관련이 있다는 것이다. 그러나 마한은 온조왕 27년에 백제에게 병합되었고(D8), 동왕 34년 마한 舊將 周勤에 의하여 牛谷城에서 이루어진 마지막 저항도 진압됨으로써 완전히 멸망하였으며(D10), 이후의 기록에서는 전혀 그 실체가 나타나

반면 온조계와 함께 남하한 부여계로 보는 견해도 있다(千寬宇, 위의 논문, 1976, 123쪽).

70) 張元燮, 앞의 논문, 79~80쪽.

71) 온조집단이 북부의 세력과 연합하여 백제를 건국하였다면 온조집단을 남부로 볼 수 있다는 견해도 있다(李宇泰, 「百濟의 部體制-新羅와의 比較를 中心으로-」『百濟史의 比較研究』, 1993, 89~106쪽). 그러나 백제건국의 주체세력이었던 온조집단의 경우 그 거주지는 왕도지역이었을 것이고 왕도의 경우 비록 중앙정치와 밀접한 관련이 있지만 지방통치제도하에서는 5부 중 중부·내부·황부 등으로 지칭되었을 것으로 보인다.

지 않는다. 따라서 마한의 실체는 그 성격이나 주체가 時空間을 달리하면서 변화가 있었다는 전제 아래 개별적 이해가 필요하다.[72] 이러한 점을 감안하면 온조왕대에 병합된 마한은 오늘날의 경기도, 충청도, 전라도 지역에 위치하고 있던 마한 54개국 전체를 이르는 것이 아니라 백제에서 그리 멀지 않은 곳에 위치하고 있던 마한의 맹주인 목지국을 지칭하는 것으로 이해된다.[73] 목지국의 중심지는 대체로 직산·천안·청주·공주·평택·성환 일대에 위치하였으며, 그 영역은 안성천 이남과 차령 금강의 이북 사이를 점하고 있었던 것으로 보인다.[74]

마한의 종족적 원류는 고고학자료를 근거로 할 때 한반도 남부지역이 한강유역을 경계로 그 북쪽지역과 구별되는 특색있는 문화권을 형성하기 시작한 것은 청동기시대이다. 그리고 한강 이남의 지역화된 예맥인들이 북쪽의 '예맥퉁구스 프로퍼'와 구별되어 韓族으로 불리게 된 것은 초기 철기시대라고 한다.[75] 이를 참고할 때 마한을 구성하는 종족은 유이민 집단인 백제 건국세력과는 달리 청동기문화 단계에 한족으로 형성·토착화되었으며, 마한은 이들 선주 정치집단을 기반으로 하여 성립·대두되었던 것이다.[76]

---

72) 마한의 성격에 대한 학계의 견해는 林永珍, 「馬韓의 形成과 變遷에 대한 考古學的 考察」『三韓의 歷史와 文化-馬韓篇-』, 1997, 49~51쪽 참조.

73) 李鍾旭, 「百濟의 建國과 統治體制의 編成」『百濟論叢』 4, 1994, 6~7쪽.
兪元載, 「百濟 領域變化와 地方統治」『百濟의 地方統治』, 學研文化社, 1998, 16~17쪽.
崔夢龍, 「馬韓·目支國 硏究의 諸問題」『三韓의 歷史와 文化-馬韓篇-』, 1997, 30~31쪽.

74) 兪元載, 「百濟 湯井城硏究」『百濟論叢』 3, 1995, 80~85쪽.

75) 金元龍, 「百濟建國地로서의 漢江下流地域」『百濟文化』 7·8, 1975, 31~34쪽.

76) 李賢惠, 「馬韓地域 諸小國의 形成」『三韓의 歷史와 文化-馬韓篇-』, 1997, 68~71쪽.

백제는 마한 목지국 세력을 병합한 후 처음에는 이 지역에 어느 정도의 자치권을 허용했던 것으로 보인다. 그러나 자치권을 허용한 결과가 구마한의 일부 지역에서 반란으로 연결되는 요인으로 작용한 것이 아닐까 추정된다. 따라서 백제는 구마한 세력의 반란을 진압한 이후 축성[77]과 사민책[78]을 통하여 그 세력 기반 자체를 완전히 해체시키는 등 다른 지역과는 다르게 강경책을 견지하게 된다.[79]

동부와 북부의 세력들이 백제에 흡수될 수 있었던 요인은 소국간의 통합이 진행되는 과정에서 발생하는 인구의 증가와 교류의 확대, 농업용수의 공동관리 필요성, 외부의 다른 종족들의 성장과 이에 따른 군사적 위협 등이 큰 촉진제가 되었을 것이다.[80] 특히 낙랑과 말갈이라는 강력한 세력에 맞서 같은 언어와 전통을 공유한 동일 종족이라는 인식을 바탕으로 충돌보다는 평화적 해결방식을 택하였을 가능성이 컸다. 특히 백제는 혈연과 문화가 동일하며[81] 어느 정도 선진 문화를 소유하고 있었던 동·북부의 경우 중앙의 지배귀족으로 편제하기도 하고 혹은 중앙에의 복속과 의무이행을 약속 받는 대가로 직접적인 통제보다

77) 『三國史記』 卷23 百濟本紀1 溫祚王 36年 秋7月. "築湯井城 分大豆城民戶 居之".

78) 『三國史記』 卷23 百濟本紀1 溫祚王 7年 夏4月. "(圓山·錦峴)二城降 移其民於漢山之北".

79) 『삼국사기』 권1 신라본기1 파사이사금 25년과 일성이사금 13년조에 의하면 신라의 경우도 공동체 단위의 정치적 독립성을 허용하였던 悉直國과 押督國이 신라에 대하여 반란을 일으키자 이들 세력을 해체시키기 위하여 실직국과 압독국의 구성원을 남방의 변경지역으로 사민시키고 있다("婆娑尼師今 25年 秋7月 悉直叛 發兵討平之 徙其餘衆於南鄙" 및 "逸聖尼師今 13年 冬10月 押督叛 發兵討平之 徙其餘衆於南鄙").

80) 金基興, 「三國時代 稅制의 성격」 『國史館論叢』 35, 1992, 98쪽.

81) 같은 언어와 전통을 공유한 동일 종족간의 충돌은 동예에서 보이는 責禍에 의한 해결과 같이 보상에 의한 평화적 해결방식이 관습화되는 경우가 있다고 한다(金基興, 위와 같음).

는 그 지방의 세력 근거를 어느 정도 인정해 주었을 것이다.[82] 즉 일정 범위내에서의 자율을 허용하면서 공적 지배질서체제로 흡수하는 간접적인 통제를 취하였을 것으로 판단된다.

반면 서로 언어와 문화가 다른 종족들의 세력집단간 충돌은 결국 무력상쟁으로 귀결되었을 가능성이 크다.[83] 백제가 미주홀세력과 마한세력을 병합하는 과정은 이종족을 무력으로 정복한 결과로 나타난 것이라 할 수 있다. 따라서 이들의 지배는 병합 직후부터 그 지역민을 타지역으로 사민시키거나 그 근거를 해체함[84]으로써 직접지배를 실현했을 것이다.

이상에서 살펴본 바와 같이 백제는 온조왕 18년을 전후하여 내부의 갈등을 극복하였고, 또한 이를 바탕으로 국가적 역량을 제고할 수 있었다. 이후 국도까지 위협하였던 동북지역의 낙랑과 말갈세력을 효과적으로 대처하고자 거점의 확보와 마한의 합병을 통하여 새로이 편입된 영역 및 사회구성원을 효율적으로 통제할 필요성이 대두되었다. 이에 따라 부여와 고구려에서의 역사적 경험을 원용하여 지방통치조직으로서의 5부제를 편제한 것으로 보인다.

3. 5部制의 運用과 性格

1) 5部制의 運用

백제는 대외적으로 낙랑・말갈 등 외부의 위협세력에 대한 방어역량을 강화하기 위하여 거점지역을 확보한 후 동북부 지역으로 영역을 확장하면서 북부를 설치하였다. 또한 대내적으로는 마한에 대한 병합을

---

82) 盧重國, 「百濟王室의 南遷과 支配勢力의 變遷」 『韓國史論』 4, 1978, 107쪽.
83) 金基興, 앞의 논문, 98쪽.
84) 盧重國, 앞의 논문, 1978, 107쪽.

통하여 확대된 영역과 민에 대한 통제력의 강화를 위하여 남부를 설치하였다. 이후 군사·행정적인 요인 및 지방통제의 균형적 발전을 이루고자 동·서부가 추가로 설치된 것으로 보인다.[85] 따라서 5부제의 운용목적은 결국 군사 요인과 행정 요인이 주가 된다고 할 수 있다.

『삼국사기』 백제본기에 보이는 부와 관련된 기사는 다음과 같다.

F－1) 右輔乙音卒 拜北部解婁爲右輔(『三國史記』 卷23 百濟本紀1 溫祚王 41年 春丁月)
2) 東部屹于與靺鞨戰於馬首山西 克之 殺獲甚衆(『三國史記』 卷23 百濟本紀1 多婁王 3年 冬10月)
3) 右輔解婁卒 年九十歲 以東部屹于爲右輔(『三國史記』 卷23 百濟本紀1 多婁王 7年 2月)
4) 右輔屹于爲左輔 北部眞會爲右輔(『三國史記』 卷23 百濟本紀1 多婁王 10年 冬10月)
5) 王巡撫東西兩部 貧不能自存者 給穀人二石(『三國史記』 卷23 百濟本紀1 多婁王 11年 冬10月)
6) 王命東部 築牛谷城 以備靺鞨(『三國史記』 卷23 百濟本紀1 多婁王 29年 春2月)
7) 築赤峴沙道二城 移東部民戶(『三國史記』 卷23 百濟本紀1 肖古王 45年 春2月)
8) 西部人茴會 獲白鹿獻之 王以爲瑞 賜穀一百石(『三國史記』 卷23 百濟本紀1 肖古王48年 秋7月)
9) 秋九月 命北部眞果領兵一千 襲取靺鞨石門城 冬11月 靺鞨以勁騎來侵 至于述川城(『三國史記』 卷23 百濟本紀1 肖古王 49年)
10) 徵東北部二部人年十五已上 築沙口城 使兵官佐平解丘監役(『三國史記』 卷25 百濟本紀3 腆支王 13年 秋9月)
11) 王巡撫四部 賜貧乏穀有差(『三國史記』 卷25 百濟本紀3 毗有王 2

85) 朴賢淑, 「百濟 初期의 地方統治體制 硏究－'部'의 成立과 變化過程을 中心으로－」 『百濟文化』 20, 1990, 27쪽.

年 春2月)

12) 徵北部人年十五歲已上 築沙峴耳山二城(『三國史記』 卷26 百濟本紀4 東城王 12年 秋7月)

위 기사의 분석을 통하여 부제의 운용을 몇 가지 유형으로 추출할 수 있다.

첫째, 직접적으로는 외적의 방어와 공격을 위한 군사적 목적(F2 · 9)과 간접적으로는 고대국가로의 성장에 필요한 북방계통의 선진문화를 수용하는 기능을 수행하고 있다.

5부를 편제한 목적 중 하나가 군사 기능에 있었음은 부의 설치 이전과 이후 단계의 대처 방법으로 확인할 수 있다. 즉 부의 설치 이전에는 대외전쟁시 왕이 직접 군사를 이끌고 전투에 참여하였으나, 부의 설치 이후에는 동부 屹于의 대말갈 전투(F2)와 高木城의 昆優[86] 및 북부의 眞果에게 말갈 습격을 명령하는 등(F9) 諸部 세력의 군사조직을 이용하여 전쟁을 치르고 있다.

백제 초기 말갈과 낙랑이 국가의 안위에 가장 큰 위협 세력이었음은 주지의 사실로 馬首城 · 甁山柵 · 禿山柵 · 狗川柵 · 牛豆山城 · 高木城 · 述川城 · 斧峴城 등 초기 방어시설의 대부분이 말갈과 낙랑의 침략을 저지하기 위해서였다. 더구나 온조왕 8년 7월에 세운 마수성 · 병산책에 대한 낙랑태수의 항의를 차치하여도(C2) 백제는 동북방의 말갈과 낙랑의 끊임없는 군사적 도발에 대응하면서도 동시에 북방 유이민의 흡수를 통한 국력의 신장과 이들의 선진 문화수용에 적극적이었음을 주목할 수 있다. 즉 1세기초 중국은 新에서 後漢으로 이어지는 과도기로 낙

86) 『三國史記』 卷23 百濟本紀1 多婁王 4年 秋8月. "高木城昆優與靺鞨戰 大克 斬首二百餘級".

랑군에서 발생한 王調의 난[87](A.D.25~30)과 같은 정치적 변화에 따른 사회적 혼란으로 낙랑은 중국 군현으로서의 역할을 제대로 수행할 수 없었다. 이러한 행정 공백을 틈타 낙랑을 이탈하여 남하하는 유민의 수가 급증하였을 것이고, 결국 백제는 이들의 수용에 적극적이었을 것이다. 그 결과 양국은 유민을 둘러싸고 심한 대립상을 보인 듯 하다.[88] 다루왕 7년(A.D.34) 백제가 낙랑과의 접경지대에 설치한 마수성과 병산책을 말갈이 공격한 원인은 정치적 혼란을 피하여 남하하는 낙랑유민들과 밀접한 관련이 있는 것으로 말갈이 이들 設柵地域을 공격한 것은 낙랑의 사주에 따른 것이었다(B5). 따라서 낙랑은 소속민의 이탈에 따른 세력 약화 뿐 아니라 이에 따른 반대 급부로 백제의 국력이 크게 신장하는 상황을 우려하고 있었음을 추정할 수 있다. 이러한 점은 초기 백제의 부제가 동북방의 낙랑·말갈과의 전쟁에서 효율성을 담보하는 기능외에도 내면적으로는 영토확장과 인구의 증대 및 새로운 선진 문화를 흡수하는 기능을 수행하고 있었음을 알 수 있다.

둘째로는 중요 관직에 오르는 인물이나 왕과 직접적인 접촉이 있었던 인물의 소속을 표시하는 기능을 수행하고 있다(F1·2·3·4·8·9·12)는 점이다.

이는 인명 앞에 부명을 관칭하는 경우로 북부 解婁, 동부 屹于, 북부 眞會, 북부 眞果 등과 같이 동·북부를 관칭하는 유력자로 중앙의 최고 관직인 좌·우보를 제수받는 경우와 西部人 茴會와 같이 부에 소속된 民임을 보여주는 듯한 경우로 대별할 수 있다.[89]

---

87) 『後漢書』 卷76 循吏列傳66 王景傳. "(王景)父閎爲郡三老 更始敗 土人王調殺郡守劉憲 自稱大將軍樂浪太守 建武六年 光武遣太守王遵將兵擊之 至遼東 閎與決曹史楊邑等 共殺調迎遵".

88) 申瀅植, 『三國史記硏究』, 一潮閣, 1981, 126쪽.

89) 백제 초기에 나오는 주요 인물 중 高木城主로 보이는 昆優의 경우 부명을

백제에서 처음 우보로 임명되는 인물은 온조왕과 혈연적 관계에 있었던 族父 乙音이었으나[90] 이후는 계속하여 동·북부 출신의 유력자들이 임명되고 있다. 고구려 또한 초기의 좌·우보에는 왕과 친밀한 桂婁部 出身이 등용되었지만 이후 차대왕대에는 나부 출신이 좌·우보로 임명된다. 이는 결국 나부세력이 본격적으로 중앙정치에 참여하기 시작하는 것으로 해석할 수 있다.[91] 그러나 나부 출신 인물의 좌·우보 임명은 나부세력의 중앙정계 진출이라는 측면과 아울러 각 나부의 실무 집행권이 점차 계루부 왕권에게 집중되고 있음을 반영한 것이었다.[92]

백제의 경우도 고구려에서와 같이 좌·우보직을 왕과 혈연적 관계에 있었던 인물에서 부명을 관칭한 인물로 교체하는 것은 이들 세력을 중앙관직에 진출시킴으로써 결과적으로는 중앙의 실질적인 지배를 실현시키기 위한 방책이었을 것이다. 즉 종래 소국으로 존재하고 있었던 세력들을 흡수·통합한 백제[93]는 부의 편제를 통하여 독립적인 세력기반을 지닌 지방세력에게 관직 수여 등을 통해 공적 지배질서체제내로 흡수하게 된다. 이후 그들 세력을 재편·통합함으로써 국가 지배력의 지

관칭하지 않고 있는데 곤우는 고목성을 신축한 뒤 중앙에서 파견한 인물이기 때문에 부명이 생략된 듯 하다(金起燮, 앞의 논문, 1998, 84쪽).

90) 『三國史記』 卷23 百濟本紀1 溫祚王 2年 3月. "王以族父乙音有智識膽力 拜爲右輔 委以兵馬之事".

91) 초기 좌·우보에 임명되는 자들의 주요 임무는 계루부 출신의 왕을 보좌하는 것으로 왕의 측근이라는 성격이 강하였다. 그러나 이후 각 나부 출신 인물들이 중앙관직에 진출하는 것은 고구려 국가 전체에서의 위상 강화뿐 아니라 왕권과의 관계 및 중앙정계에서의 직위를 이용하여 나부에서의 세력 확대를 도모함에 있었다고 한다(余昊奎, 「高句麗 初期의 諸加會議와 國相」 『韓國古代史硏究』 13, 1998, 68~70쪽).

92) 余昊奎, 위와 같음.

93) 李鍾旭, 앞의 논문, 1976, 56~57쪽.
權五榮, 앞의 논문, 1986, 32~34쪽.

방침투를 도모하였고[94] 결국은 종속관계를 실현하게 되는 것이다.

그러나 서부인 茴會(F8)의 경우는 위에서 살펴 본 관직을 수여받은 동·북부의 유력자와는 달리 서부에 소속된 민이라는 인상을 준다. 물론 '人'字가 첨부되었다 해도 백록을 잡아 왕에게 바칠 정도의 사람이라면 서부내에서 일정한 사회적 신분 내지는 지위를 획득한 인물이라고 할 수도 있다.[95] 그러나 만약 서부에 동·북부와 같이 부를 대표하는 세력이 존재하였다면 '人'으로 표현되는 茴會가 아무리 신물이라 하여도 부의 대표를 거치지 않고 직접 왕에게 헌상한다는 것은 쉽게 납득이 되지 않는다. 따라서 茴會가 백록을 직접 왕에게 헌상할 수 있었던 것은 이미 서부의 경우 중앙에 완전히 귀속되어 왕권의 직접지배하에 있었던 것으로 추정된다.

남부의 경우는 기록이 남아 있지 않지만[96] 서부와 같이 부를 편제할 당시부터 동·북부와는 달리 중앙의 직접 통치가 이루어졌을 것으로 보인다.

셋째는 築城과 設柵 등 국가의 役事時 필요 인력 징발을 위한 力役의 동원 단위로서의 기능을 갖고 있었다(F6·7·10·12).

성과 책은 외침에 대항하기 위한 방책으로 주로 변방지역에 축조되는데 이를 중심으로 촌락이 형성[97]되는 까닭에 대부분의 군사행동은

94) 朴賢淑, 앞의 논문, 1993, 620~621쪽.

95) 金起燮, 앞의 논문, 1998, 84쪽.

96) 남부에 대한 기록이 전혀 없는 것은 정복지역에 대한 탄압 결과로 볼 수도 있지만(張元燮, 앞의 논문, 79쪽), 『삼국사기』 권23 백제본기1 다루왕 6년 2월조에 "下令國南州郡 始作稻田"의 南州郡이 남부의 오기일 가능성도 배제할 수 없다.

97) 廣開土王碑文의 記事를 통하여 城과 村의 比率은 1 : 12 임을 알 수 있다. 즉 1개의 城은 대략 12개의 村落으로 구성되었을 것으로 추정된다(盧重國, 앞의 책, 236~240쪽). 백제에서 聚落 내지 村落을 지칭하는 용어로서 '村'이

이 성과 책을 단위로 행하여졌으며, 또한 지역사회의 중심이며 생활의 터전이 되었다.[98] 따라서 이러한 축성・설책은 단순한 방어시설의 조성일 뿐 아니라 다수의 인력동원을 통한 국력의 집중이며 왕권의 신장을 뜻하는 것이다. 대규모의 축성과 설책을 위해서는 그에 필요한 役夫의 동원과 역역체계의 정비가 불가피하며, 일시에 대규모의 역부를 동원하기 위해서는 일원적인 통치체제의 정비가 절실히 요청되었을 것이다.[99]

이러한 과정을 통하여 축성과 설책한 지역에 중앙에서 지방관이 파견되는 상위의 지방통치조직으로서의 부제를 통한 직접지배방식을 실현해 나갈 수 있었다. 또한 왕은 방어시설의 확충이나 대비책의 강구 속에서 실질적인 왕권의 강화를 모색하는 방편이 되기도 한다.[100] 물론 이에 회의적인 견해도 있지만[101] 만약 지방관이 파견되지 않았다면 성은 지방민으로만 구성되었을 것이다. 그러나 이러한 상황에서는 당시의 치열한 대외전쟁을 효과적으로 수행할 수 없었을 뿐 아니라 중앙정부의 의사와는 관계없이 촌락공동체의 이해 여부에 따라 성의 운명이 결정될 수도 있다.[102] 따라서 예상할 수 있는 지방민의 이탈을 방지하고 감독하기 위해서는 대부분의 축성과 설책지역에는 지방관이 파견되어

라는 명칭이 등장하는 것은 中國 南北朝時期에 村이 보편적인 村落의 호칭으로 사용된 데서 연유한 것이다. 또한 舊小國의 再編過程에서 邑落이 '城'單位로 編制되었고 邑落을 구성하는 개별 村落은 '村'이 되었을 것이다(金英心, 「百濟의 城・村과 地方統治」『百濟研究』 28, 1998, 196쪽).

98) 朴京哲, 「高句麗 軍事力量의 再檢討」『白山學報』 35, 1988, 162~163쪽.

99) 全德在, 「新羅 州郡制의 成立背景研究」『韓國史論』 22, 1990, 45~46쪽.

100) 申瀅植, 『韓國古代史의 新研究』, 一潮閣, 1984, 298쪽; 『百濟史』, 이화여대 출판부, 1992, 80쪽.

101) 盧重國, 「漢城時代 百濟의 檐魯制 實施와 編制基準」『啓明史學』 2, 1991, 14~15쪽.

102) 李道學, 「漢城 後期의 百濟 王權과 支配體制의 整備」『百濟論叢』 2, 1990, 306~307쪽.

전투의 주관 및 조세의 수취, 力役 동원의 감독 등 재지세력에 대한 통제를 담당하였을 것으로 보인다. 그러므로 부가 축성과 설책을 위한 역역의 동원 단위로 편제되는 것은 왕권의 신장내지 강화에 기능하였음을 알 수 있다.103)

넷째는 백성에 대한 사민책을 시행할 때 부를 단위로 시행되고 있다(F7).

토지의 국왕귀속의식이 확립되지 않은 부족사회 또는 chiefdom에서는 혈연적 유대가 강하게 작용되기 때문에 국가나 통치자가 임의로 민호의 이동을 명할 수 없었다.104) 결국 백제는 군사적 팽창으로 영토를 확장하는 과정 속에서 왕토사상이 형성되면서 사민정책이 가능했을 것으로 보인다.105) 이러한 사민의 실시는 종래의 공동체 구성원을 자신의 생산기반으로부터 분리시켜 국가적 지배를 관철함으로써106) 백제의 왕권은 신장될 수 있었을 것이다. 따라서 백제 초기 통치체제의 원리가 족적 유대관계에 의하였다기 보다는 정치적 행정적인 요소에 따라 좌우되고 있었다. 이같은 民戶의 통제는 부의 행정적인 힘으로 행하여 졌으며 국가의 사민정책이 부를 단위로 행해지고 있다는 것은 부를 직접 통치하려는 과정에서 표출되는 것이라 할 수 있다.

다섯째는 국왕에 의한 부와 부민에 대한 순무 행위로 이는 통치 목적을 강화하는 기능을 수행하였다(F5・11).

---

103) 李永植, 「伽倻諸國의 國家形成問題」『白山學報』32, 1985, 71쪽.
李鍾旭, 앞의 논문, 1976, 56~57쪽.

104) 李鍾旭, 앞의 논문, 1977, 67~68쪽.

105) 李鐘睿, 『韓國 古代國家의 奴隷와 農民』, 한림대아세아문화연구소, 1997, 35~37쪽.

106) 韓沽劤, 「古代國家成長過程에 있어서의 對服屬民施策－其人制 起源說에 대한 檢討에 붙여서－」『歷史學報』12, 1960, 102~103쪽.

삼국시대에 행해졌던 국왕의 순무 목적은 ① 천재를 당한 지역을 위로하고 노인을 만나 보면서 하늘에 제사를 지내는 전형적인 순무 ② 재정복 준비의 사전 작업 일환으로 백성들을 선무하려는 군사적 목적 ③ 농업생산력 증대 등 경제적 목적 ④ 영토확인 ⑤ 외형상으로는 사냥이지만 군사훈련과 인물발탁의 의미로 구분할 수 있나.[107) 따라서 F5)・11)의 기사는 천재를 당한 지역의 민을 위로하고 아울러 부를 순행함으로써 통치영역을 확인하는데 그 목적이 있었음을 알 수 있다. 이처럼 부의 유력자를 배제하고 국왕이 직접 순무를 통하여 스스로 살아가기가 힘든 백성을 돌보는 것은 부와 부민이 중앙정부 혹은 왕권의 통제하에 있음을 보여 주는 것이다. 이러한 행위가 왕자의 입장에서 의례적인 것이라 할 수도 있다. 그러나 이는 백성들에게 국왕으로서의 자신의 존재를 인식시키고자 했을 뿐 아니라 각 지방의 통치력을 확보하려는 시도라고 할 수 있다.[108)]

이상에서 살펴본 바와 같이 백제는 초기 5부의 운용을 통하여 외적의 침입을 효과적으로 방어하려는 군사적 기능과 축성・사민・순무의 행정적 기능을 통하여 통치영역을 확인하고 지배체제를 강화시킬 수 있었다. 또한 북방 유이민 세력과 그들의 선진문화를 수용하는 역할을 수행하기도 하였다. 이러한 부의 역할을 통하여 백제는 고대국가로의 발전뿐 아니라 왕권의 강화도 지향할 수 있었던 것이다.

107) 申瀅植, 앞의 책, 1984, 95쪽.
108) 姜鍾元, 「百濟 比流王의 卽位와 政局運營」『韓國上古史學報』 30, 1999, 92~93쪽.

2) 5部制의 性格

삼국 초기 부의 성격은 삼국의 발전과정 및 정치체제의 이해와 직결되는 관계로 활발한 논의가 이루어져 왔으며,[109] 대략 부체제론(단위정치체설)[110]과 중앙집권체제론(행정구역론)[111]의 두 가지 견해로 집약된다.

부체제론은 고대국가의 정치체제는 연맹체적인 부체제에서 영역국가적인 중앙집권체제로 진전된 것으로 후기 고조선과 삼국 초기의 정치체제가 여기에 해당하며, 삼국 중기(4~6세기)에 이르러 성숙한 고대국가 체제인 영역국가적인 중앙집권체제로 진전되면서 일종의 군현제 국가가 되었다는 견해이다.[112]

반면 중앙집권체제론은 초기국가의 형성·발전이 국가형성 이전의 정치체인 촌락사회에 이어 초기 국가는 소국－소국연맹－소국병합단계

109) 최근(1999년 7월) 한국고대사학회에서 주최한 제 1회 하계세미나의 주제가 '韓國古代社會의 部와 部體制'였는데 이에 대한 관심의 정도를 알 수 있다.

110) 부체제론의 상세한 개념에 대하여는 盧泰敦, 앞의 논문, 1975 및 「初期 古代國家의 國家構造와 政治運營－部體制論을 中心으로－」『한국고대사학회 제1회 하계세미나 발표요지』, 1999 참조.

111) 부체제론에 대한 비판과 중앙집권체제론에 대한 자세한 논거는 李鍾旭, 「新羅 '部體制說'에 대한 批判－하나의 새로운 新羅史 體系를위하여－」『韓國史硏究』 101, 1998; 「새로운 韓國古代史 體系를 위한 論考－部體制論 批判을 中心으로－」『한국고대사학회 제1회 하계세미나 토론문』, 1999년 7월 참조.

112) 삼국 초기의 부는 정치적 위상을 달리하는 독립적인 단위정치체의 연합체로 지연에 바탕을 두고 형성되었는데 부의 내부에는 계층분화가 이루어졌으며, 또한 하위 자치체가 존재하였다고 한다(部內部). 그리고 부에는 部主 혹은 部長으로 불릴 수 있는 세력들이 존재하였고, 국왕도 일정 시기 특정 부의 장이었으며, 부에 소속된 민들도 국가와 부에 이중으로 귀속되어 있었다는 것이다. 또한 최근에는 각 국의 부집단 외에도 지방후국과 집단예민을 部體制下에 포함시키고 있다(盧泰敦, 앞의 발표요지, 1999년 7월).

로 발전하고 이어 중앙집권적인 왕국으로 성장한다는 것이다. 이는 삼국 초기부터 중앙집권체제가 성립되었으며 이른 시기부터 중앙에서 지방관을 파견하였고, 부는 전사단이나 행정구역단위의 성격으로 파악하고 있다.113)

이처럼 삼국 초기의 부에 대한 견해차이는 『삼국사기』 본기 초기 기사를 보는 시각 차이에서 기인하는 것으로 부체제론과 중앙집권체제론은 각각 분해론(절충론 또는 수정론)과 긍정론의 시각에 입각하고 있는 것이다.114)

그러나 이러한 논의에도 불구하고 백제 초기의 부제115)는 건국 초부터 방위명을 띠고 있다. 그러므로 시종일관 고유명을 띠는 신라의 6부나, 3세기에 이르러 고유명에서 방위명의 부로 전환하는 고구려의 부와 동일시 할 수는 없다. 적어도 『삼국사기』 백제본기의 기록에 의거하는 한 백제의 부는 단위정치체보다는 행정구역적 성격을 가지고 있음을 알 수 있다. 따라서 삼국 초기의 부를 일괄적으로 단위정치체로 규정하거나 혹은 행정구역적 성격으로 규정하는 데는 좀 더 신중한 검토가 선행되어야 한다.

---

113) 李鍾旭, 앞의 논문, 1998; 앞의 토론문, 1999년 7월 참조.

114) 『삼국사기』 초기 기록에 대한 학설사적 검토는 李道學, 「百濟의 起源과 國家形成에 관한 재검토」 『한국 고대국가의 형성』, 民音社, 1990, 106~130쪽 참조.

115) 백제의 초기 지방통치제도를 논하는 연구자는 대부분 '부체제'라는 용어를 사용하지만 개념 정의에 통일성이 없는 등 여러 가지 문제점이 노정되고 있다. 그러나 백제 초기에 편제된 '부'를 적어도 상위의 지방통치조직으로 인정한다면 '부체제'란 용어의 사용은 부적절하다고 여겨진다. 따라서 필자는 삼국 모두 '부'라는 용어가 나오지만 그 성격이 동일하지 않으므로 '부체제'란 용어의 사용에 신중을 기하여야 한다는 지적(金英心, 「百濟의 支配體制 整備와 王都 5部制」 『百濟의 地方統治』, 1998, 113~114쪽)에 동감하며, 본고에서는 '部體制'란 용어 대신 '部制'라는 용어를 사용하였다.

백제 초기의 부제는 부여계 고구려 유이민으로써 얻은 역사적 경험을 토대로[116] 국도를 방어하기 위하여 그 중핵지(거점지역)의 방어역량을 강화하는데 그 목적이 있었다. 더 나아가서는 국가권력의 침투와 관철을 좀 더 효율적으로 꾀하기 위하여 자연환경적·지정학적 특징을 고려하여 순차적으로 4부를 구획하였고, 중앙에서 정치를 이끌어 가는 중앙통치조직과는 다른 차원의 왕도를 지방통치의 범주에 포함하여 5부제가 성립된 것으로 파악된다.[117]

백제의 5부제는 고구려·신라와 같이 고유한 부족 명칭을 갖지 못하고 편제 당시부터 작위적이며 행정적 요소를 갖춘 방위명을 칭하고 있다. 이는 한성시대에는 부족명을 갖춘 정치집단들이 존재하고 있었으나 웅진 천도후 고유명칭을 잃어버리고 웅진시대에 있었던 방위명 부를 한성시대로 소급·적용한 것으로 이해하기도 한다.[118]

그러나 고구려의 경우 부의 고유명이 방위명과 함께 존재하였고, 신라의 경우도 부의 고유명이 남아 있는데 비하여 유독 백제에만 한성시대 내내 존재하였다고 하는 고유한 부족명의 흔적을 전혀 찾을 수 없다는 것은 이해하기 힘들다. 따라서 백제의 부는 고구려나 신라처럼 혈연과 지연에 입각하여 자연스럽게 성장·편입한 하나의 독립된 정치체

---

116) 李鍾旭,「高句麗 初期의 地方統治制度」『歷史學報』94·95, 1982, 10쪽.

117) 金英心, 앞의 논문, 1998, 104쪽.

118) 한성시대의 諸部는 상호 융화가 이루어지지 않은 여러 집단으로 구성되었기 때문에 상대적으로 응집도가 낮았는데 웅진 천도 이후 지역단위간의 지연성마저 상실하게 되면서 부족으로서의 부는 자연 소멸되었고 방위로서의 부명을 기록하게 되었다고 한다. 따라서 이들 백제건국의 주류가 되었던 유이민 계통들이 수도의 지역구획으로서의 5부에 분거하거나 지방의 5방에 나누어 거주하면서 그들에게는 사실상 종래 부족으로서의 부는 의미가 없고, 그들 氏姓의 혈연적 맥락을 따라 새로운 성격의 상호관계와 정치적 결속을 이루는 것으로 파악하고 있다(盧泰敦, 앞의 논문, 1975, 15쪽).

가 아니라 행정편의를 위하여 중앙에서 임의로 편제한 행정·군사적 단위체이며,[119] 편제 당시부터 이미 방위명이 사용되었을 개연성이 무척 높다.[120]

그러므로 백제 초기의 부제는 중앙집권체제가 출현하기 이전 연맹체의 하나인 단위정치체로서의 부체제[121]가 아니라 이미 국가단계로의 발전양상이라고 생각된다. 이런 까닭에 초기 기록에서부터 이른바 '족제적'이거나 '부족적'인 성격이 약한 방위부인 지방통치제도로서의 특징을 일찍이 나타내고 있다. 따라서 삼국의 발전과정상 집권국가의 전 단계로서 연맹 성격의 부체제를 삼국 모두에 일괄로 적용하는 것은 문제가 있다고 여겨진다.[122]

백제가 지방통치제도로서 부제를 편제한 궁극적인 목적은 당시 지배체제를 좀더 효율적으로 유지·관리하는데 있었다. 즉 중앙과 지방 사이에 일원적인 지배체제를 구축하여 왕권을 강화하고 또한 국가의 통제력을 민에게까지 직접 침투시켜서 이들을 공적인 지배질서체제 내로 흡수하여 재편·통제함으로써 이를 바탕으로 지방의 모든 역량을 중앙에 결집시키는데 있었던 것이다.

그러나 백제는 부를 편제하는 과정에서 일정한 한계를 가지고 있었

---

119) 물론 토착세력에게는 이전부터 사용하던 고유 부족명이 있었겠지만 백제 지배층의 의도된 방위명 부 설정 이후 공식적으로는 고유부족명을 사용하기는 어려웠을 것이다. 이러한 점을 감안하면 내부적으로 방위명·고유부족명이 병존하였겠지만 대외적으로는 방위명 부만이 통칭되었을 것이다.

120) 金起燮, 「百濟 前期의 部에 관한 試論」 『百濟의 地方統治』, 學研文化社, 1998, 78~79쪽 및 81쪽.

121) 盧泰敦, 앞의 논문. 1975 및 1999.
李宇泰, 앞의 논문, 89~106쪽.

122) 朴賢淑, 「百濟 地方統治體制 研究」, 고려대대학원 박사학위논문, 1997, 55쪽.

다. 즉 서부・남부와 같이 무력에 의한 정벌과정을 거쳐 편제한 지역은 축성과 사민 등을 통하여 직접지배를 실현할 수 있었다. 반면 동부・북부와 같이 편제 당시부터 그 지배층의 실체를 인정할 수밖에 없었던 지역의 경우 국가 지배력의 한계 때문에 자체내의 자율 질서가 나름대로 존재하고 있었다. 그리고 중앙 권력은 자치를 인정하는 대신에 경제적 공납과 군사적 동원의 의무를 부과하는 정도로 일단 그 지방을 통제할 수밖에 없었다. 이것은 곧 부를 대표하는 세력들이 지방의 규제자로서 영향력을 행사하였으며, 중앙권력은 이들을 통한 간접지배 방식을 취하였음을 의미하는 것이다. 따라서 백제 초기의 부제는 편제 당시의 상황에 따라 직접지배와 간접지배가 공존하는 이원지배체제를 유지할 수밖에 없는 한계[123]가 있었다.

그러나 이후 고이왕대의 관등과 복색의 제정 등은 비로소 통치영역의 지배체제가 일원화되었음을 의미하며, 부제의 성격에도 중요한 변화가 있었을 것으로 생각된다. 이를 반영하는 것이 온조왕대의 5부제 편제 이후 각 지역의 지방세력들 특히 동・북부 출신들은 인명 앞에 부명을 관칭하면서 어느 정도의 독자적인 세력 기반을 유지하고 있었는데, 고이왕 이후에는 이러한 사례가 전혀 보이지 않는다. 이는 지방 세력가들이 점차적으로 중앙귀족화하여 왕의 신하가 되었고, 왕은 실질적으로 이들을 통치체제내에 흡수하고 있음을 의미한다. 이후는 왕이 직접 지방관을 파견하여 민을 통치하게 되는 것이다.[124]

결국 이러한 변화는 온조왕대에 초보적인 지방통치체제였던 5부가

---

123) 국가의 내부상태가 확실하지 못한 형편에서 주변 강대세력의 위협에 적절히 대처하기 위해서 기존 복속세력의 기반을 해체하여 재편하는 것보다는 그들을 온존시켜 주는 것이 지배에 훨씬 효과적이었을 것이라는 견해가 있다(朱甫暾, 「신라의 촌락구조와 그 변화」『국사관논총』 35, 1992, 58쪽).

124) 李鍾旭, 앞의 논문, 1977, 20~21쪽.

편제된 이래 국가의 성장과 함께 노정되는 한계를 지속적으로 극복하면서 좀 더 완비된 지방통치체제를 지향한 결과라 할 수 있다.

第 Ⅲ 章

百濟의 成長과 檐魯制의 成立

1. 4世紀 後半 百濟의 地方支配 强化와 그 方向
2. 檐魯制 關聯史料 및 編制時期 檢討
3. 檐魯制와 王·侯制의 關聯性 檢討

第 Ⅲ 章

百濟의 成長과 檐魯制의 成立

1. 4世紀 後半 百濟의 地方支配 强化와 그 方向

앞장에서 살펴본 바와 같이 비류왕은 금강유역을 중심으로 독자적 정치활동을 전개하고 있던 마한의 잔여세력을 병합하면서, 백제의 영역을 노령산맥 이북으로 확장시키고 있다. 그 결과 농업생산력의 향상에 따른 경제력의 성장을 수반하게 되었고 이후 중앙집권적인 국가체제를 갖출 수 있는 사회·경제적 토대를 마련하게 된다.[1] 그러나 계왕의 뒤를 이어 즉위하는 근초고왕과 관련한 『삼국사기』의 기록은 주로 대외적인 활동만이 기재되어 있고, 또한 왕 3년부터 20년까지의 기록이 공백으로 남아 있기 때문에 대내적인 정국운영을 정확하게 확인할 수는 없다. 다만 근초고왕 2년에 있었던 다음의 기사를 통하여 당시의 대내적인 상황을 어느 정도 추정할 수 있다.

A) 拜眞淨爲朝廷佐平 淨王后親戚 性狠戾不仁 臨事苛細 恃勢自用 國人

---

1) 姜鍾元, 「4世紀 百濟 政治史 硏究」, 충남대대학원 박사학위논문, 1998, 77쪽.

疾之(『三國史記』 卷24 百濟本紀2 近肖古王 2年 春正月)

근초고왕의 즉위초에 조정좌평에 임명되는 진정은 왕후의 친척으로 그는 성품이 사납고 어질지 못하며 일을 처리함에 있어 매우 세밀하였고, 모든 일을 마음대로 처리하여 국인이 미워하였다는 것이다. 진정이 왕후의 친척으로 근초고왕의 즉위초에 형옥사를 담당하는 조정좌평에 임명되는 것으로 보아 왕의 최측근 세력이었음은 의심의 여지가 없다. 그런데 왕의 최측근을 미워하는 국인세력들의 존재는 당시의 정치적 상황이 결코 순조롭지만은 않았음을 보여준다. 아마도 이들은 근초고왕의 즉위에 반대한 세력으로 판단된다.[2] 따라서 진정은 왕의 최측근으로 이들 반대세력들을 탄압하면서 형옥사를 가혹하게 집행하였기 때문에 많은 질시를 받고 있음을 알 수 있다.

그러나 이후 국인들과 진정의 동향을 알 수 있는 기록이 없으므로 향후의 진행을 자세히 파악하기는 어렵다. 다만 근초고왕대와 마찬가지로 즉위후 13년까지의 기록이 공백으로 남아 있고, 또한 15년 이후의 기사가 대부분 대외적인 활동 즉 고구려와의 전쟁 관련 기록만이 나오는 개로왕대와의 대비를 통하여 어느 정도 상황을 유추할 수 있다. 즉 개로왕대의 기록이 공백으로 남아 있는 요인은 왕위계승 문제로 야기

2) 근초고왕의 출자와 관련 『삼국사기』와 『삼국유사』에서는 비류왕의 2자로 기록되어 있다. 이에 대하여 非長子로 설명된 계승자는 예외없이 정변 내지 왕실교체의 주인공으로 상정되는 존재로 비정상적인 과정을 통해 왕위에 오른 인물들(金起燮, 「漢城時代 百濟의 王系에 대하여」 『韓國史研究』 83, 1993, 41쪽)이기 때문에 근초고왕의 왕계는 비류왕과는 이질적인 계통이며(姜鍾元 「百濟 近肖古王의 王位繼承」 『百濟研究』 27, 1997, 11～17쪽), 그의 즉위는 평화적인 방법이 아닌 무력을 기반으로 즉위하였을 가능성도 상정되고 있다(李基東, 「百濟王室交代論에 대하여」 『百濟研究』 12, 1981, 60～64쪽; 김기섭, 『백제와 근초고왕』, 학연문화사, 2000, 53～58쪽).

된 지배세력간의 내분[3] 혹은 전제정치를 확립하기까지의 과정을 생략한 것[4]이라는 연구결과를 참고할 수 있다. 이들 두 견해는 전자의 경우 기록 공백의 전반부 상황만을, 후자의 경우는 후반부 상황만을 보여주는 것으로 양 견해가 결합되어야만이 개로왕대의 정황을 올바로 판단할 수 있다. 이들 견해를 참고하여 근초고왕 당대의 대내적 상황을 살펴보면 근초고왕은 일정 기간 국인 세력들의 반발에 직면하였으나, 이를 극복하는 과정속에서 전제정치를 확립하게 되는 것이다. 따라서 근초고왕 20년 이후 집중적으로 나타나는 활발한 대외활동은 이들 반대세력들을 제압하고, 전제왕권을 확립함과 동시에 또한 국가체제를 새롭게 정비한 결과라고 할 수 있다. 대내적인 체제정비가 마무리된 이후 근초고왕은 주변국들 특히 신라와 왜와의 관계를 정립해 나간다.

이처럼 비류왕과 근초고왕이 대내외적으로 체제를 정비하고, 영역확장에 박차를 가한 것은 차후 벌어질 주변국과의 관계를 염두에 두고 있었기 때문이다. 즉 온조왕대 이후 점진적이면서도 지속적으로 진행되던 백제의 남방경략이 비류왕과 근초고왕대에 이르러 급속히 진행된 요인은 당시 동북아 정세와 밀접한 관련이 있다.

4세기는 중국이 동진과 5호 16국으로 분열된 극심한 혼란기였으므로 한반도의 정세에 중국이 직접적으로 개입할 만한 여지가 없었다. 이때 삼국은 내부의 통합력을 공고히 하면서 대외발전을 꾀하였다. 이러한 시대적 정황은 필연적으로 삼국간 충돌을 야기시켰을 뿐 아니라 삼국과 가야·왜·북방민족간의 마찰도 지속되었다. 고구려는 4세기초 미천

3) 梁起錫, 「百濟 專制王權成立過程 研究」, 단국대대학원 박사학위논문, 1990, 119~123쪽.

4) 金壽泰, 「百濟 蓋鹵王代의 對高句麗戰」『百濟史上의 戰爭』, 書景文化社, 2000, 225~227쪽.

왕대에 낙랑·대방군의 세력을 축출하고 한반도 西北部 지방을 차지한 이후 이 지역의 경영에 주력하고 있었으며, 백제 또한 이 지역의 선진문화에 지대한 관심을 가지고 있었다. 그러므로 전연과의 전쟁에서 패배한 후 서진을 포기하고 남진으로 선회하는 입장에 있었던 고구려의 위협5)뿐 아니라 북방의 선진문화에 많은 관심을 가지고 있었던 백제의 입장에서도 고구려와의 대결이 불가피하다는 인식하에 이에 적극 대처하여야 할 필요성이 강력하게 제기되던 시기였다.

결국 비류왕과 근초고왕대의 급격한 남방경략은 당시 긴박하게 진행되던 국제정세의 정확한 인식하에 이루어진 것이었다. 이는 이들 지역의 복속과 영향력 확대를 통하여 후방 적대국의 견제를 방지하고 부족한 군수물자와 병력을 충원함으로써 앞으로 있을 고구려와의 전쟁에 대비하였던 것이다. 특히 가라7국의 평정을 통하여 확보한 이 지역에서의 영향력 확대6)는 당시 고구려와의 긴장관계가 고조되는 현실속에서 왜와의 군사교류를 통하여 고구려를 견제하려는 백제의 의도와 낙랑·대방의 축출 이후 한동안 선진문물의 공급에 곤란을 겪던 왜측의 욕구가 부합된 결과이기도 하다.7) 백제는 이러한 대비외에도 신라와의

---

5) 물론 고구려와 백제의 직접적인 군사적 충돌은 郡縣 세력이 한반도에서 축출된지 50여년 이후에나 이루어지고 있지만 고구려의 지속적인 발전 방향이 서북쪽의 중국대륙보다는 오히려 동남쪽의 한반도에 있었다는 견해도 있다(朴性鳳, 「高句麗發展의 方向性 問題－南進發展論의 民族史的 再吟味－」 『東國大學校 開校八十周年記念論叢』, 1987).

6) 백제의 가라7국 평정은 4세기 초 이후 고구려의 백제에 대한 압력과 고구려와 신라의 친밀 관계 등으로 백제가 고립될 위기에 빠지게되자 이를 타개하기 위하여 가야세력을 끌어들여 하나의 세력권을 형성하고자 한 것이다. 따라서 백제의 가야경략은 마한잔여세력에 대한 경략과는 달리 가야를 완전히 백제의 영역화하는 것이 아니라 그들의 독자성을 인정하면서 공납과 군사력 지원 등 신속하는 방향이었던 것으로 보고 있다(李炯基, 「大加耶의 聯盟構造에 대한 試論」 『韓國古代史研究』 18, 2000, 17쪽).

화친을 이루었고, 또한 동진과도 관계를 맺는 등 외교적으로도 적극 대처하고 있다. 그 결과 주변 여러 나라의 침략 위협을 우려하지 않고 오로지 고구려의 남침에 대응할 수 있게 된다.

그러나 고구려 또한 고국원왕 4년(334) 평양성을 증축하고, 동왕 13년(343) 비록 342년에 있었던 전연의 침략으로 궁실이 불타는 등 국도 환도성의 피폐로 말미암은 것이었지만 평양 東黃城으로 이거하는 등 대방 고지에서의 지배력 확대를 꾀하고 있었다. 이러한 고구려의 동향은 백제에게 적지 않은 불안 요인으로 작용하고 있었다. 이후 고구려의 남하에 따른 전면적인 무력충돌이 벌어지자 이의 저지에 총력을 기울여야 하는 상황에 직면하게 된다. 이는 당대에 이루어진 새로운 복속지의 세력과 오랜 기간 적대적 관계에 있었고, 또한 종족적・문화적 차이로 인한 이질성을 극복하지 못한 상황하에서 이들 세력을 백제의 기존 지방통치체제인 5부내에 새로이 편제한다는 것은 무리였다. 즉 복속한 이민족이라 하여도 강제로 영유할 경우 오히려 내부의 적을 만들 수도 있다는 현실적 위기 의식이 상존하고 있었던 것이다. 따라서 근초고왕은 이들 지역에 일정 부분의 자치권을 허용하면서 그들의 인적・물적 자원을 이용하고자 한 것으로 보인다.[8] 그 결과 이들 지역에는 새로운 통치방식을 취하지 않을 수 없었으며, 이것이 곧 『양서』 백제전에 보이는 담로제라 판단된다.

---

7) 李賢惠, 「4세기 加耶社會의 交易體系의 변천」 『韓國古代史硏究』 1, 1988, 174쪽.
또 한편으로는 고구려와의 충돌시 가야와 왜의 적대 행위를 우려하였을 가능성도 상정할 수 있다. 즉 백제의 입장에서는 고구려의 남침시 이를 틈탄 가야와 왜의 군사적 행동을 우려하지 않을 수 없었을 것이고 따라서 이들 세력에 대하여도 사전 정지작업이 절실하였을 것이다.

8) 姜鍾元, 앞의 논문, 1998, 174쪽.

2. 檐魯制 關聯史料 및 編制時期 檢討

1) 檐魯制 關聯史料 檢討

담로는 우리말의 '드르'·'다라'라는 뜻으로 대체로 '邑'·'邑城'·'大城' 등을 의미하는 것으로 이해되고 있다.[9] 그러나 최근에 거론되는 담로의 어원을 살펴보면 '담'은 우리말의 흙이나 벽돌 그리고 돌로 둘러 쌓아 밖과 구분하는 구조물을 말하는 '담'으로, '노'는 고대어의 奴·內·腦와 같은 것으로 土·壤 즉 땅을 의미한다고 하여 담로를 "담으로 두른 땅", 말하자면 지방의 治城을 뜻한다는 새로운 견해가 제기되었다.[10]

그러나 필자는 담로를 『삼국사기』 권13 고구려본기1 동명성왕 2년 하6월조의 "松讓以國來降 以其地爲多勿都 封松讓爲主 麗語謂復舊土爲多勿 故以名焉"이라는 기사에 나타나는 '多勿'과 같은 뜻으로 파악하고자 한다. 이는 고구려와 백제가 同源同族으로 그 언어도 매우 유사한 구조를 가지고 있었음은 주지의 사실이다. 따라서 담로(다므로)와 다물(다무르)는 동일한 어원이라 할 수 있다. 물론 다물의 의미를 "(잃었던) 옛 땅을 회복하였다"라는 의미라고 부연 설명을 하고 있기는 하다. 그러나 이는 고대국가의 관념, 예를 들면 고구려 중심의 천하관이나 혹은 왕토사상 등의 발로라 여겨지며, 새로이 개척한 영토에 붙여지는 보통

---

9) 李丙燾, 『韓國古代史研究』, 博英社, 1976, 506쪽.
李基白, 「百濟史上의 武寧王」『武寧王陵』, 文化財管理局, 68~69쪽.
盧重國, 「漢城時代 百濟의 地方統治-檐魯體制를 中心으로-」『邊太燮博士華甲紀念史學論叢』, 1985, 148~153쪽.
李道學, 『百濟 古代國家 研究』, 一志社, 1995, 328~329쪽.

10) 兪元載, 앞의 논문, 1996, 53~59쪽; 「梁書 百濟傳의 檐魯」『백제의 중앙과 지방』, 충남대백제연구소, 1997, 93~98쪽; 「백제의 마한 정복과 지배 방법」『영산강유역의 고대사회』, 학연문화사, 1999, 152~154쪽.

명사로 보는 것이 타당하다. 그러므로 담로 역시 백제가 영역을 확장하는 과정에서 새로 복속한 지역에 붙인 명칭으로 파악된다.

백제의 지방통치제도의 실상을 알려주는 많지 않은 자료 중 특히 많은 연구자들이 관심을 가져왔던 것으로는 중국 정사의 하나인『양서』백제전이라고 할 수 있다.11) 우리측 문헌인『삼국사기』나『삼국유사』에 백제의 지방통치제도에 관한 체계적인 언급이 없는 상황에서 백제의 지방통치제도로 담로를 기록하고 있는 중국의 사서인『양서』가 당시 백제의 지방 지배 방식의 실상을 파악할 수 있는 귀중한 자료로 이용되고 있음은 주지의 사실이다.12)

---

11) 물론『양서』뿐만 아니라『남사』에서도 백제의 지방통치제도에 대하여 언급하고 있지만 그 내용이 동일하므로 편찬시기에서 앞서는『양서』를 그대로 답습한 것으로 여겨진다. 따라서 백제의 담로제에 관하여는 보편적으로『양서』의 기사를 중심으로 검토하고 있다(金英心,「5~6세기 百濟의 地方統治體制」『韓國史論』22, 1990, 64쪽).

12) 담로제를 주논제로 다룬 논문은 다음과 같다.
盧重國, 앞의 논문, 1985;「漢城時代 百濟의 檐魯制 實施와 編制基準」『啓明史學』2, 1991.
金英心,「5~6세기 百濟의 地方統治體制」『韓國史論』22, 1990;「6~7세기 百濟의 地方統治體制－地方官을 중심으로－」『韓國古代史硏究』11, 1997;「百濟의 城·村과 地方統治」『百濟硏究』28, 1998.
朴賢淑,「百濟 檐魯制의 實施와 그 性格」『宋甲鎬敎授停年退任紀念論文集』, 1992.
金周成,「百濟地方統治組織의 變化와 地方社會의 再編」『國史館論叢』35, 1992.
鄭載潤,「熊津·泗沘時代 百濟의 地方統治體制」『韓國上古史學報』10, 1992.
金壽泰,「百濟의 地方統治와 道使」『百濟의 中央과 地方』, 忠南大百濟硏究所, 1996.
田中俊明,「百濟 地方統治에 대한 諸問題－5~6세기를 중심으로－」『百濟의 中央과 地方』, 忠南大百濟硏究所, 1996.
兪元載,「『梁書』<百濟傳>의 檐魯」『百濟의 中央과 地方』, 忠南大百濟硏究所, 1996.

『양서』의 편찬은 양대에 시작된 것이 아니라 전대의 성패를 거울삼아 경계하고 통치력을 공고히 하고자 했던[13] 唐 太宗이 中書에 秘書內省을 설치하여 오대사를 편수하게 하고 수찬을 위한 인원을 구성하면서 시작된 것이다. 이에 따라 貞觀 3년(629) 姚思廉과 魏徵 등[14]이 奉勅・撰하여 정관 10년(636)에 완성한 梁朝 6世(502~557) 56년간의 정사로 본기 6권・열전 50권 등 모두 56권으로 구성되어 있으며, 양조의 국사를 그대로 인용・편찬하였기 때문에 양이 존재한 당시의 상황을 잘 반영하였다는 평가를 받고 있다.[15] 뿐만 아니라 역대 중국 사서의 동이전을 보면 전사의 기사를 약간의 편집 과정을 거쳐 그대로 수록하고 있으나, 『양서』 諸夷列傳의 경우 그러한 부분이 비교적 적고, 타서에 보이지 않는 독창적인 부분이 있다 하여 역시 그 가치를 높이 평가받고 있다.[16] 그러나 『양서』 백제전의 내용을 분석해 볼 때 이러한 평

田祐植, 「百濟 漢城時代 末期 檐魯制 實施와 展開」 『北岳史論』 5, 1998.
李鎔彬, 「百濟의 檐魯制 研究」 『明知史論』 11・12合輯, 2000.
이외에 담로제를 포함한 백제의 지방통치제도를 다룬 박사학위논문은 다음과 같다.
金英心, 「百濟 地方統治體制 研究-5~7세기를 중심으로-」, 서울대대학원 박사학위논문, 1997.
朴賢淑, 「百濟 地方統治體制 研究」, 고려대대학원 박사학위논문, 1997.
金起燮, 「百濟 漢城時代 統治體制 研究」, 한국정신문화연구원 박사학위논문, 1997.

13) 『新唐書』 卷105 褚遂良傳. "監前代成敗 以爲元龜".
14) 『新唐書』의 姚思廉傳과 藝文志에는 魏徵과 同撰으로 되어 있으나 『舊唐書』 요사렴전에는 "魏徵雖裁其總論 其編次筆削 皆思廉之功"이라하여 위징은 監修者로서 總論을 결정하였을 뿐 실제는 요사렴이 찬한 것임을 알 수 있다.
15) 李弘稙, 『韓國古代史의 研究』, 新丘文化社, 1971, 399~400쪽.
16) 백제전에 보이는 담로관계 기사뿐 아니라 언어관계 등은 다른 사료에서 볼 수 없는 독창적 자료라 할 수 있는데(林起煥, 「4~6세기 中國史書에 나타난 韓國古代史像」 『韓國古代史研究』 14, 1998, 168~169쪽), 당대에 편찬된 『양서』는 남북조시대에 편찬되어진 다른 사서들과는 달리 내용이 상당히 다양

가를 그대로 받아들이기 어려운 점도 없지 않다.

『양서』 백제전의 구성은 백제의 원류·略有遼西·중국 남조와의 교류기사로 대별되는데, 중국 남조와의 교류기사 중 梁 普通 5년(524, 성왕2)의 官爵 賜與記事와 中大通 6년(534, 성왕12)·大同 7년(541, 성왕19)의 遣使獻方物 기사 사이에 백제의 남도세도와 문화습속을 소개하고 있다. 이들 기사를 전사와 비교해 보면 백제의 원류와 문화습속 부분은 『삼국지』 권30 위서 동이전30과 『후한서』 권85 동이열전75 한조 등에서 전재한 것으로 보이며,[17] 또한 그 源流나 略有遼西 부분은 『송서』의 내용과 거의 일치하고 있다.[18] 교류관계도 백제가 진과 외교관계를 수립한 이후 계속된 남조와의 관계를 통사적으로 기록하고 있고 다만 마지막 부분에 양대의 교류관계 사실만을 추가하고 있는 정도이다.[19] 따라서 『양서』 백제전은 편제 방식의 독창성과 구성 내용의 다양성은 높이 평가할 수 있지만 결코 전사에 없었던 새로운 사실이 추가되었다고 할 수는 없다.[20]

하게 구성되어 있으므로 최초의 百濟誌的인 성격의 사서로 평가되고 있다(兪元載, 「『梁書』<百濟傳>의 檐魯」 『百濟의 中央과 地方』, 忠南大百濟研究所, 1996, 47쪽).

17) 金英心, 앞의 논문, 1990, 65쪽.
유원재는 출자와 문화습속 등의 내용은 『후한서』 한전의 내용을 답습하고 있다고 보고 있다. 즉 『후한서』 한전이 먼저 편찬된 『삼국지』 한전의 내용을 답습하고 있으나 그 문구나 내용으로 보아 『양서』의 찬자는 『삼국지』보다 『후한서』의 내용을 참조한 것이라고한다(兪元載, 「『梁書』<百濟傳>의 檐魯」 『百濟의 地方統治』, 學研文化社, 1998, 145~146쪽).

18) 兪元載, 위의 논문, 1998, 145쪽.

19) 金英心, 앞의 논문, 1990, 65쪽.

20) 고구려와 왜에 대한 기술의 경우도 『三國志』 卷30 魏書30 東夷傳30을 비롯한 전사의 것을 전재한 것이 대부분이고 마지막 부분에 약간씩 양대의 교류기사를 첨가하였을 뿐이다(金英心, 위의 논문, 1990, 65쪽). 이는 당이 가지고 있던 양대 고구려와 왜에 대한 정보가 매우 부실하였음을 보여준다.

이러한 점은 본고에서 다루고자 하는 담로 관련기사의 분석을 통해서도 알 수 있다. 『양서』 백제전 담로 관련 기사는 앞서 언급한 바와 같이 백제의 문화습속 기사와 함께 중국 남조와의 교류 관계 기사중 梁 普通 5년(524, 성왕 2년)의 官爵賜與 기사와 中大通 6년(534, 성왕 12년)·大同 7년(541, 성왕 19년)의 遣使獻方物 기사 사이에 위치하고 있다. 이 기사의 첫머리에

A) 號所治城曰固麻 謂邑曰檐魯 如中國之言郡縣也 其國二十二檐魯皆以子弟宗族分據之

라 하여 백제에 중국의 군현과 같은 담로라 불리는 제도가 있었음을 보여 주고 있다.

이러한 백제의 제도와 관련된 기사는 전사에서는 볼 수 없었던 귀중한 자료로 백제의 지방통치제도 연구에 중요한 단초를 제공해 주는 것은 사실이지만 이 기사 또한 『양직공도』 백제국사조에 나오는 관련 내용을 답습한 것임은 이미 지적된 바와 같다. 『양직공도』는 양원제 소역의 작품으로[21] 題記의 내용에 나와 있는 백제와 중국 남조와의 외교관

또한 양만이 아니라 앞 시기의 동진 이래 송·남제대에도 이들 국가에 대하여 별다른 정보를 갖고 있지 못하였음을 짐작할 수 있다(林起煥, 앞의 논문, 168~169쪽). 그러므로 남조국가와 고구려 사이에 지속적인 외교관계가 유지되었음에도 불구하고(『양서』에서 확인되는 고구려와 양과의 외교 교섭은 11회에 달한다) 고구려 사회상에 대한 정보는 『삼국지』 고구려전의 수준을 크게 벗어나지 못하고 있음을 알 수 있다. 다만 『양서』 신라전의 경우 중국 정사 중에서 최초로 立傳되었을 뿐만 아니라 신라의 國號·王號·啄評과 邑勒制度·官名 등에 관한 내용이 비교적 상세하게 기재되어 있어 높은 평가를 받고 있다(末松保和, 「梁書新羅傳考」 『新羅の政治と社會』 下, 吉川弘文館, 1983, 58쪽).

21) 李弘稙, 앞의 책, 388~389쪽.

계 기사를 참고할 때 526년부터 534년 사이에 작성된 것으로 추정된다.[22] 따라서 貞觀 3~10년(629~636) 사이에 편찬된 『양서』보다 약 100여년 앞서 편찬된 것으로 특히 『양서』 백제전의 담로기사와 거의 일치하는 기술이 『양직공도』 백제국사조에 나오는 것은 주목되는 점이라 할 수 있다. 이러한 정황으로 보아 『양서』의 담로관련기사는 『양직공도』를 참고하여 작성된 것임이 확실하므로 백제의 22담로는 520~530년대 즉 적어도 6세기 초반 백제의 지방통치제도로 존속한 것이 명백하다는 견해도 제기되었다.[23] 그러나 『양서』와 『양직공도』의 관련 내용을 세밀히 비교 분석해 보면 과연 『양직공도』의 편찬시기에 백제에서 담로제가 실시되고 있었다고 단정할 수 있을지 의문이 든다.

논의의 편의상 비록 번잡하지만 『양서』 백제전과 『양직공도』 백제국사조의 내용을 비교해 보면 아래의 표와 같다.

22) 金英心, 앞의 논문, 1990, 67쪽.
23) 李弘稙, 앞의 책, 409쪽.
金英心, 위의 논문, 1990, 66~68쪽.

表 1. 『梁書』百濟傳과 『梁職貢圖』 百濟國使條 내용비교

文獻名	『梁書』 百濟傳	『梁職貢圖』 百濟國使條
源流	(省略)	百濟舊來夷馬韓之屬
位置	其國本與句驪在遼東之東	
略有遼西	晉世句驪旣略有遼東百濟亦據有遼西晉平二郡地矣自置百濟郡	晉末句驪略有遼東樂浪亦有遼西晉平縣
外交關係	晉太元中王須義熙中王餘映宋元嘉中王餘毗竝遣獻生口餘毗死立子慶慶死子牟都立都死立子牟太齊永明中除太都督百濟諸軍事鎭東大將軍百濟王天監元年進太號征東將軍尋爲高句驪所破衰弱者累年遷居南韓地普通二年王餘隆始復遣使奉表稱累破句驪今始與通好而百濟更爲强國其年高祖詔曰行都督百濟諸軍事鎭東大將軍百濟王餘隆守蕃海外遠脩貢職迺誠款到朕有嘉焉宜率舊章授玆榮命可使持節都督百濟諸軍事寧東大將軍百濟王五年隆死詔復以其子明爲持節都督百濟諸軍事綏東將軍百濟王號所治城曰固麻謂邑曰檐魯如中國之言郡縣也其國二十二檐魯皆以子弟宗族分據之其人形長衣服淨潔其國近倭頗有文身者今言語服章略與高驪同行不張拱拜不申足則異呼帽曰冠襦曰複衫袴曰裙其言參諸夏亦秦韓之遺俗云中大通六年大同七年累遣使獻方物幷請涅盤等經義毛詩博士幷工匠畵師等勅竝給之太淸三年不知京師寇賊猶遣使貢獻旣至見城闕荒毁並號慟涕泣侯景怒囚執之及景平方得還國	自晉以來常修蕃貢義熙中其王餘腆宋元嘉中其王餘毗齊永明中其王餘太皆受中國官爵梁初以太除征東將軍尋爲高句驪所破普通二年其王餘隆遣使奉表云累破高麗
檐魯關係	독립된 항목이 없으며 외교관계 기사에 포함	所治城曰固麻謂邑檐魯於中國郡縣有二十二檐魯分子弟宗族爲之
旁小國關係	언급이 없음	旁小國有叛波卓多羅前羅新羅止迷(逮・述)麻連上己文下枕羅等附之
文化習俗關係	독립된 항목이 없으며 외교관계 기사에 포함	言語衣服略同高麗行不張拱拜不申足以帽爲冠襦曰複衫袴曰裙其言參諸夏亦秦韓之遺俗

위의 표를 통하여 『양직공도』는 源流・略有遼西・外交・檐魯・旁小國・文化習俗關係 기사가 각각 독립된 항목으로 구성되어 있으나, 『양

서』의 경우 源流·位置·略有遼西·外交關係 기사로 구성되어 담로 관계기사와 문화습속 기사가 독립된 항목이 아닌 외교 관계기사속에 포함되어 있음을 알 수 있다. 『양서』의 이러한 체제는 같은 책 고구려전에서 원류·위치·문화습속·정치 및 대외투쟁·외교관계를, 그리고 신라전에서는 원류·위치·국호·외교관계·제도·문화습속 등을 각각 독립된 항목으로 구성하고 있는 점과 비교해 보면 구성상 큰 차이를 보이고 있다. 그러면 동일한 사서에서 백제전의 구성이 고구려·신라전의 구성과 큰 차이를 보이는 까닭은 무엇인가? 아마도 『양서』 백제전의 외교관계 이하 기사는 『양직공도』 백제국사조를 답습하였기 때문인 것으로 보인다. 즉 『양직공도』는 외교관계 기사 항목 후에 담로·방소국·문화습속관계 기사를 각각 독립된 항목으로 작성한 반면 『양서』의 경우 외교관련기사에 담로와 문화습속기사를 포함하고 있다. 『양서』가 『양직공도』의 내용을 답습하면서 이러한 구성상의 차이를 보이는 것은 『양서』백제전의 편찬시 『양직공도』를 참고하여 외교·담로·문화습속 기사를 각각 독립된 항목으로 기록하였지만 이후 양의 단대사를 구성하고 있는 양의 정사를 작성하는 입장에서 『양직공도』 편찬 이후 발생한 백제와 양과의 외교 관련기사는 다른 사서를 참고하여 그 뒤에 첨가함으로써 구성상 외교관련 기사속에 포함된 것처럼 보이게 된 것이다.

따라서 『양서』의 담로 관련기사가 보통 5년과 중대통 6년 사이에 기재되어 있다고 하여 이를 520~530년대의 사실로 받아들여 22담로가 적어도 6세기 초반 백제의 지방통치체제상에 명백히 존재하였다는 견해[24]는 재고를 요한다.

---

24) 金英心, 앞의 논문, 1990, 66~68쪽.
盧重國, 『百濟政治史硏究-國家形成과 支配體制의 變遷을 中心으로-』, 一

이는 『양직공도』의 주변국 관계 기사 즉 방소국 이하 기사를 통해서도 방증된다. 즉 『양직공도』에는 백제에 편입된 旁小國으로 叛波·卓·多羅·前羅·新羅·止迷[25]·麻連·上己文·下枕羅 등이 기록되어 있다. 이 중 탁·다라·전라·하침라 등은 『일본서기』 권9 신공기 49년 춘3월조에 보이는 백제의 장군 木羅斤資에 의해 평정된 卓淳·多羅·安羅[26)]·枕彌多禮 등과 동일지명으로 추정된다.[27] 주지하는 바와 같이 신공기의 경우 기년을 2周甲 인하하여야 하므로 이는 결국 근초고왕 24년(369년)에 있었던 사건이다. 한일학계의 대체적인 정설과 같이 기사 내용의 주체를 왜가 아닌 백제로 대치하면 당시의 역사상을 반영하고 있다고 할 수 있다.[28] 그러므로 『양직공도』의 내용은 백제의 장군 목라근자가 가라7국을 평정함으로써 백제와 가라가 父子關係(상하관계)를 맺었던 내용을 서술한 것임이 분명하다.[29] 따라서 『양직공도』의 방

潮閣, 1988, 248쪽.

25) 홍사준은 迷로 보았으나(「梁代 職貢圖에 나타난 百濟國使의 肖像에 대하여」 『百濟硏究』 12, 1981, 171쪽) 이홍직은 逮 또는 迷로(앞의 책, 401쪽), 김현구는 述로 보고 있다(『任那日本府硏究－韓半島南部經營論批判－』, 一潮閣, 1993, 36쪽 주 65)).

26) 前羅는 '앞라'라고 읽을 수 있으므로 이는 安羅·阿羅 즉 함안의 세력으로 보고 있다(洪思俊, 위의 논문, 171쪽 : 金泰植, 「6세기 전반 加耶南部諸國의 소멸과정 고찰」 『韓國古代史硏究』 1, 1988, 204쪽 주 97)).

27) 金鉉球, 앞의 책, 36쪽.

28) 그러나 이른바 가라7국 평정을 후대인 성왕대의 이상상이 투영된것으로 보는 견해도 있다(李根雨, 「『日本書紀』에 引用된 百濟三書에 관한 硏究」, 한국정신문화연구원 박사학위논문, 1994, 54쪽; 金泰植, 앞의 논문, 1988, 204쪽). 연민수 또한 이 기사를 『일본서기』 편찬시 행해진 일본에 대한 백제계 사람의 영합적 기술로 보고 6세기 전반 백제가 가야지역에 세력권을 확장한 사실을 마치 일본이 주체가 되어 가야제국을 평정한 것처럼 그 시기를 소급하여 신공기에 위치시켰던 것으로 보고 있다(『古代韓日關係史』, 혜안, 1998, 141쪽).

29) 李弘稙, 앞의 책, 408～419쪽.

소국 기사 또한 『양직공도』가 편찬되던 시기인 6세기 초반 즉 520~530년대 백제의 사정을 전한다기 보다는 4세기 후반 이후부터 6세기 초반 이전의 어느 시기 백제와 그 주변국과의 관계를 기록한 것으로 보는 것이 타당하다.30)

또 한가지 지적하고 싶은 것은 백제의 사비시대에 존속한 지방통치 제도인 5방제와의 관련성 문제이다. 5방제에 대하여는 백제의 멸망시까지 존속하였던 제도로 그 시행 시기는 약간의 이견이 있지만 일반적으로 6세기 초반이라는 견해를 참고한다면 백제에서 5방제는 사비천도 전후 즉 늦어도 538년경에는 이미 성립되었다고 할 수 있다. 물론 백제의 5방제 성립시기를 성왕의 사비천도(538) 이후 위덕왕의 재위기간(555~597) 사이에 있었던 통치체제의 정비과정에서 찾는 견해31)도 있으나, 『일본서기』에 나오는 군령·성주가 5방제의 시행과 밀접한 관련이 있는 기사32)임을 감안하면 따르기 어렵다. 그렇다면 양이 존속했던

洪思俊, 앞의 논문, 170~172.
金鉉球, 앞의 책, 36~37쪽.

30) 『일본서기』 권17 계체기에 의하면 南加羅·喙己呑 등은 527년 이전에 신라에 의하여 병합되는데 이 당시에 『양직공도』에 나오는 卓淳 등 일부 旁小國도 병합되었을 것으로 보인다. 따라서 『양직공도』가 편찬되던 시기(526~534)에 일부 旁小國은 이미 백제의 부용국이 아니라 신라에 복속된 상태임을 알 수 있다. 따라서 『양직공도』의 내용이 편찬 당시의 백제국 사정을 전한다고 볼 수는 없다.

31) 朴賢淑, 「百濟 泗沘時代의 地方統治와 領域」 『百濟의 地方統治』, 學研文化社, 1998, 174~180쪽.

32) 『日本書紀』 卷19 欽明 4年 冬10月. "丁亥朔甲午 遣津守連 詔百濟曰在任那之下韓 百濟郡令城主 宜附日本府".
『日本書紀』 卷19 欽明 5年 2月. "後津守連 遂來過此 謂之曰 今余被遣於百濟者 將出在下韓之 百濟郡令城主".
『日本書紀』 卷19 欽明 5年 11月. "猶於南韓 置郡令城主者 豈欲違背天皇 遮斷貢調之路 …".

시기(502~557)에는 백제에서 이미 5방제가 성립되어 시행되고 있는 시점임에도 불구하고 『양서』에는 전혀 언급이 없고 이미 소멸된 것으로 여겨지는 담로제를 기록하였다는 것은 쉽게 이해하기 어렵다. 물론 담로의 설정단계부터를 5방제의 성립과정으로 이해하는 견해도 있다.[33] 즉 양대에는 이미 백제에 5방제가 설정되어 있었지만 과도기적인 상태로 완전히 정착되지 않은 까닭에 담로가 지방통치와 관련하여 여전히 중요한 역할을 수행하고 있었으므로 『양서』 단계에서는 담로를 백제의 지방통치제도로 인식하고 있었다는 것이다.[34] 그러나 『양서』 백제전에는 양의 멸망시까지의 백제와의 교류 관계가 기록되어 있고, 또한 담로 관련 기사 이후에도 5차에 걸친 사신왕래가 있었음에도 불구하고 가장 上位의 지방행정제도라 할 수 있는 5방제의 관련 기록을 도외시하고 방의 하위 조직인 군으로 轉化[35]한다고 하는 담로만을 기록하였다는 점은 쉽게 납득하기 어렵다. 이러한 점들을 감안하면 이들 사서가 기록하고 있는 사실은 520~530년대라는 한정된 시기의 것이 아니라는 것이다.

이상에서 살펴본 바로는 『양서』 백제전과 『양직공도』 백제국사조의 담로관련 기사를 통하여 백제에 담로제가 존속하였음은 분명히 확인할 수 있다. 그러나 이들 사서의 편찬시 참고한 자료는 당시 백제 내부의 사정을 전하는 자료를 수집대상으로 하였다기 보다는 간략히 요약·정

33) 金英心, 「6~7세기 百濟의 地方統治體制－地方官을 중심으로－」 『韓國古代史硏究』 11, 1997, 72쪽.

34) 金英心, 앞의 논문, 1990, 72~73쪽.

35) 5방제하의 지방통치단위가 군이라는 사실과 담로가 중국의 군현과 같다고 한 『양서』의 기록을 통하여 군이 담로의 후신이라는 견해(李基白, 「泗沘時代 百濟의 地方制度」 『백제사상 익산의 위치』, 제4회 마한·백제문화 학술회의 발표요지문, 1977, 11쪽)가 발표된 이후 대다수의 연구자들이 이 견해를 따르고 있다.

리된 형식으로 남아 있던 전대의 자료를 두루 참고한 것이므로 오히려 民族誌的 성격에 가까운 것으로 판단된다. 그러므로 이들 사료를 근거로 백제 담로제의 구체적인 실상을 파악하는 데는 분명한 한계가 있음을 알 수 있다. 다만 이들 사서에 보이는 '號所治城曰固麻'에서 固麻는 大城을 뜻하는 일반명사가 아니라 固麻城, 固麻那利 등 웅진을 뜻하는 고유명사로 사용된 것으로 보인다. 따라서 외교관계 기사를 근거로 520~530년대에 담로가 백제에서 실시되고 있다고 보기보다는 웅진시대 어느 시기의 사실로 보는 것이 타당하다.

2) 檐魯制의 編制時期

최근 이러한 한계를 극복하기 위한 작업의 일환으로 비록 담로제를 직접적으로 거론한 기사는 없지만 일본측 문헌인 『일본서기』를 통하여 그 단서를 찾아보려는 노력이 있어 주목된다.

> B) 遣紀角宿禰於百濟 始分國郡疆場 俱錄鄕土所出(『日本書紀』 卷11 仁德紀 41年 春3月)

이 기사는 인덕 41년(353)에 왜가 紀角宿禰를 백제에 파견하여 國郡疆場을 始分하고 鄕土所出을 俱錄하였다는 내용을 기재하고 있다.

따라서 백제의 지방통치조직이 이때에 이르러 비로소 편제되었는데 그 중심적 역할을 수행한 인물은 왜에서 파견된 紀角宿禰[36]이고, 또한

36) 紀角宿禰는 백제인으로 추정된다. 이는 백제의 중신이었던 기각숙네의 후손인 백제계 왜인이 기각숙네가 왜에서 백제로 건너가서 그런 치적을 남긴 것인 양 전승을 변조한 것으로 보인다. 이 紀氏는 『일본서기』에서 임나일본부 관계자로 비교적 많이 등장하는 성씨로 백제 대성팔족의 하나인 木氏와 동일한 성씨이다. 예컨대 기각숙네의 경우 古事記에서는 木角宿禰로 기록되

편제 목적은 향토 생산물을 수취하는데 있었음을 추정할 수 있다.[37] 백제사에서 이에 대비되는 지방통치조직으로는 전국을 22개의 단위로 구획 편성하였던 담로제가 가장 적합하다는 것이다.[38]

이러한 시도는 담로제의 구체적인 시행 시기를 판단할 수 있는 사료가 없는 상황하에서 『일본서기』의 기사를 긍정적으로 적용·해석하여 이를 근거로 시점을 정하려는 새로운 노력으로 평가된다. 따라서 『양서』백제전의 담로 관련 기사에서는 알 수 없었던 담로제 시행 시기와 관련하여 주목할 만한 견해임이 분명하다. 그러나 8세기 초에 편찬된 『일본서기』[39]의 한반도 관련 자료는 「百濟記」「百濟新撰」「百濟本記」와 같은 백제계통의 사서와 『일본서기』 編纂史局에 제출되었던 고대 일본의 한반도 관련 씨족전승을 기본으로 하였다. 그러나 편찬 당시에 존재하였던 사관을 바탕으로[40] 이들 자료들을 윤색하거나 새롭게 창작

어 있다(千寬宇, 『加耶史研究』, 一潮閣, 1991, 35쪽).

37) 盧重國, 「漢城時代 百濟의 檐魯制 實施와 編制基準」 『啓明史學』 2, 1991, 16~18쪽.

38) 金起燮, 「百濟 漢城時代 統治體制 研究－近肖古王代를 中心으로－」, 한국정신문화연구원 박사학위논문, 1997, 200쪽.

39) 『일본서기』의 편찬체제는 편년체로 天武 10년(682)부터 기초사료의 수집과 정리가 이루어졌으며, 이를 바탕으로 和銅 7년(714년)에 편찬이 시작되어 養老 4년(720)에 紀 30卷과 系圖 1卷으로 완성되었다. 『일본서기』에는 상표문이나 서문이 없기 때문에 편찬의도나 편찬자들에 대해서 구체적으로 알 수는 없지만 본문의 내용을 통하여 天武의 3子인 舍人親王의 책임 아래 紀朝臣清人과 三宅臣藤萬侶 등이 실제로 편찬을 담당한 것으로 보인다. 『日本書紀』의 성립과 사료적 성격에 대한 종합적 검토는 金錫亨(朝鮮史研究會 譯), 『古代朝日關係史－大和政權と任那－』, 勁草書房, 1969, 19~26쪽; 李根雨, 앞의 논문, 1994, 4~14쪽; 朱甫暾, 「『日本書紀』의 編纂背景과 任那日本府說의 成立」 『韓國古代史研究』 15, 1999, 14~21쪽 참조.

40) 山尾幸久, 『古代の日朝關係』, 塙書房, 1989, 103쪽.
율령국가적 사관이란 일본을 중화인 천자의 위치에 놓고 고구려·백제·신라·가야 등을 제후국으로 설정하였을 뿐 아니라 중국까지도 대등 또는 하

하고, 경우에 따라서는 기년이 분명치 않았던 후대의 사실을 연대적으로 소급하여 삽입함으로써 재구성한 것이었다.[41] 따라서 특히 한반도 관련기사를 인용할 때는 엄밀한 사료비판이 필요하다.[42] 그러나 백제의 담로제 실시 시기와 관련하여 주목 받아온 인덕 41년조의 적용문제는 논자의 주장을 뒷받침하기 위하여 자의적으로 해석하는 경향이 없지 않기 때문에 정밀한 분석이 선행되어야 한다. 현재까지의 연구 결과를 살펴보면 인덕기 41년조의 적용시기는 대략 세가지 견해로 대별된다.

첫째, 담로제의 시행 시기를 근초고왕 8년(353)으로 보는 견해이다. 이는 근초고왕대의 정치적 상황이 기록의 조건과 부합하며, 인덕기 41

위로 인식하였던 8세기를 전후한 고대국가가 완성되어 가던 일본 지배층의 중심적 이데올로기이다. 율령이란 법체계를 통하여 현실화를 지향하였던 이상에 불과한 것이다. 따라서 중국이나 諸韓國이 이러한 구도를 인정하지 않았던 것과는 상관없이 일본이 자기 만족적으로 인식하고 있었던 세계관 내지는 동아시아관이라 할 수 있다. 이는 상대적 또는 객관적인 평가와는 전혀 무관하며, 자신들만의 주관적인 가치 기준에 불과한 것으로 즉 율령국가적 사관이란『일본서기』편찬 당시 일본 지배층이 지향하였던 이상적 표현이라 할 수 있다(李永植,「百濟의 加耶進出過程」『韓國古代史論叢』7, 1995, 188쪽).

41) 李永植, 위의 논문, 1995, 188쪽.

42) 李基東,『百濟史硏究』, 一潮閣, 1996, 198쪽.
근래『일본서기』의 사료적 가치에 대한 비판적 연구가 많이 진행되었다. 그 결과 한반도 관련 기사들에 대하여 일반적으로 武烈紀 이전은 귀화인 즉 한반도에서 일본열도로 건너가 살고 있는 이주민에 관련된 기사와『백제기』·『백제신찬』에 근거하여 백제나 가야의 상황을 서술한 기사가 주류를 이루고 있음을 알 수 있다. 그러나 이 당시의 기사는 심하게 윤색되었으므로 그 신빙성을 거의 인정하지 않고 있다. 반면 계체기 이후의 것은 한반도 諸國에서 일본에 파견된 사신의 행적 또는 사신이나 장군 등으로 한반도에 파견되었다가 돌아간 왜인들의 견문·경험담과『백제본기』를 토대로 한 한반도 상황이 주로 서술되어 있다. 따라서 제한적이나마 신빙성을 인정하고 있다(金泰植,『加耶聯盟史』, 一潮閣, 1993, 14쪽;「『日本書紀』에 나타난 韓國古代史像」『韓國古代史硏究』14, 1998, 6~8쪽).

년조의 紀年 또한 사실 그대로 믿을 수 있다는 데에 근거한 것이다. 즉 근초고왕대에 왕실 내부에서는 초고왕계의 왕위계승을 확립하였고, 또 당시의 유력한 지배귀족이었던 진씨 출신을 왕비로 맞이하여 지배기반의 확대와 안정이 확립되었는데[43] 이러한 내적기반의 확립은 필연적으로 중앙집권화를 통한 지방 통제력의 강화를 추구하게 되며, 그 결과가 담로제의 시행이라는 것이다.[44] 또한 『일본서기』의 백제관련 기사 중 신공기에서 웅략기까지는 2주갑 인하하여야 한다는 견해에는 찬성하지만 인덕의 즉위년(313)부터 안강의 사망년(457) 사이의 백제관련 기사에는 백제왕의 계보나 즉위 및 훙년과 관련되는 기록이 전혀 없기 때문에 『삼국사기』의 백제 기년과 비교할 수 없다고 한다. 따라서 인덕기의 기년은 그대로 두되 신공기에서 응신기까지의 기년만을 120년 인하하여 인덕기에 삽입시킨다면 『삼국사기』의 기년과 일치하게 되고 또 『일본서기』 웅략기의 기년과도 시간적 차이가 없어 자연스럽다는 견해이다.[45]

둘째, 개로왕대 시행설은 인덕기의 절대연대를 그대로 취신하는 것은 타당성이 없다는 것이다. 따라서 『일본서기』의 기년은 획일적인 기준을 적용할 수 없고 여타 기록에 나타난 당시의 정황에 준거할 수밖에 없으므로 웅략 20년(476) 이전의 기사는 조작된 120년을 깍아내려야 한다는 주장[46]을 받아들여서 이 기사를 개로왕 19년(473)의 사실로 편

43) 李基百, 『韓國古代政治社會史硏究』, 一潮閣, 1996, 153～164쪽.

44) 盧重國, 「漢城時代 百濟의 地方統治」 『邊太燮博士華甲紀念史學論叢』, 1985, 135쪽.
金壽泰, 「百濟의 地方統治와 道使」 『百濟의 中央과 地方』, 忠南大百濟硏究所, 1996, 141～142쪽.

45) 盧重國, 위와 같음.

46) 李丙燾, 앞의 책, 570～571쪽.

년하고 있다.[47] 또한 축성·궁실수축·대형 고분축조 등 왕실의 권위 강화를 위한 일련의 노력과 개로왕 18년 남조에 보낸 국서의 내용 등을 종합해 볼 때 당시 체제정비를 위한 커다란 움직임이 있었음이 분명하고, 그 방책의 하나로 개로왕대를 전후한 시기에 지배영역을 보다 세분화하여 분할통치를 시행한 것으로 보고 있다.[48]

셋째, 인덕기 41년조의 기사를 인용하여 담로제 실시 연대를 정한다는 것은 논지 전개상 위험하다는 견해이다.[49] 즉 『일본서기』의 신공기에서 응신기까지의 기사는 2주갑 인하하면 우리 사서의 연대와 일치하지만 인덕기에는 백제 관계기사가 전혀 없기 때문에 『삼국사기』의 연대와도 비교·검토할 수 없다고 한다. 따라서 담로제의 시행 연대는 이 제도가 왜 실시되었으며, 그 실시 양상은 어떠했는지, 그리고 그 성격은 무엇인가를 파악하는 것이 담로제의 실상을 살피는 중요 척도가 되며, 이를 종합해 볼 때 그 정황상 담로제는 근초고왕대에 실시되었을

---

47) 金英心, 앞의 논문, 1990, 83~86쪽.
金起燮, 앞의 논문, 1997, 200~202쪽.

48) 金英心, 위와 같음.

49) 인덕기 41년조의 기사에 나오는 國郡이란 용어는 8세기 이후의 것으로 결국 이 사료는 『日本書紀』 卷25 大化改新(孝德) 元年(645)條의 기사(… 始我遠皇祖之世 以百濟國 爲內官家 … 後遣三輪栗隈君東人觀察任那國堺 是故百濟王隨勅 悉示其堺 而調有闕 由是 却還其調任那所出物者 天皇之所明覽夫自今以後 可具題國與所出調 …)가 소급되어 채록된 것으로 보고 있다. 또한 사료에 보이는 紀角宿禰를 백제 계통의 인물로 보고 그 의미를 부여하는 데도 문제가 있다고 한다. 즉 紀角이란 성이며 宿禰란 존칭 어미이므로 결국 기각숙네란 특정인을 지칭하는 것이 아니라 '紀○○○'란 막연한 표현이므로 당시 그의 실존 여부를 믿을 수가 없다는 것이다(朴賢淑, 「百濟 檐魯制의 實施와 그 性格」 『宋甲鎬敎授停年退任紀念論文集』, 1993, 624~625쪽). 성이란 본디 일본 고대사회에 있어서 カバネ를 가리키는 말로 宿禰를 성으로 보고 숙네 앞에 붙은 語頭를 인명 혹은 출신지명으로 보기도 한다(李基東, 앞의 책, 233~234쪽).

것이라고 하였다.[50]

이들 견해 중 첫 번째와 두 번째 견해는 인덕기 41년조의 기사가 백제의 담로제 시행과 분명히 관련이 있으며, 또한 왕권의 집중화가 어느 정도 이루어져야만이 제도를 시행할 수 있다는 시대적 정황을 중시하는 점에 있어서는 공통적인 요소를 찾을 수 있다. 반면 인덕기의 절대연대를 그대로 수용할 수 있는지 아니면 통설과 같이 2주갑 인하해야 하는지 즉 시행시기는 큰 견해 차이를 보이고 있다.

세 번째 견해는 국군이란 용어가 8세기 이후에나 보이는 용어로 인덕기에 포함되었으므로 사료로 이용할 수 없다고 하였다. 그러나 국군이라는 용어는 액면 그대로 국과 군이라는 용어로 볼 것이 아니라 영역이라는 의미로 받아들일 수 있고,[51] 分定하는 대상은 분명히 있었을 것이므로[52] 이의 적극적인 해석이 필요하리라 여겨진다. 만약 시대적 정황만을 근거로 한다면 객관성이 결여된 인위적 해석이 될 수도 있기 때문이다.

이들 견해는 나름대로의 근거를 가지고 제시되었지만 한편으로는 근거가 된 자료들이 논지의 전개에 따라 다르게 해석될 수 있는 여지가 충분히 있을 수 있다. 따라서 인덕 41년조 기사를 담로제 시행시기와 관련된 사료로 활용하기 위해서는 먼저 그 자체의 비판이 선행되어야 하며, 이어서 담로제의 출현배경과 편제의 목적 등 담로제의 실시 정황과도 유기적으로 고찰할 필요가 있다.

인덕 41년 백제에 파견되어 주체적 역할을 담당한 인물은 紀角宿禰로 그는 인덕기 외에 응신기 3년조에도 등장하고 있다.

50) 朴賢淑, 위의 논문, 624～625쪽.
51) 盧重國, 앞의 논문, 1991, 17쪽.
52) 金英心, 앞의 논문, 1990, 84～85쪽.

C) 是歲 百濟辰斯王立之 失禮於貴國天皇 故遣紀角宿禰羽田矢代宿禰石川宿禰木菟宿禰 嘖讓其無禮狀 由是 百濟國殺辰斯王 以謝之 紀角宿禰等 便立阿花爲王 而歸(『日本書紀』卷10 應神紀 3年)

위의 기사는 백제 辰斯王(385~391)이 왜의 천황에게 失禮하였으므로 기각숙네 등 4인을 보내어 그 무례함을 책하니 백제가 진사왕을 죽여 사죄하므로 阿花(392~405)를 왕으로 세운 후 돌아갔다는 내용이다. 여기서 아화왕을 세운 응신 3년은 壬申年(272)으로 간지 2주갑을 내리면 『삼국사기』 백제본기에 보이는 아신왕[53]의 즉위년인 392년의 임신년과 완전히 일치할 뿐 아니라 그 내용도 대체로 동일하다. 이로 볼 때 응신기 3년조가 어느 정도 역사적 사실을 반영하고 있음을 알 수 있다. 그러나 진사왕의 비정상적인 죽음은 어느 정도 사실을 반영한 것이라 하여도[54] 왜의 천황에게 실례를 하였기 때문에 기각숙네 등 4인을 보내어 진사왕을 죽였다는 것은 사실의 반영으로 보기는 어렵다. 그러므

---

53) 『삼국사기』 백제본기의 阿莘王과 『일본서기』의 阿華(花)王은 동일한 인물로 『일본서기』의 아화왕이 올바른 표기로 판단된다(金鉉球, 앞의 책, 91쪽).

54) 李道學, 「漢城 後期의 百濟 王權과 支配體制의 整備」 『百濟論叢』 2, 1990, 288~291쪽.
진사왕의 죽음에 대하여 한국학계에서는 385년 진사왕의 비정상적인 왕위등극과 阿莘·辰斯 사이에 왕위계승을 둘러싼 내홍의 연장선상에서 이루어졌거나(金鉉球, 앞의 책, 105~107쪽) 또는 아신에 대신하여 비정상적으로 왕위에 오른 후 고구려와의 잦은 전쟁과 궁실중수 등 군역과 노역의 징발이 빈번해 짐에 따라 국내의 불만이 고조되면서 국인의 반발을 산 것으로 보고 있다(李根雨, 앞의 논문, 1994, 75~76쪽). 반면 일본학계에서는 응신기 是歲條의 내용을 역사적 사실로 보고(末松保和, 『任那興亡史』, 吉川弘文館, 1949, 39~40쪽) 이를 근거로 진사왕이 일본천황에게 범했다고 하는 失禮는 진사왕이 고구려에 접근하였거나 또는 항복한 것으로 이 때문에 진사왕을 죽인 것으로 보고 있다(三品彰英, 『日本書紀朝鮮關係記事考證』 上, 吉川弘文館, 1962, 218쪽).

로 응신기 3년 是歲條의 구성은 역사적 사실과 작위적 사실로 이루어졌음을 알 수 있다. 이는 이미 지적된 바와 같이 『백제기』와 일본측 전승이 결합되었기 때문이다.[55] 즉 『백제기』를 인용한 내용은 대체로 『삼국사기』와 동일한 역사적 사실인데 반하여 일본측 전승에 의거한 내용은 작위적이고 의심스러운 내용이 많음을 알 수 있다. 그러나 일본측 전승에 의거한 내용이라 할지라도 紀角宿禰 등이 진사왕의 죽음과 아화왕의 즉위에 일정한 역할을 한 것은 역사적 사실로 보아야 할 것이다. 물론 이와 관련된 대부분의 견해는 기각숙네 등 4인은 일본식 借字法에 의한 일본측 전승에 나오는 인물이고 전승상의 활동시기도 응신 이후로 이들은 진사왕의 죽음과 아무런 관련이 없으며 기각숙네 등을 빼버리면 진사왕이 귀국 천황에게 무례를 범하였다는 내용도 있을 수 없는 것으로 보고 있다.[56] 하지만 일본측 전승이라도 기각숙네 등은 백제인으로 역사적 실존 인물이며, 이들이 진사왕의 죽음과 아화왕의 즉위에 일정한 역할을 수행하였다고 여겨진다. 그렇기 때문에 기각숙네 등이 이 사건을 주도한 인물로 묘사된 것이다. 이와 관련하여 주목되는 것은 475년경 목라근자의 아들인 목만치와 487년 木君有非岐[57]가 왜로 건너가서 蘇我氏와 紀氏의 조상이 된다는 점이다. 신공기 49년(369) 목라근자의 가라7국 평정과 62년(382) 가라구원 등에서 볼 수 있듯이 木氏는 왜로 건너 가기 전 백제에서 가야와 관련하여 중요한 역할을 수행하고 있었음은 주지의 사실이다. 따라서 이 시기와 그리 멀지 않은 392년에 있었던 백제내의 왕위계승문제에 유력세력이었던 목씨들이 이

---

55) 李根雨, 위의 논문, 1994, 75쪽.

56) 李根雨, 위와 같음.
金鉉球, 앞의 책, 106쪽.

57) 『日本書紀』 卷15 顯宗紀 3年 是歲 및 卷19 欽明紀 5年 2月.

에 간여하였을 가능성은 얼마든지 있을 수 있으며, 이러한 역할이 『일본서기』 편찬시까지 그들의 가계에 전승되었을 것으로 보인다.

紀氏가 백제의 내정에 간여하는 기사는 응신기 3년조 이외에도 여러 곳에서 보인다. 이는 紀氏의 가계전승이 『일본서기』 편찬시까지 계속되었을 뿐만 아니라 편찬에 직접 참여하였기 때문에 가능하였으리라 여겨진다. 그러나 『일본서기』의 편찬 목적이 대내적으로는 천황제 국가권력의 확립과 대외적으로는 현실적 적대세력인 신라를 조공국으로 보려는 율령체제적 대외인식을 반영하는데 있었다.[58] 따라서 그들의 가계전승 또한 『일본서기』 편찬시 요청되던 지배 이데올로기에 부합시킬 수 밖에 없었던 것이다. 이를 감안하여 응신기 3년조 뿐만 아니라 인덕기 41년조 기사 역시 왜와의 관련성이라는 작위적 내용이 포함되어 있지만 이를 제거한다면 어느 정도의 역사적 사실을 읽을 수 있으리라 여겨진다. 따라서 기각숙네의 활동연대는 응신기 3년과 『삼국사기』 백제본기 아신왕 즉위년의 기사에 의하는 한 392년을 전후한 시기이며, 이 시기에 그는 백제에서 활동하던 인물임을 알 수 있다. 이러한 점을 감안한다면 백제에서 '國郡疆場'이 始分된 시기는 4세기 후반기를 전후하여 추구하여야 한다.[59] 다행히 인덕기 41년 기사에는 국군강장이 시분된 시기를 좀 더 압축하여 추정할 수 있는 단서를 제공하여 주고 있다.

58) 朱甫暾, 「≪日本書紀≫의 編纂 背景과 任那日本府說의 成立」 『韓國古代史研究』 15, 1999, 35~40쪽.

59) 襲津彦은 5세기 전반에 실재한 인물이므로 인덕 41년조에 함께 등장하고 있는 기각숙네의 활동시기 역시 5세기 전반경으로 보고 있다(李根雨, 앞의 논문, 1994, 76~79쪽). 그러나 『일본서기』에 따르면 습진언은 신공기 5년과 62년, 응신기 14년과 16년, 인덕기 41년, 이중기 즉위전기, 윤공기 5년, 웅략기 7년 등에 등장하므로 그 활동시기가 지나치게 넓다는 것을 알 수 있다. 따라서 紀角宿禰의 활동시기를 추정하는데 襲津彦을 대입하는 것은 신중을 기하여야 한다.

물론 이러한 추정은 인덕기 41년 기사가 어느 정도의 역사적 사실을 반영하고 있다는 전제 아래 가능한 작업이다.

D) 是時 百濟王之族酒君無禮 由是 紀角宿禰訶責百濟王 時百濟王 悚之 以鐵鎖縛酒君 附襲津彦而進上 爰酒君來之 則逃匿于石 川錦織首許呂斯之家 則欺之曰 天皇旣赦臣罪 故寄汝而活焉久之天皇遂赦其罪(『日本書紀』卷10 應神紀 3年)

이것은 왕의 姻戚인 酒君[60]이 무례하였기 때문에 벌어진 일로 백제왕이 사죄하고 주군의 죄를 물어 왜로 보냈다가 일정 시기가 지난 후 사면을 받았다는 내용이다. 이는『일본서기』편찬자가 본래의 사실을 각색한 것으로 보이지만 어느 정도는 역사적 사실을 반영하고 있는 것으로 생각된다. 여기서 주군과 백제왕이 구체적으로 누구를 지칭하는지는 알 수가 없다. 이 기사의 내용이 설화적인 색채가 농후하고 무례라는 상투적인 용어가 사용된 점을 들어 역사적인 사실이 아니라는 지적[61]도 있다. 그러나 앞서 살펴 본 바와 같이 응신기 3년 是歲에 실례와 무례라는 용어를 사용하고 있음에도 불구하고 분명히 역사적 사실을 반영하고 있었다. 이러한 예는 응신기 8년 3월의 分注를 통해서도 확인할 수 있다.

E) 百濟人來朝[百濟記云 阿花王立無禮於貴國 故奪我枕彌多禮及峴南支侵谷那東韓之地 是以遣王子直支于天朝 以修先王之好也](『日本書紀』卷10 應神紀 8年 春3月)

---

60)『일본서기』에서는 加須利君, 軍君, 斯我君, 木君有非岐, 木君尹貴, 木君麻那 등 백제의 특정인에게 君의 칭호를 붙이고 있는데 이들은 대체로 왕족과 임나경영의 책임자라고 한다(金鉉球, 앞의 책,162쪽).

61) 池內宏,『日本上代史の一研究』, 中央公論美術出版, 1960, 135쪽.

이 기사에서도 阿花王이 왜에 무례하였기 때문에 백제의 영토를 빼앗자 백제가 왕자 直支(腆支)를 왜에 파견하여 선왕대의 우호관계를 회복하였다는 내용으로 역시 무례라는 구절이 있다. 위의 기사는 阿莘王 6년에 왕이 왜와의 結好를 위하여 태자 전지를 質子로 보내는 내용[62]과 또 왕자 直支를 파견한 아신왕 6년은 397년으로 『일본서기』에 보이는 직지의 도일 연대인 응신 8년(277)도 간지를 2주갑 조정하면 397년이 되어 파견 연대까지도 일치한다. 따라서 백제가 397년에 왕자 직지를 왜에 파견한 것은 역사적 사실로 의심의 여지가 없다. 이처럼 다른 예를 통해서 볼 때 이들 내용에 다소 과장된 면이 없지 않지만 무례라는 용어가 사용되었다 하여 이를 역사적 사실이 아닌 설화로 치부할 수는 없다. 따라서 인덕 41년의 내용도 일정 부분 역사적 사실을 반영하고 있으리라 여겨진다.

그렇다면 왜 관련 부분을 제거하고 기각숙네 등을 백제의 유력 세력 즉 국인 등으로 대체한 후 『삼국사기』 기록과 대비한다면 혹 관련 내용을 찾을 수 있지 않을까 한다. 4~5세기대에 백제에서 왕의 인척으로서 국가에 해가 되거나 혹은 왕에게 누를 끼치는 사건을 『삼국사기』에서 적시하면 아래와 같다.

F-1) (王庶弟)內臣佐平優福據 北漢城叛 王發兵討之(『三國史記』卷24 百濟本紀2 比流王 24年 9月)

2) 拜眞淨爲朝廷佐平 淨王后親戚 性狠戾不仁 臨事苛細 恃勢自用國人疾之(『三國史記』卷24 百濟本紀2 近肖古王 2年 春正月)

3) (阿莘王)十四年薨王 仲弟訓解攝政 以待太子還國 季弟碟禮殺訓解自立爲王 腆支在倭聞 訃哭泣請歸 倭王以兵士百人衛送旣至國界

62) 『三國史記』 卷25 百濟本紀3 阿莘王 6年 夏5月. "王與倭國結好 以太子腆支爲質".

漢城人解忠來告曰 大王棄世 王弟碟禮殺兄自王 願太子無輕入 腆支留倭人自衛 依海島以待之 國人殺碟禮 迎腆支卽位 (『三國史記』 卷25 百濟本紀3 腆支王 卽位年)

위의 기사들은 왕의 인척[63]들이 일으킨 사건으로 F1)과 F3)은 반란죄에 해당하므로 그 결과 당사자들은 죽음을 당하였고 인덕기의 내용과는 부합되지 않는다. 그러나 F2)의 경우는 왕의 인척인 진정이 권세를 오로지 하여 국인들의 질시를 받았는데 이후 근초고왕 20년까지의 기사가 공백으로 되어 있어 그 경과와 결과는 알 수가 없다. 그런데 인덕기의 내용이 『일본서기』 편찬자들이 각색한 것이라 한다면 주군 사건과 왜와는 아무 연관이 없는 것으로, 이는 오히려 백제 지배층 내부의 반목을 표현한 것으로 보인다. 따라서 이 기사를 백제의 입장에서 그 각색된 부분을 복구해 보면 "백제왕의 인척으로 왕의 총애를 받아 전권을 오로지 하였던 주군이 국인에게 무례하게 하자 국인들이 크게 반발하였다. 이에 왕은 국인들을 무마하기 위하여 주군을 중죄로 다스리고 멀리 유배를 보내지만 주군을 총애하던 백제왕은 얼마 후 사면하여 다시 왕의 측근으로 있게 하였다." 정도가 원래의 모습이 아닐까 한다. 그렇다면 D)는 F2)의 내용과 대비될 수 있으리라 여겨진다. 즉 F2)의 내용에서 근초고왕 2년에 진정은 왕후의 친척으로 조정좌평의 직위에 있으면서 성품이 사납고 어질지 못하여 국인[64]들의 질시를 받고 있

---

63) 인덕기에 주군을 왕족이라고 표현하고 있어 왕족의 범위를 어디까지 보느냐 하는 문제가 제기될 수 있다. 族은 여러 가지 의미를 가지고 있는데 직계의 親屬으로 위로는 高祖부터 아래로는 玄孫까지 무릇 9족과 인척으로 부·모·처의 親屬과 外親의 3족을 말하는데 삼족은 부족·모족·처족을 이른다는 의미가 있다(諸橋轍次, 『大漢和辭典』 卷5, 大修館書店, 1956, 701~704쪽). 따라서 F2)에 왕후의 친척으로 나오는 진정도 왕족의 일원으로 볼 수 있다.

는데 이후 경과가 보이지 않고 있다. 그러나 『삼국사기』에 결락 부분으로 남아있는 근초고왕 3년(347) 이후 20년(364) 사이에 국인들의 탄핵으로 실각하였을 가능성을 상정해 볼 수 있다. 그렇다면 위의 기사는 D)의 기사 내용과 거의 일치하고 있다.

따라서 인덕기 41년 기각숙네에 의한 '國郡疆場' 기사는 비록 『일본서기』 편찬자의 윤색이 더해지긴 하였어도 근초고왕 8년(353)에 있었던 사실을 어느 정도 반영하고 있음을 확인할 수 있다. 그러나 이러한 사실의 확인에도 불구하고 담로제의 실시는 영토확장을 통한 새로운 복속지의 지배를 목적으로 설정된 측면이 강하기 때문에 인덕기 41년조의 기사를 담로제 실시와 직접 연결시키는 문제는 신중을 기하여야 한다.

사실 담로제의 실시는 담로의 책임자로 파견되는 왕의 자제종족과 그 자제종족에 비정되는 왕·후호 수작자의 존재로 보아 백제의 천하

---

64) '국인'은 근초고왕의 즉위에 반대하는 세력으로 보이며(盧重國, 『4~5세기 百濟의 政治運營」『한국고대사논총』 6, 1994, 167~168쪽), 좀 더 구체적으로는 계왕의 세력인 우씨를 비롯하여, 비류왕의 직계세력도 일부 포함되었을 것으로 추정하고 있다(姜鍾元, 「百濟 近肖古王의 王位繼承」『百濟研究』 27, 1997, 23쪽). 또한 양기석은 왕위계승, 전쟁, 사상 정책 등 국가의 중대사를 결정하는 남당회의에 참여하는 세력을 지칭하는데, 왕족은 물론 眞氏와 해씨세력 등이 참여하였을 것으로 보고 있다(「百濟 近仇首王의 對外活動과 政治的 地位－高句麗와의 關係를 중심으로－」『百濟論叢』6, 1997, 55쪽). 그러나 주군이 관계된 사건의 해결에 주도적 역할을 하는 세력은 紀角宿禰 즉 목씨로 보이는데 그렇다면 이들 국인세력의 대표는 목씨였을 것으로 보인다. 근초고왕이 측근인 진씨를 숙청하고 목씨 등 국인들의 요구를 받아들인 이유는 아마도 즉위초의 불안정한 왕권때문이거나 혹은 이들 세력이 이후 전개될 대외관계에서의 역할과 밀접한 관련이 있었을 것으로 보인다. 즉 남으로 가라7국과 마한 잔여세력 등의 정벌과 북으로 고구려와의 대결 등을 염두에 두었을 가능성이다. 따라서 이후 전개될 백제사에서 진씨와 목씨의 관계를 추정해 볼 필요도 있을 것으로 사료된다.

관 성립시기와 밀접한 관련이 있다. 그러나 천하관이 성립하려면 왕권에 대한 강한 자신감과 주변국 보다 힘의 우위가 전제되어야만이 가능하였을 것으로 여겨진다. 따라서 백제에서 천하관이 성립하는 시기를 왕·후·태수호 수작자가 집중적으로 나타나는 5세기경으로 보는 견해[65]도 있지만 그 관념이 형성된 것은 이미 근초고왕대부터라고 할 수 있다.[66] 그 근거로써

첫째, 근초고왕 24년 가라7국평정을 통하여 이들 소국들을 백제의 영향력내에 복속시키면서 이들과 부자관계 즉 상하관계를 맺고 있다.[67] 또한 마한 잔여세력으로 보이는 忱彌多禮 경략시 이들을 '南蠻'이라 칭하고 있는데[68] 이는 백제를 중심으로 한 표현이다. 이러한 사실들은 당시 백제가 세계의 중심이라는 인식을 가지고 있었음을 보여준다.

둘째, 근초고왕은 고구려와의 전쟁에서 승리한 뒤 군대의 열병을 진행하면서 黃色旗幟를 사용하고 있다는 점이다.[69] 황색은 오행사상에서

65) 양기석은 삼국의 천하관 성립시기를 고구려의 경우 광개토왕과 장수왕대에 영역의 확대, 지배질서의 확립을 통한 왕권의 전제화와 함께 고구려 국력의 절대 우세라는 조건을 통하여 국제지위가 향상되는 4~5세기경에, 신라는 대왕관념이 나타나는 6세기경 중고기로 파악하고 있다. 또한 백제의 경우 고구려나 신라에 비해 사료의 제약으로 그 천하관의 실체를 규명할 수는 없지만 왕·후·태수호가 나타나는 5세기경에 발생한 것으로 보고 있다(「五世紀 百濟의 「王」·「侯」·「太守」制에 對하여」『史學硏究』 38, 1984, 64쪽).

66) 김영하도 근초고왕대에 이르러 왕비족인 진씨와의 연합을 통하여 대왕집권체제가 확립된 것으로 파악하고 있다(「韓國 古代國家의 政治體制發展論－'部體制'論에 대한 所見을 대신하여－」『韓國古代史硏究』 19, 2000, 78~79쪽).

67) 『日本書紀』 卷19 欽明紀 2年 夏4月. "聖明王曰 昔我先祖速古王貴須王之世 安羅加羅卓淳旱岐等 初遣使相通 厚結親好 以爲子弟 冀可恒隆 …".

68) 『日本書紀』 卷9 神功紀 49年 春3月.

69) 『三國史記』 卷24 百濟本紀2 近肖古王 24年 冬11月. "大閱於漢水南 旗幟皆用黃".

오방중 중앙을 뜻하는 것으로 이를 기존 독립적인 부병의 군대를 이때에 이르러 중앙의 군대 즉 국왕의 군대로 편입시킨 것을 의미하기도 한다.70) 그러나 근초고왕대의 남방경략을 통한 영역의 확장과 북방의 강적 고구려와의 대규모 전쟁에서 승리하였다는 자신감의 표현임과 동시에 백제가 드디어 세계의 중심이 되었고 또한 근초고왕은 왕중의 왕 즉 대왕이라는 증험적이며 또한 예고적 의미가 보다 강한 것으로 여겨진다.71)

셋째, 왜에 하사한 七支刀의 銘文에 왜국의 왕을 후왕으로 표현하고 있는 점이다. 물론 칠지도의 명문 해석을 둘러 싸고 많은 논란이 있지만72) 이를 차치하고라도 '斧鉞이나 刀劍의 賜與는 하위자를 향한 상급자의 신표로서의 성격이 강한 만큼 복속의례라는 측면을 간과하여서는 안된다'라는 견해73)에 주목한다면 대왕인 근초고왕이 후왕인 왜왕에게 하사한 것으로 보는 것이 타당하며, 따라서 근초고왕대의 천하관을 다시 한 번 확인할 수 있다.

이러한 점들을 감안하면 담로제의 실시는 천하관이 확립되는 근초고왕대와 관련이 있음을 알 수 있다. 다만 인덕기의 '國郡疆場'은 담로와의 관련성보다는 지속적인 영토 확장 결과 새로이 영역에 편입된 복속

---

70) 李道學, 「漢城 後期의 百濟 王權과 支配體制의 整備」『百濟論叢』2, 1990, 285쪽.

71) 김기섭은 이 기사를 비롯하여 초기 부제의 실시, 관등·관직의 설치, 형률의 시행 등 백제에서 행해진 전반적인 정치행위를 중국적 관념의 수용에서 비롯된 것으로 보고 있다(앞의 책, 2000, 39~43쪽). 그러나 이는 초기 백제의 실체를 인정하지 않는 입장에서 나온 견해로 이를 전적으로 수용하기는 어렵다.

72) 칠지도에 관한 연구사는 李道學, 「百濟 七支刀 銘文의 再解釋」『韓國學報』60, 1990, 65~66쪽에 간략하게 정리되어 있다.

73) 李道學, 위의 논문, 1990, 81쪽.

지와 기존의 통치영역을 포함하는 백제의 전영역을 근초고왕 8년(353)에 이르러 5부제로 재편하는 과정으로 나타난 것이다. 근초고왕 8년 이전까지 신래복속지로 5부제에 편재되지 못한 지역은 아마도 비류왕대에 복속한 금강·차령산맥 이남과 노령산맥 이북에 존재하고 있던 목지국의 잔여세력 혹은 별도의 독립된 정치체로 보인다. 이 지역은 고대로 부터 논산평야와 김제평야가 위치하고 있는 지역으로 풍부한 경제력과 인력을 보유하고 있었다. 그러므로 근초고왕 8년 이들 지역을 기존 통치체제로 편입한 것은 이후 이루어지는 가라 및 영산강 유역의 마한 잔여세력의 경략에 필요한 군사력과 경제력 등의 확대와 깊은 관련이 있다.[74]

이러한 점을 감안하면 담로제는 가라7국의 평정과 영산강유역의 잔여 마한 세력의 복속이 완료되는 근초고왕 24년(369) 이후 이들 지역에 대한 지배를 목적으로 편제한 것으로 보인다.

3. 檐魯制와 王·侯制의 關聯性 檢討

『양서』 백제전에 따르면 "治所의 城을 固麻라 하고 邑을 檐魯라 하는데 중국의 군현과 같은 말이다. 그 나라에는 22담로가 있는데 모두 자제종족에게 分據케 하였다"[75]라고 하여 백제에 담로라는 지방통치제

---

74) 근초고왕 이전 『삼국사기』에 의하는 한 백제의 군사동원 능력은 온조왕대 마한 舊將 周勤이 牛谷城에서 반란을 일으키자 이의 토벌을 위하여 동원하는 5천의 병력이 최대였으나, 근초고왕 이후에는 3만의 병력이 동원되는 등 군사 동원능력이 획기적으로 증가하고 있다. 이러한 많은 수의 군대를 운영하기 위해서는 경제력의 증대도 병행되어야 함은 물론이다. 이는 전쟁과 같은 국가적 중대 상황하에서 신래복속지에 대한 일정한 수준의 통제를 통하여 복속민을 병력으로 동원하였고, 또한 경제적 수탈이 병행되었을 것으로 보인다.

도가 있었음을 알려주고 있다. 그러나 본장 2절에서 살펴본 바에 의하면 이 사서는 민족지적인 성격이 강한 사서로 통시대적인 사회상을 기술하고 있다. 특히 담로관련 기사는 526~534년 사이에 작성된 梁元帝 蕭繹의 『양직공도』를 참조한 것인데 이를 근거로 담로제의 구체적 실상을 파악하는 데는 일정한 한계가 있음을 알 수 있었다. 다만 治城을 固麻라고 한 것으로 보아 이 기록은 백제가 수도를 웅진으로 천도한 이후의 사실을 묘사한 것으로 판단된다.[76] 그렇다면 『양서』 백제전에 보이는 담로는 475년 이후에서 534년 이전의 어느 시기인가 백제에서 실시되고 있던 담로의 상황을 기술한 것이다.

그런데 이와 비슷한 시기 중국의 다른 정사인 『송서』·『남제서』·『위서』의 백제전에는 백제와 중국간의 당대 교섭관계가 기록되어 있어 통시대적인 사회상을 기록하고 있는 『양서』 백제전과의 유기적 검토가 필요하다. 특히 이들 사서의 가장 큰 특징은 백제가 중국측에 관작 제수를 요청하고 있는데, 요청한 관작중에는 왕·후호와 장군호 등이 많이 보이고 있다. 따라서 『양서』 백제전 기사에 나오는 자제종족과의 관련성 여부가 주목된다.

『송서』·『남제서』·『위서』의 백제전에 보이는 관련 내용을 적시하

75) 『梁書』 卷54 列傳48 諸夷 百濟傳. "號所治城曰固麻 謂邑曰檐魯 如中國之言郡縣也 其國有二十二檐魯 皆以子弟宗族分據之".

76) 固麻城이 고유명사로 웅진의 古名일 수도 있지만, 혹은 수도에 대한 보통명사일 수도 있다. 즉 固는 居·健과 같이 크다는 뜻이고, 麻는 拔·牟羅와 같은 뜻으로 마을 혹은 성읍의 의미이므로 고마성을 수도에 대한 일반적 지칭으로 볼 수도 있다. 그러나 『일본서기』 웅략 21년조에 나오는 久麻那利는 수도에 대한 일반적인 칭호가 아니라 한성 함락 이후 새로이 옮긴 수도인 熊川의 古名인 固麻城, 固麻那禮(利)임이 분명하다(金英心, 「百濟 地方統治體制 研究-5~7세기를 중심으로-」, 서울대대학원 박사학위논문, 1997, 85~86쪽).

면 다음과 같다.

G-1) (大明二年<458>)慶遣使上表曰 臣國累葉偏受殊恩 文武良輔 世蒙朝爵 行冠軍將軍右賢王餘紀等十一人 忠勤宜在顯進 伏願垂愍 竝聽賜除 仍以行冠軍將軍右賢王餘紀 爲冠軍將軍 以行征虜將軍左賢王餘昆 行征虜將軍餘暈 竝爲征虜將軍 以行輔國將軍餘都餘乂 竝爲輔國將軍 以行龍驤將軍沐衿餘爵 竝爲龍驤將軍以行寧朔將軍餘流麋貴 竝爲寧朔將軍 以行建武將軍于西餘婁竝爲建武將軍(『宋書』卷97 列傳57 夷蠻 百濟)

2) 延興二年(472) 其王餘慶 始遣使上表曰 臣建國東極 豺狼隔路 雖世承靈化 莫由奉蕃 … 謹遣私署冠軍將軍駙馬都尉弗斯侯長史餘禮 龍驤將軍帶方太守司馬張茂等 投舫波阻 搜徑玄津 託命自然之運…(『魏書』卷100 列傳88 百濟)

3) (490) … 報功勞勤 實存名烈 假行寧朔將軍臣姐瑾等四人 振竭忠効 攘除國難 志勇果毅 等威明將 可謂扞城 固蕃社稷 論功料勤宜在甄顯 今依例輒假行職 伏願恩愍聽除所假 寧朔將軍 面中王姐瑾 歷贊時務 武功竝列 今假行冠軍將軍 都將軍 都漢王 建威將軍 八中侯餘古 弱冠輔佐 忠効夙著 今假行寧朔將軍阿錯王 建威將軍餘歷 忠款有素 文武烈顯 今假行龍驤將軍邁盧王 廣武將軍餘固 忠効時務 光宣國政 今假行建威將軍弗斯侯 (『南齊書』卷58 列傳39 東南夷 百濟國)

4) 建武二年(495) … 今假沙法名 行征虜將軍邁羅王 贊首流爲行安國將軍辟中王 解禮昆爲行武威將軍弗中侯 木干那前有軍功 又拔臺舫爲行廣威將軍面中侯 伏願天恩特愍聽除 … 今任臣使 冒涉波險 盡其至誠 實宜進爵 各假行署 伏願聖朝特賜除正 詔可竝賜軍號(同上書)

위의 기사를 통하여 백제에서는 458년 劉宋에게 左・右賢王 餘昆과 餘紀의 行職 軍號를 정식으로 제수하여 줄 것을 요청하였고(G1), 이어 472년 私署한 弗斯侯 長史 餘禮를 북위에 사신으로 파견하였다(G2).

490년에는 姐瑾을 面中王에서 都漢王으로, 餘古를 八中侯에서 阿錯王으로, 餘歷을 邁盧王으로, 餘固를 弗斯侯로 제수해 줄 것과 이들의 假行職 將軍號를 역시 가행직 상위 장군호로 제정해 줄 것을 남제에 요청하였다(G3). 또한 495년에는 군공이 있는 沙法名, 贊首流, 解禮昆, 木干那 등의 4인에게 각기 邁羅王, 辟中王, 弗中侯, 面中侯의 제수와 이들의 行職 軍號를 정식으로 제정해 줄 것을 역시 남제에 요청하고 있다(G4).

이처럼 백제왕이 私署한 왕·후 등의 작호를 중국은 별다른 이의없이 그대로 수용하고 있다. 그러므로 백제의 입장에서 이러한 요구가 꼭 필요한 절차라기보다는 매우 의례적인 것이었음은 G1)을 통하여 확인할 수 있다. 즉 餘昆과 餘紀에게 右賢王·左賢王 제수를 요구한 것이 아니라 장군호의 제수를 요구하는 것으로 보아 중국의 가부 여하와는 상관없이 백제의 필요에 따라 왕족과 유력 귀족들에게 자체적으로 왕·후호를 사여하고 있었다. 또한 수작자들은 이미 자신들의 직위에 걸맞는 역할을 수행하고 있었던 것으로 보인다. 결국 실질적으로 왕·후호를 사여하는 것은 백제의 왕이었다.[77] 이러한 점을 감안하면 왕·

77) 중국의 남북조시대에 세계사적으로 전개된 막부체제는 하나의 외교체제였으므로 중국 이외의 국가들이 중국으로 사절단을 파견할 때 長史·司馬·參軍 등 幕僚職을 사절들에게 부여한 것은 자신이 중국의 막부체제에 참여하여 일개 장군의 자격으로 사절단을 파견한다는 사실을 공식적으로 표명하는 의미만 있었던 것으로 보고 있다. 따라서 국내에 자신의 장군 막부를 실제로 개설하여 모종의 실질적 역할을 막부와 막료에게 부여하였음을 의미하는 것은 아니라고 한다. 백제가 파견한 사신들을 하급의 장군으로 책봉해 줄 것을 요청한 것도 막부체제에 적극 참여한다는 의지의 표명으로 백제는 막부체제로 구축된 세계질서에 적극 참여함으로써 장군 막부가 표현하는 일정한 안정된 위계를 부여받을 수 있는 것으로 파악하고있다(金翰奎, 『한중관계사』Ⅰ, 대우학술총서422, 1999, 190~191쪽). 그러나 백제왕이 유공공신에게 일정한 작호를 먼저 사여한 이후 중국에 추인을 요구하는 것은 중국의 승인을 꼭 받아야 한다는 입장보다는 대내적으로 신민에 대한 권위

후호 사여가 당시 백제의 정치적 상황과 밀접한 관련이 있었음을 짐작할 수 있다. 그러나 그 구체적 실상에는 비교적 분명한 입장 차이가 상존하고 있으며, 대체로 3가지로 구분할 수 있다.

첫째, 왕·후제를 백제의 지방통치제도로 볼 수 없다는 견해이다. 이들 견해는 백제류의 천하관 형성이라는 차원에서 왕·후제를 작위적이고 의례적인 성격으로 파악하고 있으며,[78] 또한 백제의 대중국 관계 및 해외경영과 관련시켜 보기도 한다.[79]

물론 중국에서의 왕·후제는 황자나 이성제후를 분봉하여 황실의 藩屛으로 삼아 통치케 하는 봉건제도에서 비롯된 것이나 한대 이후에는 단순히 공신을 우대하기 위한 의례적·형식적 조치로 변하는 경향이 강하여 결국은 유명무실한 작명이 된다. 따라서 백제에서의 왕·후제도 중국과의 접촉과정에서 수용된 유교 정치사상과 밀접한 관련이 있고[80] 전제왕권의 강화를 위해서는 보다 확대된 정치기준의 수립이 필요하였

과시와 지배질서 체계를 보강하기 위한 수단으로 이용하고자 하는 백제의 현실적인 입장이 보다 강했던 것으로 보인다(梁起錫, 앞의 논문, 1984, 72～73쪽).

78) 梁起錫, 위의 논문, 1984, 55～70쪽.

79) 盧重國, 앞의 책, 1988, 222～223쪽.

80) 고구려의 경우 王·侯·主·君 등의 임명 기사를 통하여 고구려에서는 봉건적 영주제가 행하여 졌으며, 영주란 5부 귀족을 비롯하여 국왕이 주는 영지(봉토)를 받는 사람들로 국왕의 신하이긴 하나 독자적인 정치권력을 가지고 영지안의 주민을 직접 지배하였다고 한다. 따라서 국왕을 중심으로 하는 중앙집권적 관료조직내의 존재가 아니며 이들은 고구려의 지방행정단위인 성이나 읍에 편입되지 않고 국으로 불리웠다고 한다(서병국, 『고구려 제국사』, 혜안, 1997, 165쪽). 그러나 왕에 의하여 임명된 이들이 독자적 세력 즉 중앙의 간섭을 받지 않는다는 점은 쉽게 납득할 수 없다. 이는 5부의 장은 세습직이므로 왕에 의한 임명이 비록 형식적이라 하여도 전투 등의 공에 의하여 작위를 수여받는 경우는 왕의 직접 지배하에 있었을 것이므로 위 논의는 받아들이기 어렵다.

을 것이다. 이를 위하여 백제왕은 천명적인 질서에 가탁하여 백제 대왕으로 자처하고, 그 속료들을 왕・후로 분봉하여 백제류의 천하관을 형성하고자 하는 정치현실이 의제화 되어 출현한 것이지 그 자체가 모두 실상을 나타낸 것은 아니라고도 할 수 있다.[81] 그러나 백제에서의 왕・후호 사여가 중국과 같이 의례적이고 형식적인 것만이 아니라는 것은 왕・후호 관련 기사의 분석을 통해서 입증된다. 동성왕 12년(490)에 姐瑾이 面中王에서 都漢王으로 任地가 교체되었고, 餘古는 八中侯에서 阿錯王으로 陞爵과 더불어 임지가 교체되고 있다. 또한 얼마간의 時差를 두고 弗斯侯에 餘禮(개로왕 18년, 472)와 餘固(동성왕 12년, 490), 邁羅王에 餘歷(동성왕 12년, 490)과 沙法名(동성왕 17년, 495), 面中에 王 姐瑾(동성왕 12년 이전, 490년 이전)과 侯 木干那(동성왕 17년, 495)가 수작되고 있다. 이를 통하여 왕・후호 수작자는 승급이 가능하였고, 근무 연한이 정해져 있었기 때문에 임기가 끝나면 왕의 명령에 따라 임지를 옮겼던 것으로 보인다. 따라서 왕・후호 수작자는 실질적인 임무를 수행하였고 왕권하에 강력하게 예속되어 있었음을 알 수 있다.[82] 또한 왕・후의 칭호가 장군호와 같이 전부 형식적인 것으로 단순히 백제 조정내에서의 서열을 알려주는 것이라고 한다면 앞에 관칭한 이름을 굳이 편중된 지역의 촌스러운 이름을 부가하지 않고 이념적인 미칭을 사

---

81) 梁起錫, 앞의 논문, 1984, 65~73쪽.
이성규 또한 고구려・백제・신라・왜 등 東亞諸國 군신들에게 사여된 중국 官爵은 해당국의 내부에서는 사실상 무용지물이었을 것으로 파악하고 있다(「中國의 分裂體制模式과 東아시아 諸國」『韓國古代史論叢』8, 1996, 300~318쪽).

82) 백제왕 이외에 왕・후호 관칭자가 다수 나타나는 것은 그 만큼 왕권의 대귀족 통제력이 약화된 것으로 보기도 하지만(盧重國, 「百濟王室의 南遷과 支配勢力의 變遷」『韓國史論』4, 1978, 67~68쪽), 오히려 왕권의 전제화와 밀접한 관련이 있는 것으로 보인다(梁起錫, 위의 논문, 1984, 67쪽).

용해도 괜찮았을 것이라는 지적[83]도 백제에서 당시 시행된 왕·후제가 결코 명목적인 제도가 아님을 입증하여 준다. 실제로 왕·후호에 관칭된 지명 중 邁羅·阿錯 등은 백제의 지명에서 확인되고 있기 때문에 虛封이라기 보다는 현실적인 세력의 크기를 반영한 것으로, 백제사회 내부의 운영원리와 관련하여 검토되어야 한다.[84]

둘째, 왕·후제를 백제의 지방통치와 관련된 제도이지만 담로제와는 별개로 계기적 관계에 있었다고 보는 견해이다. 이는 왕·후제가 백제 조정 내에서의 단순한 서열이 아니라 작호에 따른 백제 귀족의 조직화라는 점과 5세기 후·말기 동성왕대에 백제에서 지방지배의 기능을 수행한 것으로 보았다. 그리고 왕·후제의 단초를 472년 개로왕의 상표문에 보이는 弗斯侯 餘禮에서 찾으면서 그 배경을 백제가 정복과정을 통하여 영유하였지만 완전하게 지배하지 못한 지역에서 대왕적 존재로서의 백제왕이 그 일족과 고관을 일시적으로 왕·후로 임명한 것으로 파악하고 있다.[85] 또한 영유화한 지역외에도 아직 영유하지 못한 지역에서의 정당성을 주장하면서 요구한 것으로 보기도 한다.[86] 따라서 담로제는 521년에서 오래지 않은 이전에 시행되었는데 이 시기는 백제가 이미 전라도 지역을 완전히 장악하고 가야지역까지 진출하고 있는 시기였으므로 왕·후제의 필요성이 상실되었다고 한다. 이후 나타나는 것

83) 坂元義種, 「五世紀の<百濟大王>とその王·侯」『古代の朝鮮』, 學生社, 1973, 63쪽.
그러나 이처럼 편중된 지명이 나타나는 것은 실제의 봉국·봉지를 나타내 주는 것이 아니라 이들 지방을 백제의 영유로 공인해서 차지하고 싶어하는 중요한 저의에서 출발한 것이라는 견해도 있다(末松保和, 『任那興亡史』, 吉川弘文館, 1949, 113쪽; 田中俊明, 앞의 논문, 1996, 177쪽).

84) 金英心, 앞의 논문, 1997, 99~100쪽.

85) 坂元義種, 앞의 논문, 99~102쪽.

86) 田中俊明, 앞의 논문, 1996, 177쪽.

이 담로제이므로 담로제는 왕후제가 변화해서 한 단계 진전된 형태라는 것이다.87)

그러나 이들 견해는 담로제가 521년 이전에 시행되었고, 전남지역이 백제에게 영유화되는 시기를 512년 임나4현의 할양으로 보고 있는데, 그렇다면 현실적으로 왕·후제가 실제 백제의 지방통치제도로서의 역할을 수행하였다고 보기는 어렵다. 이러한 주장은 영산강유역이 근초고왕의 남정 이후 통치방식의 적용에는 이견이 있지만 대체로 백제의 영유화가 되었다는 통설과는 달리 영산강유역에는 백제와는 전혀 별개의 정치체로 慕韓이 존재하였고, 이 지역이 백제에게 영유화 되는 시기가 6세기 초라는 것을 강조하기 위한 것이 아닌가 한다.

반면 두 제도가 별개의 제도로 계기적 관계에 있었다는 점은 동일하면서도 그 실상을 다른 관점으로 보는 견해도 있다. 즉 동성왕대에 토착세력이 강한 전라도 지역 등을 통치하기 위해 후대와 같은 성격의 지방관을 파견할 수 없었기 때문에 지방관과는 달리 상당한 독자성을 지니고 있었던 왕·후를 파견한 것으로 보고 있다. 이러한 현상은 웅진천도 이후 당시 백제 사회의 특수성에서 나온 것이며, 이 때문에 백제는 2원적인 지방통치체제를 운영하다가 무령왕대에 이르러 담로제로 변화한다는 것이다.88) 그러나 개로왕대에도 이미 왕·후호 수작자들이 보이고 있으며, 동성왕과 무령왕대에 제도를 바꿀만한 요인이 있었는지 의문이다. 따라서 이에 대한 검토가 선행되어야 한다.

끝으로 왕·후제를 담로와 동일한 제도로 보는 견해이다. 이는 5세기 말에 집중적으로 보이는 왕·후호를 중국의 경우와 비교할 때 지방통치와 관련이 있으므로89) 6세기 전반 전국에 22개가 존재한 담로와의

---

87) 田中俊明, 위의 논문, 177쪽.

88) 鄭載潤, 앞의 논문, 1992, 505~517쪽.

연관성을 충분히 상정할 수 있다는 것이다. 왕·후제에서 종족을 중심으로 하는 왕·후호 소지자들이 '分地'로 표현되는 지배영역을 가진다는 것은 바로 『양서』 백제전의 '皆以子弟宗族分據之'라는 상황을 의미하며, 결국 자제종족은 담로의 장으로 왕·후호 소지자이며, 자제종족이 分據하고 있는 곳은 바로 왕·후의 分地로 파악하고 있다.[90] 그러나 담로와 왕·후제가 동일한 실체임이 밝혀지려면 몇 가지 문제 해결이 선행되어야 한다. 즉 담로의 장으로 나오는 자제종족이 왕의 근친으로 종실세력인데 반하여 왕·후호 수작자는 왕족 뿐 아니라 이성귀족들도 다수 보이고 있다는 점이다. 따라서 이성귀족들이 왕실의 일원이었음이 입증되어야 한다. 또한 중국에서 시행되고 있던 제도를 그대로 백제에 대비할 수 있겠는가 하는 것도 해결되어야 할 문제이다.

그런데 『일본서기』 권19 흠명 2년조에 성명왕이 언급한 내용중 "昔我先祖速古王 貴首王之世 安羅加羅卓淳旱岐等 初遣使相通 厚結親好 以爲子弟 冀可恒隆"이라는 표현과 같이 실제 혈연관계상의 자제와 종족 뿐 아니라 의제적인 자제종족의 관계도 상정해 볼 수도 있다.[91] 또한 父系親의 자손을 의미하는 중국의 용어인 '族'이 중국에서 도입되어 우리나라에서 사용될 때는 조선 초기까지도 중국과는 달리 異姓親도 포

89) 왕·후호는 중국에서 전한대부터 존재하였는데 육조시기 변용된 중국의 군현제를 하나의 모식으로 받아들였던 백제에서 왕족 및 귀족들의 현실적 세력을 인정하면서도 그들을 중앙정부의 통치체계속에 편입하려는 의도에서 실시한 것으로, 비록 봉건제적인 외형을 차용한 것이지만 실제는 중앙권력의 강화라는 의도가 작용하고 있었다고 한다. 이는 왕족 및 고위관료를 각 지방의 왕·후로 분봉함으로써 지방에 대한 통제를 원활히 하고자 한 것이었기 때문에 왕·후호 소지자를 일종의 지방관으로 보고있다(金英心, 앞의 논문, 1997, 105~110쪽).

90) 金英心, 위의 논문, 1997, 110쪽.

91) 金英心, 「5~6세기 百濟의 地方統治體制」 『韓國史論』 22, 1990, 87쪽.

괄하는 용어로 사용되었다.[92] 신라의 경우 葛文王의 칭호를 받는 사람은 왕비의 부·왕모의 부·왕부·왕제·여왕의 배우자 등으로 왕의 父系親 뿐만 아니라 異姓親에게도 그 칭호를 주고 있는 것으로 보아 異姓親도 父系親에 못지 않은 대우를 받고 있었다.[93] 따라서 왕·후호를 수작한 이성귀족들의 경우 대체로 백제의 대성8족이었다는 점을 감안하면 이들이 왕실과의 혼인 등을 통하여 종실의 일원이 되었을 가능성이 높다. 고구려·백제·신라는 왕실 뿐 아니라 귀족이나 부유층에서도 일부다처제가 보편적으로 행해지고 있었으므로,[94] 종족의 범위는 상당히 넓었을 것이다. 따라서 이들 유력세력들은 어떠한 방식으로든 왕실과 혈연관계를 맺고 있었을 것으로 보인다. 또한 중국의 제도 채용 문제도 당시 백제가 중국과 활발한 교류가 있었고, 중국의 주변국들 역시 왕·후제를 채택·실시하고 있었음을 감안하면 담로제와 왕·후제가 동일한 제도였을 가능성이 높다. 이외에도 앞서 살펴본 바로는 『양서』 백제전에 보이는 담로가 475년 이후에서 534년 이전의 어느 시기에 백제에서 실시되고 있던 상황을 기술한 것이었고, 『송서』·『남제서』·『위서』의 백제전에 보이는 왕·후호는 458년에서 495년 사이에 나타나고 있다. 그러므로 담로제와 왕·후제는 존속했던 시기가 겹치고 있음을 알 수 있다. 따라서 『양서』가 당시 전국에 있는 22담로에 대한 핵심적 서술이라면, 『송서』·『남제서』·『위서』 등의 기록은 각 담로의 구체적인 사례로 보인다.

---

92) 崔在錫, 「古代社會의 婚姻形態」『韓國古代社會史硏究』, 一志社, 1987, 199~200쪽.

93) 崔在錫, 「新羅의 姓과 親族」『韓國古代社會史硏究』, 一志社, 1987, 291쪽.

94) 崔在錫, 「古代社會의 婚姻形態」『韓國古代社會史硏究』, 一志社, 1987, 199쪽.

第 Ⅳ 章

百濟의 南方經略과 檐魯의 展開過程

1. 百濟의 南方經略
2. 檐魯의 編制地域
3. 檐魯制의 支配方式과 性格

第 Ⅳ 章

百濟의 南方經略과 檐魯의 展開過程

1. 百濟의 南方經略

『삼국사기』 백제본기에 따르면 백제는 온조왕 13년 8월조에 "北至浿河 南限熊川 西窮大海 東極走壤"이라 하여 강역을 획정하고 있다. 이후 동왕 27년 하4월 그 남쪽에 위치한 마한을 병합하였고, 동왕 34년 동10월에 牛谷城에서 이루어진 마한의 舊將 周勤의 마지막 저항도 진압함으로써 마한을 완전히 멸망[1]시켰다. 이후 『삼국사기』에는 마한의 실체가 전혀 나타나지 않고 있다. 그러나 온조왕대에 멸망한 마한은 오늘날의 경기도·충청도·전라도 지역에 위치하고 있던 마한 54개국 전체를 이르는 것이 아니라 백제의 남계에서 그리 멀지 않은 곳에 위치해 있던 마한의 맹주국인 목지국을 가리키는 것으로 이해된다.[2] 목지국의 중

1) 『三國史記』 卷23 百濟本紀1 溫祚王 27年 夏4月. "二城降 移其民於漢山之北 馬韓遂滅".
『三國史記』 卷23 百濟本紀1 溫祚王 34年 冬10月. "馬韓舊將周勤據牛谷城叛 王躬帥兵五千討之 周勤自經 腰斬其尸 并誅其妻子".
2) 李鍾旭, 「百濟의 建國과 統治體制의 編成」 『百濟論叢』4, 1994, 6~7쪽.

심지는 대체로 직산・천안・청주・공주・평택・성환 일대에 위치하였으며, 그 영역은 안성천 이남과 차령 금강의 이북 사이를 점하고 있었던 것으로 여겨진다.3) 따라서 마한의 잔여세력은 차령산맥 이남의 금강유역에 여전히 존속하였던 것으로 보인다. 이러한 점은 『晉書』 帝紀와 馬韓條에 보이는 世祖 咸寧 3년(277), 4년, 太康 원년(280), 2년, 3년, 7년, 8년, 10년, 惠帝 永熙 원년(290)의 통교 기록에서 확인할 수 있으며 특히 『通典』 卷185 邊防門1 東夷傳上 弁韓條에

A) 晉武帝咸寧中 馬韓王來朝 自後無聞 三韓蓋爲百濟新羅所呑幷

이라 하여 '晉武帝咸寧中' 즉 275~279년 사이에 마한과 통교를 하였으나 이후 오래지 않아 백제와 신라에 병탄되었던 것으로 서술하고 있다. 『진서』와 『통전』에 의하는 한 마한은 290년까지는 분명히 존속하고 있었음이 확인된다.4) 따라서 마한의 실체는 그 성격이나 주체가 시공간을

兪元載, 「百濟 領域變化와 地方統治」『百濟의 地方統治』, 1998, 16~18쪽.
崔夢龍, 「馬韓・目支國 硏究의 諸問題」『三韓의 歷史와 文化－馬韓編－』, 1997, 30~31쪽.

3) 兪元載, 「百濟 湯井城硏究」『百濟論叢』 3, 1995, 80~85쪽.
고고학 자료를 근거로 할 때 마한 목지국의 위치는 아산만 일대로도 비정된다(金貞培, 『韓國古代의 國家起源과 形成』, 고려대출판부, 1986, 297~300쪽; 朴燦圭, 「百濟의 馬韓征服過程 硏究」, 단국대대학원 박사학위논문, 1995, 133쪽).

4) 이 당시 백제는 고이왕과 책계왕의 재위기간으로 진과 통교하고 있는 마한의 실체는 고이왕대 이후 백제를 맹주로 하는 소국연맹체가 마한의 이름으로 사신을 파견한 것이라는 견해도 있다(千寬宇, 『古朝鮮史・三韓史硏究』, 一潮閣, 1989, 341~342쪽; 李賢惠, 「3세기 馬韓과 百濟國」『百濟의 中央과 地方』, 忠南大百濟硏究所, 1996, 11~13쪽; 朴淳發, 「百濟國家의 形成」, 서울대대학원 박사학위논문, 1998, 156쪽). 그러나 위의 기사에는 분명히 마한과 백제・신라를 구분하여 기술하고 있기 때문에 이때의 마한은 온조왕대의

달리하면서 변화가 있었다는 전제 아래 개별적 이해가 필요하다고 여겨진다.[5)]

온조왕 이후 백제는 점진적인 영역확장을 도모하고 있지만 그 주된 방향은 남방보다는 동방과 북방에 있었다.[6)] 백제가 본격적으로 남방을 경략하는 시기는 중국과 마한간의 통교기사가 나타나지 않는 290년 이후 즉 책계왕 5년 이후로 보인다. 그러나 『삼국사기』에 의하면 책계왕이나 분서왕의 경우 낙랑과의 충돌 과정에서 전사하는 것으로 보아[7)] 이 당시까지만 하여도 백제의 영역확장은 남방보다는 북방에 치중하고 있었음을 알 수 있다. 따라서 백제가 북쪽으로부터의 압력에서 벗어나 적극적인 대외팽창을 꾀했던 것은 비류왕대(304～344)로 추정된다.[8)] 금

마한과는 구별되는 즉 온조왕대에 멸망한 마한의 맹주국을 대신하여 등장한 새로운 세력으로 보인다. 이 새로운 세력의 실체는 백제에 병합된 목지국을 대신하여 마한의 맹주로 등장하는 세력 즉 286년 이전은 차령과 금강의 이남에 위치하고 있던 익산의 건마국을 중심으로 하는 여러 소국이고, 그 이후는 영산강 유역의 신미국을 중심으로 한 세력으로 보인다(유원재, 「백제의 마한정복과 지배방법」 『榮山江流域의 古代社會』, 學研文化社, 1999, 131～139쪽).

5) 李鎔彬, 「百濟初期의 地方統治體制 硏究－'5部制'를 中心으로－」 『實學思想硏究』12, 1999, 122쪽.

6) 兪元載, 「百濟의 馬韓征服과 支配方法」 『百濟論叢』 6, 1997, 27쪽.

7) 『三國史記』 卷24 百濟本紀2 責稽王13年 秋9月. "漢與貊人來侵 王出禦 爲敵所害薨".
『三國史記』 卷24 百濟本紀2 汾西王 7年. "春二月 潛師襲取樂浪西縣 冬十月 王爲樂浪太守遣刺客賊害薨".

8) 全榮來, 「百濟 南方境域의 變遷」 『千寬宇先生還曆紀念韓國史學論叢』, 1985, 140쪽.
朴燦圭, 앞의 논문, 135쪽.
유원재, 앞의 논문, 1998, 19～20쪽.
노중국도 비류왕대에 백제의 영역이 전북 고부까지 확대되는 것으로 보고 있다(「漢城時代 百濟의 地方統治－檐魯體制를 中心으로－」 『邊太燮博士華甲紀念史學論叢』, 1985, 134쪽).

강유역에 있었던 마한 세력[9]이 백제에 복속된 시기가 비류왕대임은 금강유역권인 김제의 벽골지 시축연대를 통해서도 알 수 있다. 즉 『삼국사기』 권2 신라본기2 흘해니사금 21년(330)의 "始開碧骨池 岸長一千八百步"라는 기사를 백제의 사실로 본다면 노령산맥 이북 지역이 백제의 영역에 편입되는 시기는 늦어도 비류왕 27년(330) 이전임을 알 수 있다.[10] 비류왕대에 시행된 벽골제 축조와 같은 대규모 토목공사는 막대한 노동력의 동원이 요청되는 사업으로[11] 보통 국가적인 역역체계가 갖추어진 상태에서나 가능한 것이다. 따라서 영역화가 완전히 이루어지지 않은 지역에 수리관개시설을 건설할 경우 그 공사과정은 거기에 동원된 지방민을 국가의 직접적인 공민으로 편제하는 작업과 궤를 같이 한다.[12)

---

9) 이 당시 마한 세력의 중심지는 익산에 위치하고 있었을 것으로 보인다(兪元載, 앞의 논문, 1997, 23~25쪽).

10) 『삼국사기』와 『삼국유사』에는 벽골제의 시축이 4세기 중반 신라에 의한 것으로 되어 있다. 따라서 기록에 보이는 벽골제가 김제에 소재한 것인지는 세밀한 검토가 필요하다. 이와 관련 통일 신라기 원성왕대에 신라가 전주 등 7州人을 징발하여 벽골제를 증축하면서 전주를 중심으로 역부를 동원하는 것으로 보아 이때 증축한 것은 김제에 소재한 현재의 벽골제이며, 그 시축은 통일기 이전 백제에 의한 것으로 파악하면서도 백제가 전북의 마한세력을 그 영역으로 편제하는 것이 6세기를 전후한 시기이므로 김제 벽골제의 시축을 6세기 이후로 보기도 한다(全德在, 「백제 농업기술 연구」 『韓國古代史硏究』 15, 1999, 110쪽 주 84 및 118쪽). 그러나 이 견해는 김제 지역이 백제의 영역에 편제되는 것이 6세기를 전후한 시기라는 기본 인식하에 성립된 것이므로 받아 들일 수 없다.

11) 벽골제의 시축연대와 축조규모 등에 대한 상세한 내용은 尹武炳, 「金堤 碧骨堤 發掘報告」 『百濟硏究』 7, 1976 참조.

12) 全德在, 앞의 논문, 118쪽.
李道學도 벽골제 축조 의의에 대하여 농업을 기반으로 하는 고대사회에 있어서 수리권의 장악은 지방세력을 흡수·통제하는 동시에 중앙권력을 지방에 침투시키는 역할에 있다고 보고 있다(『百濟 古代國家 硏究』, 一志社,

이후 백제는 비류왕대에 이루어진 대내외적인 업적[13]을 근간으로 근초고왕대에 이르러 남방경략을 완성하고 있다. 이와 관련하여 주목되는 사료는 『일본서기』 권9 신공기 49년조의 기사이다.

B) 四十九年 春三月 以荒田別鹿我別爲將軍 則與久氐等 共勒兵而度之 至卓淳國 將襲新羅 時或曰 兵衆少之 不可破新羅 更復奉上沙白蓋盧 請增軍士 卽命木羅斤資沙沙奴跪[是二人 不知其姓人也 但木羅斤資者 百濟將也]領精兵 與沙白蓋盧共遣之 俱集于卓淳 擊新羅而破之 因以 平定比自㶱南加羅㖨國安羅多羅卓淳加羅七國 仍移兵 西廻至古奚津 屠南蠻忱彌多禮以賜百濟 於是 其王肖古及王子貴須 亦領軍來會 時比利辟中布彌支半古四邑自然降服 是以 百濟王父子及荒田別木羅斤資等共會意流村[今云州流須祇] 相見欣感 厚禮送遣之 唯千熊長彦與百濟王 至于百濟國 登辟支山盟之 復登古沙山 共居磐石上 示百濟王盟之曰 若敷草爲坐 恐見火燒 且取木爲坐 恐爲水流 故居磐石而盟者 示長遠之 不朽者也 是以 自今以後千秋萬歲 無絶無窮 常稱西蕃 春秋朝貢 則將千熊長彦 至都下厚加禮遇 亦副久氐等而送之

위의 기사는 왜가 신라를 정벌하기 위하여 한반도에 출정하였다가 가라7국을 평정한 후 서쪽으로 回進하여 "南蠻忱彌多禮"[14]를 도륙하여 백제에 사여하였고, 이때 比利를 비롯한 정치체들이 자연 항복하였다는 내용으로 구성되어 있다. 이를 근거로 일본학계에서는 소위 왜의 한반

1995, 170~175쪽). 전영래는 벽골제의 축조는 관개목적 외에도 서부 저습지대를 종주하는 고속도로 구실 즉 교통로의 역할을 겸하였다고 한다(앞의 논문, 1985, 140쪽).

13) 비류왕의 업적에 대한 종합적인 검토는 姜鍾元, 「百濟 比流王의 卽位와 政局運營」 『韓國上古史學報』 30, 1999 참조.

14) '南蠻忱彌多禮'는 『삼국지』 위서 동이 한전 마한조에 보이는 新彌國으로 영산강 유역에 비정된다(盧重國, 『百濟政治史研究-國家形成과 支配體制의 變遷을 中心으로-』, 一潮閣, 1988, 117~122쪽; 李賢惠, 『韓國 古代의 生産과 交易』, 一潮閣, 1998, 287~288쪽).

도 남부경영론이 제기되기도 하였지만[15] 실제로는 백제의 근초고왕대에 있었던 역사적 사실을 『일본서기』 편찬시 그 주체를 왜로 바꿔서 표기한 것임은 주지의 사실이다.[16] 이 기사의 주체가 백제라는 것은 가라7국평정 기사의 끝부분에 보이는 "屠南蠻忱彌多禮"라는 표현을 통해서도 알 수 있다. 이것이 백제 중심의 표현임은 재론의 여지가 없다. 또한 같은 『일본서기』 권19 흠명기 2년(541) 하4월조에 "昔我先祖速古貴須王之世 安羅加羅卓淳旱岐等 初遣使相通 厚結親好 以爲子弟 冀可恒隆"이라 하여 근초고왕대에 백제가 가라7국과 밀접한 관계를 맺고 있었다는 내용이 성왕의 입을 통하여 누차 강조되고 있는 것으로도 확증된다. 이 기사에서 주목되는 것은 침미다례를 전남 강진으로 비정할 경우[17] 백제의 최종 집결지가 강진의 古奚津이었던 것으로 보아 이 작전은 강진을 포함한 구마한지역의 정토에 그 목적이 있었던 것으로 보인다. 또한 가라7국에 대한 평정을 통하여 낙동강 중·하류의 가야 일부지역도 제압함으로써 백제의 세력권으로 포섭하고 있다는 점은 주목된

---

15) 신공기에 보이는 한반도 관련기사에 대한 일본학자들의 제견해는 山尾辛久, 「ヤマトの朝鮮支配說の形成」『古代の日朝關係』, 塙書房, 1989 참조.

16) 이에 대한 자세한 논고는 金鉉球, 『任那日本府硏究－韓半島南部經營論批判－』, 一潮閣, 30~45쪽 참조. 그러나 신공기 49년조에 대하여 이것이 근초고왕대의 사실이 아니고 성왕대의 역사인식이라는 견해(金泰植, 「6세기 전반 加耶南部諸國의 소멸과정 고찰」『韓國古代史硏究』 1, 1988, 204쪽)와 『일본서기』 계체기 2년(508)에 남해의 탐라가 백제와 통교한 사실을 들어 이때의 일을 근초고왕대의 사실로 소급한 것이라는 견해도 있다(李永植, 「百濟의 加耶進出過程」『韓國古代史論叢』 7, 1995, 194쪽).

17) 忱彌多禮는 音借字의 면에서는 강진과 제주도의 어느 쪽에도 비정할 수 있지만 침미다례가 한반도 남부를 정토하는 과정속에서 나타나는 것으로 보아 한반도 서남지방에 있는 강진에 비정하는 것이 타당하리라 여겨진다(金鉉球, 앞의 책, 39쪽). 반면 침미다례를 하나의 지명이 아닌 침미와 다례로 구분하여 보는 견해(全榮來, 앞의 논문, 1985, 141~142쪽)도 있으나 이 역시 강진 부근으로 비정하고 있다.

다. 따라서 근초고왕대에 이루어진 백제의 남방경략은 노령산맥 이남의 마한 잔여세력에 대한 정벌과 가야지역에 대한 영향력 확대에 있었음을 알 수 있다.[18]

2. 檐魯의 編制地域

담로가 백제의 전영역을 대상으로 편제된 것인지 아니면 일부 지역에 한하여 시행된 제도인지의 규명은 매우 중요한 의미를 갖는다. 학계의 대체적인 견해는 세부적인 통치방식에서 이해의 차이는 있지만 백제의 전영역을 대상으로 편제한 제도로 보고 있다. 그렇다면 담로제는 온조왕대에 설정되어 백제의 지방통치에 중추적 역할을 수행하였던 5부제[19]를 대신하는 제도로 결과적으로 근초고왕대에 5부제에서 담로제로 지방통치 방식을 교체한 것으로 볼 수 있다. 반면 담로제가 실시되는 기간중 5부제의 존재가 확인된다면 이는 담로제와 5부제가 공존하는 것으로 결국 백제의 지방통치조직은 일정 기간 이원적으로 운영되었음을 의미하는 것이다. 이럴 경우 담로제는 백제의 영역중 5부에 편제되지 않은 지역만을 대상으로 실시되었던 제도라는 새로운 인식이

---

18) 마한의 경략 방법에 대하여는 기동성 위주의 기마전이 주를 이루었다는 견해(李道學, 「4세기 征服國家論에 대한 檢討」『韓國古代史論叢』6, 1994, 268~269쪽)와 해안을 통한 교두보적 거점확보 방식으로 진행되었다는 견해(成正鏞, 「洪城 神衿城址 出土 百濟土器에 대한 考察」『韓國上古史學報』15, 1994, 93쪽)가 있으나 근초고왕대의 경략은 신공 49년조를 참고할 때 수륙 양방면으로 진행되었던 것으로 보인다(全榮來, 앞의 논문, 143쪽).

19) 『삼국사기』에 의하면 5부제는 온조왕대에 성립된 것으로 되어 있으나 『삼국사기』 초기 기록에 대한 연구자들간 시각차로 인하여 그 실체와 성격 등에 대하여 이견이 많다. 그러나 필자는 5부제가 실재하였을 뿐 아니라 백제가 고대국가로 발전하는데 일정한 역할을 수행하였음을 논증한 바 있다(李鎔彬, 앞의 논문, 1999, 111~137쪽).

요구된다 하겠다.[20)]

그러나 앞서 살펴본 바로는 담로제가 실시되고 있는 동안에도 백제의 지방통치제도의 주축은 여전히 5부제였다. 그렇다면 후자의 인식이 좀 더 실체에 근접한 것으로 보인다. 즉 백제는 근초고왕 이후에도 기존의 지방통치방식인 5부제를 고수하면서 다만 새로이 복속한 지역에 한하여 담로제를 실시하고 있는 것이다. 이 문제는 담로의 책임자인 왕·후호 수작자 및 군으로 호칭되는 인물들이 파견되는 지역의 위치 비정을 통하여 보다 명확해 질 것이다.

먼저 이들 왕·후호 앞에 나타나는 지명은 弗斯·面中·都漢·八中·阿錯·邁盧·邁羅·辟中·弗中의 9개이나 邁盧와 邁羅, 弗斯와 弗中은 동일 지명으로 판단되므로 실질적으로는 7개 지역임을 알 수 있다. 이들 지역의 위치는 대체로 전북의 서북부 및 전남의 남부연안으로 보는 견해[21)]와 공주의 近畿 일대로 보는 견해[22)]로 대별할 수 있다. 이

20) 이도학은 백제의 지방통치조직을 이원적으로 파악하면서 금강이북의 기존 영역에 대하여는 5부제를 계속 적용하였고, 근초고왕의 남방 경략 결과 편입된 금강이남의 신래복속지에 한하여는 담로제를 적용하여 통치하였다고 보았는데(「漢城 後期의 百濟王權과 支配體制의 整備」『百濟論叢』2, 1990, 307~312쪽) 필자도 기본적으로는 이러한 인식에 동의한다. 정재윤도 웅진천도 이후에 백제사회의 특수성으로 인하여 토착세력이 강건하였던 전라도 지방에 왕·후를 파견하여 기존 통치체제와 함께 이원적으로 지방통치를 운영하였던 것으로 보고 있다(앞의 논문, 1992, 505~513쪽). 그러나 씨는 왕·후제와 담로제는 동일한 제도가 아니며 계기적 관계 즉 왕·후제가 담로제로 변화한다고 보고 있기 때문에 필자와는 기본적인 인식에서 큰 차이를 보이고 있다.

21) 末松保和는 弗斯(中)는 魏志 韓傳의 不斯濆邪國 또는 速盧不斯와 관련시켜 比斯伐·比自火 즉 全州로 비정하면서 一說로 武州의 分嵯郡(寶城郡 大浦里)으로 보았다. 都漢은 武州 豆肹縣(羅州郡 多侍面 一帶) 또는 錦山郡의 豆肹縣(高興)으로 비정하였다. 面中은 武珍州(光州)로, 八中은 發羅郡(羅州) 또는 半奈夫里(羅州 潘南面 一帶)로, 阿錯은 武州 阿次山郡(新安 壓海)으로, 邁

외에 백제의 요서경략과 관련하여 이들 지명중 일부를 요서지방으로 비정하는 견해도 있다.[23)]

학계의 대체적인 견해는 末松의 견해에 따라 왕・후호 수작자의 임지를 전라도 일대로 비정하고 있으며,[24)] 필자 역시 같은 견해이나 다만 벽중의 위치는 전남 보성이 타당할 듯 싶다. 보통 『일본서기』 권9 신공기 49년 3월조의 "… 仍移兵西廻 至古奚津 屠南蠻忱彌多禮 以賜百濟 於時 其王肖古及貴首 亦領軍來會 時比利辟中布彌支半古四邑 自然降伏 …"에 보이는 벽중과 왕・후호 수작자의 임지로 나오는 벽중을 동일한 지명으로 보고 古四가 古阜에 해당하므로 벽중은 고부와 인접한 김제로 비정하고 있다. 하지만 주지하는 바와 같이 신공기 기사의 주체가 백제 근초고왕의 남방경략이라는 사실을 감안하면 백제는 逆으로 古四

羅(盧)는 魏志 韓傳의 萬盧國과 관련시켜 馬西良(沃溝) 또는 馬斯良縣(長興郡 會寧 一帶)으로, 辟中은 碧骨郡(金提)으로 각각 비정하고 있다(末松保和, 『任那興亡史』, 吉川弘文館, 1949, 113쪽).

22) 천관우는 弗斯(中)는 伐首只(唐津)로, 都漢은 得安・德恩(論山・恩津)으로, 面中은 未詳이며, 八中은 伐音支(公州 維鳩)로, 阿錯은 源村(完州 鳳東)으로, 邁羅(盧)는 沃溝 또는 그 부근, 辟中은 碧骨(金堤)로 비정하고 있다(千寬宇, 「馬韓諸國의 位置試論」 『東洋學』 9, 1979, 206쪽).

23) 金庠基, 「百濟의 遼西經略에 對하여」 『白山學報』 3, 1967, 140쪽 주 14) 참조.

24) 그러나 왕・후호에 관칭된 지명을 일정 지역에만 한정된다고 볼 수는 없으며 중앙정계의 고위직을 차지한 대성팔족은 상대적으로 수도에 가까운 지역에 근거지를 가지고 있고, 『위서』나 『남제서』 백제전에 나오는 작호에 관칭된 지명은 일부 지역에 한정되었다 할지라도 왕・후호 사여를 구상한 의도는 전국을 대상으로 한 담로의 설정과 바로 통한다는 견해도 있다(金英心, 앞의 논문, 1990, 87~88쪽). 그러나 기록에 의하는 한 분명한 것은 수작자의 임지는 백제 전역이 아니라 편중된 지역에만 나타나고 있다는 점이다. 따라서 담로의 책임자와 왕・후호 수작자를 동일한 존재로 본다면 김영심의 견해는 담로제가 백제의 전역을 대상으로 편제되었을 것이라는 선입견이 개입된 결과로 볼 수밖에 없다.

→支半→布彌→辟中→卑離를 거친 후 忱彌多禮와 古奚津에 이른 것으로 보아야 한다.[25] 그렇다면 벽중을 고사와 인접한 지역에서 찾기보다는 침미다례와 가까운 지역에서 찾는 것이 오히려 합리적이 아닐까 한다. 침미다례는 백제의 道武郡(康津) 혹은 冬音縣(康津의 남쪽)으로 보는 견해[26]와, 침미와 다례로 나누어 침미는 冬音·道武, 다례는 백제 冬老縣(寶城의 鳥城)으로 보는 견해[27]로 대별되나 대체로 전남 남해안이라는 점에는 큰 차이가 없다. 따라서 벽중이 침미다례에 인접한 지역이라면 이를 전북 김제에 비정하는 것 보다는 전남 남해안에 비정하는 것이 합리적일 것으로 보인다.[28]

『삼국사기』 지리지에 의하면 武珍州(武州)에 소속된 군의 총수는 14개로 모두 현재의 전남지방인데 이중 무진주의 이남에 위치한 군은 秋子兮郡(潭陽), 武尸伊郡(靈光), 谷乃郡(谷城)을 제외한 총 11개군이다. 그런데 동성왕이 동왕 20년(498)에 탐라를 친정할 때 백제군이 무진주에

---

25) 全榮來, 「百濟南方境域의 變遷」 『千寬宇先生還曆紀念韓國史學論叢』, 1985, 143~144쪽.
또한 전영래는 "比利辟中布彌支半古四邑"을 比利·辟中·布彌·支半古의 四邑으로 읽기보다는 「魏志」에 나오는 마한 小國名과 대비하여 比利·辟中·布彌·支半·古四의 邑으로 읽어야 한다는 견해를 제시하였는데 본 고에서는 이 견해를 따른다.

26) 이병도, 앞의 책, 512쪽.

27) 全榮來, 앞의 논문, 1985, 141~142쪽.

28) 이병도는 이들 지역의 위치를 전남 지역으로 보고 있다(앞의 책, 512~513쪽). 이현혜 역시 백제가 침미다례를 도륙하자 比利·辟中·布彌·半古·古四의 정치체가 자연 항복하였다고 하는 것은 이들 세력이 침미다례와 지리적 인접 뿐 아니라 정치·경제·군사적으로도 밀접한 관련이 있는 것이므로 전남 서남해안의 교역루트상 주요 지점에 위치한 세력으로 추정하고 있다. 따라서 벽중과 고사를 전북의 김제와 고부로 비정할 경우 정치적 결속관계를 상정하기 어려울 뿐 아니라 벽중과 고사에 대한 위치비정은 주로 음운에 근거한 것이므로 재고의 여지가 있다고 한다(「4~5세기 榮山江流域 토착세력의 성격」 『歷史學報』 166, 2000, 11~12쪽).

집결하는 것으로 보아[29] 그 이북 지역은 대체로 백제의 직접 지배하에 있었을 것으로 보인다. 따라서 무진주 이남의 11개군은 백제의 직접 통치영역은 아니었다. 그렇다면 1개의 담로가 보통 1개군 정도의 영역을 통치한다고 볼때 당시 전남 서남해안 지역에는 대체로 7~11개 정도의 담로가 있었지 않았을까 추정된다.

表 2. 『三國史記』 地理志에 보이는 武珍州 所屬郡 一覽表

州名	百濟時 地名	統一新羅時 地名	現在地名	王·侯號 受爵者 冠稱地名	비고
武珍州 (面中)	分 差 郡	分嶺郡	全南 樂安	弗斯	
	伏 忽 郡	寶城郡	全南 寶城	邁羅	
	秋子兮郡	秋成郡	全南 潭陽		地理3에는 縣
	月 奈 郡	靈巖郡	全南 靈巖		
	半奈夫里縣	潘南郡	全南 潘南	八中	百濟時에는 縣
	武尸伊郡	武靈郡	全南 靈光		
	欲 平 郡	昇平郡	全南 順天		
	谷 乃 郡	谷城郡	全南 谷城		地理4에는 欲乃郡
	爾陵夫里郡	陵城郡	全南 陵州		
	波夫里郡	富里縣	全南 福城		
	發 羅 郡	錦山郡	全南 羅州	都漢	
	道 武 郡	陽武郡	全南 康津	辟中	
	勿阿兮郡	務安郡	全南 務安		
	因珍島郡	珍島郡	全南 珍島		
	阿次山郡	壓海郡	全南 壓海	阿錯	地理3에는 縣

* 이 表는 『三國史記』 卷36 雜志5 地理3과 雜志6 地理4를 참조하여 작성하였음.

이상에서 王·侯號 受爵者의 임지가 담로의 설치지역과 밀접한 관련

29) 『三國史記』 卷26 百濟本紀4 東城王 20年 8月. "王以耽羅不修貢賦 親征至武珍州 耽羅聞之 遣使乞罪 乃止[耽羅卽耽牟羅]".

이 있다는 전제 아래 왕·후호 수작자들의 임지 비정을 통하여 담로가 설치된 지역을 살펴본 결과 대체로 전남 서남해안 지역임을 알 수 있었다.[30] 또한 왕·후호 수작자들이 관칭한 지역명중 중복되는 것을 제외하면 모두 7개 지역이 확인된다. 그런데 『삼국사기』 지리지에 의하면 무진주에 소속된 군은 대체로 전남지역에 위치하고 있다. 그중 무진주 이남은 백제의 직접 통치를 받지 않았던 지역으로 총 11개의 군이 설치되어 있었다. 따라서 백제가 영산강유역의 마한 잔여세력을 정벌한 이후 이 지역에 설치한 담로의 수는 7개~11개 이상이었을 것으로 여겨진다.[31]

다음으로 근초고왕의 남방경략시 평정된 가라지역에도 비슷한 시기에 복속된 전남 서남해안 지역과 마찬가지로 담로가 설치되었는지 여부를 살펴보고자 한다.

물론 사료의 한계로 말미암아 담로가 설정된 지역을 비정하기는 어렵다하여도 『일본서기』에는 가야지역에 상주하면서 가야의 일을 전담하는 백제인들의 존재가 많이 확인되는데 이들이 가야지역에 설정된 담로와 밀접한 관련이 있었을 것으로 추정된다.

C-1) 新羅不朝 卽年 遣襲津彦擊新羅 [百濟記云 壬午年 新羅不奉貴國 貴國遣沙至比跪令討之 新羅人莊飾美女二人 迎誘於津 沙至比跪

30) 담로가 주로 전남 서남해안 지역에 설치되었다는 것은 아마도 해로를 통한 교역루트의 장악과 밀접한 관련이 있었을 것으로 보인다. 그렇다면 담로는 서남해안을 연결하는 교통상의 요지를 중심으로 설치되었을 것이다. 이와 관련하여 전남 해남 군곡리, 전남 무안 등 중국화폐가 집중 출토되는 지역이 주목되는데 이들 지역은 선사시대 이래 해상 교통의 요지라 할 수 있으며 따라서 담로가 설치된 지역으로 추정해 볼 수 있다.

31) 그러나 담로의 수는 시기에 따라 또는 영역의 확대나 축소에 따라 변동이 있었을 것이다.

受其美女 反伐加羅國 加羅國王己本旱岐 及兒百久至 阿首至國沙利伊羅麻酒爾汶至等 將其人民 來奔百濟 百濟厚遇之加羅國王妹旣殿至 向大倭啓云 天皇遣沙至比跪 以討新羅而納新羅美女 捨而不討 反滅我國 兄弟人民 皆爲流沈 不任憂思 故以來啓 天皇大怒卽遣 木羅斤資 領兵衆來集加羅 復其社稷…](『日本書紀』 卷9 神功紀 62年)

2) 百濟直支王薨 卽子久爾辛立爲王 王年幼 木滿致執國政 與王母相婬 多行無禮 天皇聞而召之 [百濟記云 木滿致者是 木羅斤資討新羅時 娶其國婦 而所生也 而其父功 專於任那 來入我國 往還貴國承制天朝 執我國政 權重當世 然天朝聞其暴召之](『日本書紀』 卷10 應神紀 25年)

3) … 於是 新羅王 夜聞高麗軍四面歌儛 知賊盡入新羅地 乃使人於任那王曰 高麗王征伐我國 當此之時 若綴旒然 國之危殆 過於累卵 命之脩短 太所不計 伏請救於日本府行軍元帥等 由是 任那王勸膳臣斑鳩 [斑鳩 此云 伊柯屢俄] 吉備臣小梨難波吉士赤目子 往救新羅 …(『日本書紀』 卷14 雄略紀 8年)

4) 是歲 紀生磐宿禰 跨據任那交通高麗 將西王三韓 整修官府 自 稱神聖 用任那左魯那奇他甲背等計 殺百濟適莫爾解於爾林 [爾林高麗地也] 築帶山城 距守東道 斷運粮津 令軍飢困 百濟王大怒 遣領軍古爾解 內頭莫古解等 率衆趣于帶山攻 於是 生磐宿禰 進軍逆擊 膽氣益壯 所向皆破 以一當百 俄而兵盡力竭 知 事不濟 自任那歸 由是 百濟國殺佐魯那奇他甲背等三百餘人(『日本書紀』 卷15 顯宗紀 3年)

5) 聖明王曰 昔我先祖速古貴須王之世 安羅加羅卓淳旱岐等 初遣 使相通 厚結親好 以爲子弟 冀可恒隆(『日本書紀』 卷19 欽明 2年 夏4月)

위의 기사는 대체로 왜가 임나지역에 대하여 확고한 영향력을 행사하고 있음을 보여주는 자료이다.[32] 그러나 『일본서기』에서 왜가 임나를

---

32) 『일본서기』에서는 '임나'를 고구려 · 백제 · 신라 등과 같이 하나의 정치집단

경영하는 과정을 보여주는 모든 기사는 예외없이 백제 계통의 사료에 입각한 것으로 그 주체는 왜가 아니라 백제라는 사실을 감안하여야 한다.[33] 그러므로 위 기사를 통하여 백제는 369년 가라7국을 평정하여 부자관계를 맺은 이후(B · C5) 382년에 목라근자를 파견하여 가라의 사직을 부활시키면서 이 지역에서의 영향력을 확대하였다(C1). 목라근자의 영향력을 바탕으로 414년 경에는 그의 아들 목만치가 임나의 일을 전담하고 있으며(C2), 이후 464년 이전에 임나를 통할하기 위한 통치기구(사료상의 日本府)가 설치되었다(C3). 또한 487년 이전에는 이 지역에 백제군이 주둔하고 있는 등(C4) 시간의 경과에 따라 임나지역에서의 백제의 영향력이 점차 확대되고 있음을 확인할 수 있다.

이처럼 백제가 이 지역에서의 영향력 확대를 도모하는 주된 요인은 대고구려전의 전초기지를 확보하여 고구려의 남하정책에 대처하고 또한 동시에 신라를 견제하는 등 군사 전략적 필요성을 위한 거점 확보에 있었다.[34] 따라서 백제는 이 지역의 효율적인 관리가 필요하였고,

---

으로 취급하고 있으며, 주로 ① 금관국을 지칭하거나 ② 加耶지역 전체를 가리키는 지리적 명칭 ③ 멸망시 백제왕의 통치지역 등을 가리키고 있다(金恩淑, 「『日本書紀』 '任那'기사의 기초적 검토」 『韓國史 市民講座』 11, 1992, 20쪽). 그러나 사료 C)에 등장하는 가라 · 임나는 협의로는 후기 가야연맹의 맹주인 고령의 대가야 세력을, 광의로는 그 영향권내에 있는 합천 · 거창 · 함양 · 남원 동부 등의 북부지역과 함안 · 고성 · 사천 · 진주 · 산청 · 하동 · 김해 · 창원 등의 남부지역 제가야를 포함하는 세력을 이르는 것으로 보인다.

33) 金鉉球, 앞의 책, 79쪽.

34) 백제는 가야지역이 고구려의 침략을 방어하고 신라를 제압하기 위한 군사 전략적 거점으로 매우 중요하다고 인식하고 있었다. 이는 『日本書紀』 卷19 欽明紀 5년(544) 11월조에 聖王이 加羅의 諸旱岐에게 "猶於南韓置郡令城主者 豈欲違背天皇 遮斷貢調之路 唯庶剋濟多難 殲撲强敵 凡厥凶黨 誰不謀附 北敵强大 我國微弱 若不置南韓郡令城主 修理防護 不可以禦此强敵 亦不可以制新羅 故猶置之 …"라고 말하는 것으로도 확인할 수 있다.

전남 서남해안의 주요 교통로에 담로를 설치한 것과 마찬가지로 이 지역에도 전략적 요충지와 주요 교역지 등을 중심으로 담로를 설치하였을 것으로 보인다. 이러한 점은 왕·후호 수작자가 이 지역에 파견되고 있다는 사실로 확인할 수 있다.

먼저 사료 C1)과 C2)에 따르면 목라근자의 가라지역에서의 영향력 확대 이후 그 아들 목만치가 가라의 일을 전담하였고, 이외에도 木君有非岐·下佐平 木君尹貴·中佐平 木君麻那 등[35] 임나경영과 관련하여 백제에서 파견되는 책임자들은 한결 같이 木氏 일족으로 이들은 임나지역과 특수한 관계에 있었음을 시사하여 준다. 그런데 이들은 모두 君을 칭하고 있다는 점이 주목된다. 이로 볼 때 이들을 백제가 중앙에서 파견한 담로의 책임자로 상정할 수 있다. 그러나 이러한 견해가 성립하려면『양서』백제전에서 담로의 책임자로 파견된다는 왕의 '자제종족'과 백제의 중앙에서 임나지역에 파견한 것으로 보이는 '군' 호칭자들간의 상호 관련성 여부가 밝혀져야 한다. 그런데 앞서 지역명을 관칭한 왕·후호 수작자들의 경우 전남 서남해안 지역의 담로 책임자로 파견되는 자제종족과 그 성격이 동일함을 언급한 바 있다.

그런데『일본서기』에서 왕·후호 수작자를 君으로 호칭한 예를 찾을 수 있다. 즉『송서』권97 이만열전57 백제전 대명 2년(개로왕4년, 458)에 따르면 개로왕은 백제의 왕족과 유력 귀족들에게 송의 장군호 사여를 요청하고 있다. 이들 중 특히 정로장군 좌현왕 여곤의 경우 문주왕의 동생이자 동성왕의 부친으로 내신좌평을 역임한 곤지로 비정된다.[36] 그런데『일본서기』에 좌현왕 곤지를 軍君으로 호칭하고 있는 기

---

35) 木君有非岐(顯宗紀 3년 是歲條; 欽明紀 5년 2월조), 하좌평 木君尹貴(繼體紀 23년 7월조; 欽明紀 4년 12월조), 중좌평 木君麻那(武烈紀 6년 10월조; 欽明紀 4년 12월조)

사가 있어 주목된다.[37] 이를 통하여 왕과 군은 동일한 受爵名으로 다만 중국 사서와 일본 사서 사이에 그 표기가 다를 뿐임을 알 수 있다. 이는 『禮記』 曲禮下 第二에 "九州之長 入天子之國曰牧 天子同姓謂之叔父 異姓謂之叔舅 於外曰侯 於其國曰君"이라 하여 밖에서는 후라 하고, 안에서는 군으로 호칭하였음을 알 수 있다. 즉 군과 후가 동일한 작호에 대한 이칭임을 확인할 수 있다.[38] 따라서 중국 사서에 보이는 왕·후호 수작자와 『일본서기』에 보이는 군 호칭자는 동일한 성격임을 알 수 있다. 이러한 점으로 미루어 보아 가야지역에 파견되어 임나의 경영을 전담하면서 군으로 호칭되던 인물들은 백제왕에게 왕·후호를 사여받고 담로의 책임자로 파견되었던 것으로 볼 수 있다.

사료 C3)은 신라가 고구려와 우호관계를 수립한 이후 고구려의 영향권 아래에 있었는데 신라가 눌지왕 34년(450) 고구려 변방 장수를 살해한 사건이 발생하자 관계가 악화되었다. 이후 신라는 고구려의 지속적인 군사 압박에 국가의 존립이 위태롭게 되자 자비왕 7년(464) 임나왕을 통하여 日本府行軍元帥에게 구원을 요청하였고, 이에 응하여 일본부의 膳臣斑鳩 등이 고구려군을 격파하여 신라를 구원하였다는 내용이다. 그러나 이 기사는 신라와 왜의 관계가 대체로 적대적이었다는 점[39]을

---

36) 李基東, 「中國史書에 보이는 百濟王 牟都에 대하여」 『歷史學報』 62, 1974, 30~34.

37) 『日本書紀』 卷14 雄略紀 5年 夏4月. "自今以後 不合貢女 乃告 其弟軍君[昆支也]曰 汝宜往日本以事天皇 軍君對曰上君之命 不可奉違 …".

38) 諸橋轍次, 『大漢和辭典』에 의하면 侯는 君이고(卷1, 763쪽) 王도 君인데(卷7, 818쪽) 君은 侯와 같다(卷2, 847쪽)라고 하여 君과 王·侯號는 同一 爵名에 대한 이칭임을 알 수 있다.

39) 『삼국사기』에 나오는 왜관계 기사에 대한 분석을 통하여 왜와 신라·고구려·백제와의 관계를 고찰한 연구들을 참고하면(旗田巍, 「『三國史記』 新羅本紀にあらわれた '倭'」 『日本文化と朝鮮』, 朝鮮文化社編, 1975; 田中俊明, 「『三國史記』にみえる'倭'關係記事について」 『歷史公論』, 1982年 4月號; 鈴

생각하면 이례적이라 할 수 있다. 특히『삼국사기』신라본기에 따르면 신라가 일본부에 구원을 요청하였다고 하는 자비왕의 재위기간(458~478)에 모두 5차례에 걸쳐 왜의 침입을 받고 있었다.[40] 따라서 왜가 설치하였다는 일본부에 신라가 구원을 요청하였다는 것은 납득하기 어렵다. 오히려 신라는 눌지왕 17년(433) 백제 비유왕의 화친 요청을 받아들인 이래 그 관계가 군사적 동맹관계로까지 발전하고 있는 점을 감안하면 신라가 임나를 통하여 구원을 요청한 대상은 왜가 아니라 백제로 보아야 타당하다. 그렇다면 일본부 역시 백제가 임나지역을 통할하기 위하여 설치한 기관으로 추정할 수 있다. 일본부의 성격 및 그 역할과 관련해서는 다양한 견해가 제기되었지만[41] 위의 상황을 감안하면 백제

木英夫, 「朝鮮史料の倭人・倭國－5世紀を中心に」『東アジアの古代文化』 44, 1985; 申瀅植,『韓國古代史의 新硏究』, 一潮閣, 1984, 291~293쪽) 신라와 왜의 관계는 비록 來聘・求婚・人質 등도 있지만 압도적으로 많은 것은 왜의 신라 침범기사이다. 따라서 신라와 왜의 관계는 우호적이라기 보다는 적대적인 측면이 훨씬 강하였다. 신라와 왜의 적대적 요인에 대하여 왜가 신라를 침범하는 시기가 대체로 3~6월에 이루어지고 있음을 감안하면 그 침범 목적이 정치・영토적 목적의 전쟁이 아니라 식량을 약탈하기 위한 경제적 요인으로 보는 견해(申瀅植, 위와 같음)와 반면 백제와 왜가 일정한 시차를 두고 신라를 침입한 사실은 아마도 백제의 부용적 존재인 왜가 백제의 전략에 따라 행동한 정치적 요인으로 보기도 한다(金瑛河,「新羅의 發展段階와 戰爭」『韓國古代史硏究』 4, 1991, 112쪽).

40)『삼국사기』신라본기에 의하면 신라는 자비왕 2년(459) 하4월・5년 하5월・6년(463) 춘2월・19년 하6월・20년(477) 하5월 등 재위 21년간 모두 5차에 걸쳐 왜의 침입을 받고 있다.

41)『일본서기』에 '日本府'라는 용어가 총 35회 보인다. 그 중에서 초견되는 D3)을 제외하면 모두 흠명기에 집중적으로 나타나고 있다(金泰植,『加耶聯盟史』, 一潮閣, 1993, 321쪽 주 1)). 이전 일본학계에서는 이를 근거로 大和朝廷이 4세기말 한반도 남부에 출병하여 백제・신라・가야를 복속시키고 특히 가야에는 '任那日本府'라는 직할지배기관을 설치하여 6세기 중엽까지 한반도에서 활동을 하였으며, 그 관인으로는 '宰' 혹은 '卿' 등으로 표현되어 있는 장관과 그 아래에 '任那執事'를 비롯한 하급 관료가 존재하였다는 것

가 가야를 지배하기 위한 파견군사령부[42] 혹은 임나의 직할령을 통할하기 위한 백제의 기관이라는 견해[43]가 설득력이 있다. 이는 결국 백제가 근초고왕대 가라칠국을 평정한 이후 중요 거점에 설치한 백제의 담로로 비정할 수 있다. 임나지역에 담로를 설치한 시기는 아마도 목라근자가 가라의 사직을 회복시키는 382년에서 목만치가 가야의 일을 전담하고 있는 414년 사이로 추정된다. 이러한 점은 임나의 소유였던 三己汶이 백제에 양도되어 경영되는 시기가 5세기 초로 추정되는 것으로도 확인할 수 있다.

D－1) … 任那國奏曰 臣國東北有三己汶地 [上己汶 中己汶 下己汶]地方三百里 土地人民亦富饒 與新羅國相爭 彼此不能攝治 兵戈相尋民不聊生 臣請將軍令治此地 卽爲貴國之部也 天皇大悅勅群卿令奏應遣之人 卿等奏曰 彦國葺命孫 鹽乘津彦命 頭上有贅三岐如松樹 [因號松樹君] 其長五尺 力過衆人 性亦勇悍也天皇令鹽升津彦命遣 奉勅勅而鎭守 彼俗稱帝爲吉 故謂 其苗裔之姓 爲吉氏…(『新撰姓氏錄』卷3 左京皇別下 吉田連)

이었다. 그러나 현재 일본부의 성격을 한반도 남부를 지배하기 위하여 대화정권이 설치한 기관으로 보는 연구자는 없다. 근래에는 일본부가 대화정권과 관계는 있지만 한반도 남부를 지배·감독하기 위한 것이 아니라 외교교섭을 위해서이며, 하나의 관아를 가진 관료조직이 아닌 개인 또는 개인의 집합으로 보는 견해(請田正幸, 「六世紀前期の日朝關係－任那'日本府'を中心として－」『古代朝鮮と日本』, 朝鮮史硏究會編, 龍溪書舍, 1974), 임나에 대한 지배의 주체를 왜가 아닌 백제로 보면서 4세기 후반부터 6세기 중반까지 백제가 가야지방을 지배하였으며, 소위 임나일본부는 백제의 가야지배를 위한 파견군사령부(千寬宇, 『加耶史硏究』, 一潮閣, 1991, 161쪽), 혹은 임나의 직할령을 통할하기 위한 백제의 기관명이라는 견해(金鉉球, 앞의 책, 186～191) 및 백제·가야와 왜 사이의 교역기관의 성격을 갖는다는 견해(金泰植, 위의 책, 234～235) 등이 주류를 이루고 있다.

42) 千寬宇, 위와 같음.

43) 金鉉球, 앞의 책, 186～191.

2) 始祖鹽乘津 大倭人也 後順國命 往居三己汶地 其地遂隷百濟鹽乘津八世孫 達率吉大尙 有懷土心 相尋來朝 世傳醫術兼通文藝(『續日本後紀』 承和 4년 6월 己未)

위의 두 기사는 시간적 진행에 따른 삼기문의 전후 사정을 보여주는 상호 보완적인 사료로 그 내용을 종합적으로 살펴보면 임나가 신라와의 분쟁지역인 三己汶[44]을 왜에 양도하자 鹽乘津으로 하여금 이 지역을 진수케 하였고 그 후손들이 성을 吉氏로 칭하는 과정(D1)과 이후 삼기문의 소속이 왜에서 백제로 변화하면서 염승진의 후손들이 대대로 이 지역에 거주하다가 8대손인 達率 吉大尙이 도일하는 과정(D2)을 서술하고 있다. 그러나 임나에게서 삼기문을 양도받는 주체는 왜가 아닌 백제로 보아야 한다. 임나는 387년 백제의 장군 목라근자에 의하여 사직이 비록 부활 되었다 하여도(C1) 이미 외부세력 특히 신라의 지속적인 압력에 능동적으로 대처할 만한 능력을 상실한 상태에 있었다. 결국 임나의 입장에서는 명목뿐인 사직이라도 보존하려면 불가피하지만 백제에 假託을 청할 수밖에 없었고 이후 임나의 본래 의도와는 달리 삼기문 지역은 백제에 의하여 예속되는데 이는 당연한 귀결이었다.

또한 이 지역의 진수를 위하여 파견된 염승진의 후손들은 성씨가 '吉'로 되어 있으나 D1)에 의하면 '吉'은 임나의 속어로 '宰'를 이르는 것으로 정식 성이 아님은 물론이다. 그런데 백제에서 대대로 임나경영에 주도적 역할을 수행하는 성씨가 목씨임을 감안하면[45] 염승진 역시 목

---

44) 三己汶의 위치는 대체로 전북의 남원과 임실 일대로 비정된다. 그러나 사료에 임나의 동북방이며, 신라와의 상쟁지역에 위치하고 있다는 내용에 근거하여 낙동강 중류의 금릉군 개령(千寬宇, 앞의 책, 43쪽), 혹은 김천·선산 지역으로 보는 견해도 있다(丁仲煥, 『加羅史研究』, 혜안, 2000, 137쪽).

45) 金鉉球, 앞의 책, 123쪽.

라근자 이후 임나지역을 전담하였던 목씨 일족이었을 가능이 크다. 이는 염승진이 松樹君이라고도 불리우는 것으로 보아 君 관칭자임을 알 수 있는데 앞에서 살펴본 바와 같이 군은 백제에서는 왕족 이외에 임나경영을 책임지던 목씨에게만 붙여지던 호칭이었기 때문이다. 따라서 염승진은 목씨 일족으로 목라근자의 뒤를 이어 삼기문에 파견된 이 지역 담로의 책임자였을 것이다.

염승진이 삼기문 지역의 진수를 위하여 파견된 시기가 언제인지 정확하게 판단할 수 있는 근거자료는 없지만 목라근자가 임나의 사직을 부활시키는 387년에서 그리 멀지 않은 시기로 추정된다.46) 따라서 삼기문 지역에는 4세기 말에서 5세기 초를 전후하여 담로가 설치되었을 것으로 보인다.47)

다음으로 담로의 조직이 어떻게 구성되어 있는가를 살펴보고자 한다. 물론 담로의 조직을 언급한 자료는 전무하지만 사료 C4)의 내용을 자세히 음미해 보면 그 단초는 찾을 수 있으리라 생각된다.

C4)는 왜에서 임나에 파견한 紀生磐宿禰가 고구려와 교통하면서 삼한의 왕이 되기 위하여 임나에 있던 백제의 適莫爾解를 죽이고 반란을

46) 663년 왜국으로 건너가는 吉大尙이 鹽乘津의 8代孫이므로 이를 역으로 환산하면 대략 5세기를 전후한 시기였을 것이다.

47) 백제가 가야지역에 편제한 담로의 수가 몇 개인지 확인할 수는 없지만 三己汶 이외의 지역에도 있었을 것이다. 아마도 『일본서기』 흠명기 4년 11월, 5년 2월 및 11월조에 보이는 군령·성주는 백제가 이 지역을 직접 통치하기 위하여 설치한 것인데 그 이전에는 이들 지역에 담로가 편제되어 있었을 것으로 보인다. 고고학 자료에 의하면 6세기 중엽 이전에 고령·거창·합천·진주·하동 등지에서 백제의 문화적 영향이 뚜렷하게 나타나고 있는데(金泰植, 『加耶聯盟史』, 一潮閣, 1993, 253쪽), 이들 지역이 백제의 담로 설치지역과 관련이 있지 않을까 한다. 그러나 대가야 관련 기사에 나오는 지명비정시의 견해차와 고고학 자료에 대한 해석차 등을 고려할 때 좀 더 신중한 검토가 필요하리라 여겨진다.

일으키니 백제가 古爾解 등을 보내어 그를 격파하고 기생반숙녜를 도와주었던 任那佐魯那奇他甲背 등 300여 인을 죽였다는 내용이다. 이 사건의 주동자인 기생반숙녜는 흠명기 5년 2월조에 성왕이 사신을 임나에 파견하여 爲哥岐彌有非岐가 那奇他甲背 등의 말을 믿고 국난을 돌보지 않아 성왕의 뜻을 배반하였음을 책망하는 내용으로 보아 백제의 임나지역 책임자였던 爲哥岐彌有非岐와 동일인물로 역시 목씨임을 알 수 있다.[48] 따라서 이 사건은 백제에서 파견한 임나지역 담로의 책임자가 임나의 在地首長層으로 보이는 임나좌로나기타갑배의 계책[49]에 속아 백제의 혼란기를 도모하여 일으킨 것으로 보인다.[50] 좌로는 『삼국

---

48) 金泰植, 위의 책, 247~249쪽.
金鉉球, 앞의 책, 62~80쪽.

49) 임나지역에 주둔한 백제군은 담로에 소속되지 않은 별도 조직체로 보인다. 물론 군대를 주둔시킨 주요 목적이 고구려・신라에 대한 견제에 있었다고는 하지만 어떻게 보면 이것은 표면적인 이유일 뿐 실질적으로는 이 지역을 직접 통치하려는 의도가 있었을 것이다. 任那首長層인 那奇他甲背는 백제의 이러한 의도를 감지하고 백제의 직접 통치를 저지하기 위한 계책을 세운 후 담로의 책임자인 기생반숙녜를 이용한 것으로 보인다. 또한 나기타갑배를 己汶의 수장 혹은 가야계 소국의 旱岐로 보고 계략을 꾸민 이유를 이 지역에 대한 백제의 간섭과 진출을 저지하기 위한 것으로 보는 견해도 있다(延敏洙, 「六世紀前半 加耶諸國을 둘러싼 百濟・新羅의 動向－소위 '任那日本府'說의 究明을 위한 序章－」『新羅文化』 7, 1990, 106~112쪽; 李永植, 「百濟의 加耶進出過程」『韓國古代史論叢』7, 1995, 204~211쪽). 그러나 결국 반란은 실패로 끝났고 백제는 이 지역에 대한 직접 통치를 좀 더 적극적으로 추진하였을 것이다. 결국 임나지역에서 백제의 군령・성주가 보이는 6세기 전반경에는 담로의 해체와 더불어 방・군・성제가 도입되면서 직접 통치가 이루어 지게 된다. 전남의 서남해안 주요 지역도 동성왕 20년(498) 탐라 친정계획 이후 오래지 않아 직접 통치를 위하여 5방제로 전환되는 것이다.

50) 紀生磐宿禰에 의한 이 반란은 동성왕 9년(487)에 일어난 것이다. 이는 475년 웅진천도 이후 국기의 혼란을 틈타 일어난 478년 解仇의 난, 501년 苩加의 난 등 일련의 내란과 같은 성격으로 백제의 귀족이 임나의 세력과 연합하

지』 위서 동이전 진변한조의 殺奚와 같이 가야지역의 전통적인 읍락거수 또는 재지세력의 관직명이며 甲背는 백제계통의 관직명임이 분명하다.[51] 그러므로 임나좌로나기타갑배는 임나의 재지수장층으로 백제가 이 지역을 경영하면서 백제의 관직을 수여하고 이들로 하여금 공납과 역역 또는 군사력 동원 등의 책임을 맡겼던 것이다. 즉 담로는 누층적 구조를 가지고 있었는데 백제에서 책임자로 파견된 기생반숙녜 등은 임나의 일을 총괄하는 상부조직을 구성하고 있었던 반면 하부조직은 실무적인 일을 주도하였던 임나좌로나기타갑배 등과 같은 재지수장층으로 이루어졌음을 알 수 있다.

이외에 백제는 임나지역에 담로와는 별도로 군대를 주둔시키고 있었는데[52] 이 군조직은 담로의 통제를 받지 않았던 것으로 판단된다. 만약 임나주둔 백제군이 담로의 책임자인 기생반숙녜의 통제하에 있었다면 그가 임나주둔 백제군 사령관으로 보이는 적막이해를 살해한 이후 곧 이 백제에서 임나로 통하는 식량운반로를 끊어서 임나주둔군이 기아에 빠지게 하지는 않았을 것이다. 따라서 임나지역에는 담로의 편제와는 별도로 군조직이 상주하고 있었음을 알 수 있다. 이처럼 별도의 군조직을 임나에 주둔시킨 이유는 이 지역을 백제의 직접 통치하에 두려는 백제의 의도와 밀접한 관련이 있었던 것임을 알 수 있다.

이상에서 살펴본 바와 같이 백제의 담로제는 기존 지방통치조직인 5

여 일으킨 것이다(金泰植, 앞의 책, 247쪽). 또한 기생반숙녜가 蘇我氏와 同族 氏族으로 백제의 동성왕과 싸우고 있는 점으로 미루어 보아 木滿致의 왜로의 망명과 관련이 있을 것으로 추정하기도 한다(金恩淑, 「『日本書紀』 '任那'기사의 기초적 검토」 『韓國史 市民講座』11, 1992, 30쪽). 결론적으로 당시 임나에는 백제군이 주둔하고 있었음을 확인할 수 있다.

51) 金泰植, 위의 책, 248쪽.

52) 金鉉球, 앞의 책, 63쪽.

부제와 일정 기간 공존하면서 5부제내에 편제되지 못한 신래복속지인 전남 지역과 임나의 일부 지역을 대상으로 설치하였고, 그 책임자로 왕·후호 수작자 및 군 호칭자를 파견하고 있음을 알 수 있다.

3. 檐魯制의 支配方式과 性格

1) 檐魯制의 支配方式

그렇다면 이들 지역의 지배방식과 담로에 파견되었던 왕·후호 수작자의 역할은 무엇이었을까? 먼저 이들 지역의 지배방식과 관련하여 문헌자료에 따르면 전남 지역이 백제에 복속되는 시기가 근초고왕대임에도 불구하고 고고학적으로는 영산강 유역을 중심으로 하는 전남 지역에 백제계 석실분이 나타나는 것은 대체로 6세기를 전후한 시기로 파악된다.[53] 그 이전은 나주·영암·무안·함평 등 영산강 본지류 유역

53) 영산강유역의 石室墳은 대체로 석실이 지표면보다 높은 곳에 위치하는 지상식이며, 연도 및 현문부가 현실의 중앙부에 있다는 공통점을 가지고 있다. 반면 연도부 형태, 현문시설 여부, 현실의 평면 및 단면 형태, 축조재료 등에 있어서는 차이가 있다. 이러한 상이점에 기인하여 대체로 3가지 유형으로 그 성격과 시기를 구분하고 있다. Ⅰ유형은 羅州 松堤里 고분유형으로 한강유역 석실분의 전통과 公州 松山里 고분군의 횡혈식 석실분 요소를 복합적으로 가지고 있으며, 그 출현 시기는 대략 5세기말에서 6세기 초경으로 추정된다. Ⅱ유형은 무안·함평·신안 등으로 그 분포 범위가 확대되는데 사비시대 금강유역의 석실 특히 陵山里 고분 구조를 원형으로 하며, 6세기 중반 경에 출현한다. Ⅲ유형 역시 사비시대의 횡혈식 석실분과 기본적으로 동일한 계통으로 가장 늦은 시기에 나타나서 7세기 중반까지 이어진다. 따라서 영산강 유역의 백제계 석실분의 존속시기는 대략 5세기 말에서 7세기 중반까지로 볼 수 있다(이정호, 「영산강유역의 고분 변천과정과 그 배경」 『榮山江流域의 古代社會』, 學硏文化社, 1999, 103~113쪽). 그러나 이 지역에 백제계 석실분이 처음 등장하는 시기를 6세기 후반으로 보는 견해도 있다(徐程錫, 「全南地域 橫穴式 石室墳의 構造와 性格에 대한 試論」 『韓國 古

과 해남·강진·영광 등 서남해안 지역에 널리 분포하는 대형 옹관고분들이 주류를 이루고 있으며, 이들 고분의 주인공은 마한 제소국의 지배층으로 인식되고 있다. 특히 나주 반남면 신촌리 9호분의 경우 을호 옹관에서 금동관을 비롯한 단봉환두대도·금동신발 등 전남지역의 옹관고분중 가장 화려하고, 풍부한 유물이 출토되었다. 그런데 이들 옹관고분들은 대체로 5세기 후반까지 조성되고 있으므로[54] 이때까지는 백제와 상관없는 독자적 정치세력이 존재하였다는 것이다.[55] 이처럼 문헌

代의 考古와 歷史』, 學硏文化社, 1997, 136~140쪽).

54) 이들 甕棺古墳에 대한 편년은 대체로 출토 옹관의 유형에 의하여 제시되고 있는데 Ⅰ·Ⅱ·Ⅲ의 3가지 유형으로 구분하고 있다(옹관고분의 유형구분에 대한 상세한 설명은 이정호, 위의 논문, 1999, 100~103쪽). 먼저 옹관 Ⅰ유형은 옹관고분의 성립기로 대략 3세기 후반을 상한으로 4세기 전반을 하한으로 추정하고 있다(이정호, 위와 같음). Ⅱ유형은 蓋杯의 출현시기와 관련하여 대략 4세기대로 추정하고 있다. 개배는 백제지역에서 가장 이른 시기의 것으로 석촌동 3호분 동쪽 6호 토광묘와 신봉동 10호분의 출토 예를 들 수 있는데 그 시기는 대략 4세기 중엽경으로 보고 있다(金元龍·林永珍, 『石村洞 3號墳 東쪽古墳群整理調査報告』, 서울대박물관, 1986 및 李隆助·車勇杰, 『淸州新鳳洞百濟古墳群發掘調査報告書』, 百濟文化開發硏究院, 1983). 그런데 靈巖 萬樹里 2호분 4호 옹관에서 개배가 출토되었고, 축조연대가 4세기로 추정되고 있다(徐聲勳·成洛俊, 『靈巖 萬樹里 古墳群』, 國立光州博物館, 1984). 또한 有孔廣口小壺는 신라 전기에 성행하고 있으며, 적어도 3~4세기에 출현하여 6세기경까지 사용된 것으로 보고 있다. 따라서 Ⅱ유형은 4세기 전반에서 5세기 전반경으로 추정된다. Ⅲ유형에 대하여는 옹관뿐 아니라 환두대도, 금동관, 은제관식, 토기 등의 편년을 근거로 다양한 견해가 제기되었지만 영산강유역에 횡혈식 석실분이 등장하는 시기가 대략 5세기 후반~6세기대 임을 감안하면 5세기 전반에서 6세기를 전후한 시기로 볼 수 있다. 이상의 견해들을 종합해 보면 영산강유역의 옹관고분은 3세기 후반에 출현하여 5세기 말까지 몇 단계의 형식 변화를 거치면서 존재한 것으로 파악된다(이정호, 위의 논문, 1996, 43~50쪽).

55) 영산강 유역의 정치체를 마한의 잔여세력으로 보는 데는 별다른 이견이 없지만 구체적 실체에 있어서는 목지국의 잔여세력이 백제의 팽창에 따라 이 지역으로 이주하였다는 견해(崔夢龍, 「馬韓·目支國 硏究의 諸問題」『百濟

기록과 고고학적 자료가 상이한 까닭에 4세기 후반이래 옹관고분의 주인공들이 다스리던 정치체가 백제의 지배하에 있었는지 아니면 독립된 정치체로 존속하였는지에 많은 관심을 가져왔다.[56] 그러나 연구자마다 문헌 및 고고학 자료중 어느 쪽 자료에 비중을 둘 것이며, 백제의 영역화 여부를 판단하는 기준을 무엇으로 할 것인지 등 적지 않은 견해차가 노정되고 있다. 이 지역의 정치적 향방과 관련하여 최근까지 논의된 견해들을 간략히 정리하면 아래와 같다.

첫째, 4세기 후반 근초고왕대의 전남지역 정복활동 이래 이 지역은 백제의 영역이 되었고, 백제 중앙정부는 일정기간 토착지배세력을 매개로 하여 이 지역을 간접통치하다가 직접통치로 전환하였다는 견해[57]

둘째, 근초고왕대의 전남지방 정복은 지속적인 지배체제를 구축하지 못하고 일과성으로 끝난 역사적 사건으로, 오히려 백제의 전남지방 경략이 재지 수장층으로 하여금 거대 고분을 축조하게 하는 자극제로 작용하였으며, 영산강유역 옹관고분들의 주인공들은 상당 기간 백제 중앙의 통제권에서 벗어나 실질적인 자치권을 행사하였다고 보는 견해[58]

論叢』 2, 1990, 275쪽)와 이 지역에서 계속적으로 성장한 토착세력의 정치체인 新彌國으로 보는 견해로 대별된다(盧重國, 『百濟政治史硏究』, 一潮閣, 1988, 117~122쪽; 李賢惠, 『韓國古代의 生産과 交易』, 一潮閣, 1998, 287~288쪽).

56) 근초고왕 이후 백제의 중앙과 영산강 유역의 정치체와의 상관관계에 관한 견해는 朱甫暾, 「百濟의 榮山江流域 支配方式과 前方後圓墳 被葬者의 性格」 『백제연구 한·일학술회의 발표문』, 忠南大百濟硏究所, 1999. 10, 58~60쪽 및 李賢惠, 「4~5세기 榮山江流域 土着勢力의 性格」 『歷史學報』 166, 2000, 5쪽 참조.

57) 李丙燾, 『韓國古代史硏究』, 博英社, 1976, 514쪽.
千寬宇, 앞의 책, 1991, 23쪽.
盧重國, 앞의 책, 1988, 120쪽.

58) 成洛俊, 「백제의 地方統治와 全南地方 古墳의 相關性」 『百濟의 中央과 地方』, 忠南大百濟硏究所, 1996, 153~157쪽.

셋째, 근초고왕의 전남지역 정복설의 근거로 활용되는 『일본서기』 신공기 49년조 기사의 조정 기년은 2주갑 인하된 369년이라는 기존 통설을 부인하고 3주갑 인하를 주장하여 4세기말 백제의 전남지역 정복설 자체를 부인하는 견해[59]로 구분할 수 있다.

물론 4~5세기에 축조된 이 지역의 옹관고분은 같은 시대에 존재하고 있던 다른 지역 정치체의 최고위층 분묘와 대비하여도 그 규모면에 있어서는 전혀 손색이 없다. 그러나 옹관고분은 하나의 봉분에 여러 기의 옹관을 매장하므로 개인별로 동원된 인적·물적 에너지를 평균하면 대형 단독무덤의 수준에는 크게 못 미칠 뿐 아니라 부장품의 질과 양도 대체로 빈약하여 축적된 잉여산물의 상당 부분이 공물 등의 형태로 반출되고 있음을 짐작할 수 있다. 또한 다량의 철제 무기가 부장되던 주변 지역의 상황을 감안할 때 전투용 무기나 마구가 부장되지 않았다는 것은 이 지역 토착 지배자들이 백제의 중앙으로부터 군사활동 등에 일정한 제재를 받았을 가능성을 보여준다.[60] 물론 신촌리 9호분의 경우 금동관·금동신발·단봉환두대도 등 화려한 威信財[61]와 비교적 풍부한

59) 田中俊明, 「百濟 地方統治에 대한 諸問題-5~6세기를 중심으로-」『百濟의 中央과 地方』, 忠南大百濟硏究所, 1996, 169~176쪽.

60) 李賢惠, 앞의 논문, 2000, 21~33쪽.

61) 위신재는 시·공간상으로 멀리 떨어진 현상에 대한 절대적 질서와 통제에 대한 엘리트지배를 합리화 시킬 수 있다. 이런 점에서 엘리트의 형성과정은 물질의 초자연적 현상을 언급함으로써 문화체계를 전유하는 과정과 밀접한 관련을 맺고 있었다고 한다. 초자연적 특질을 지닌 물건에 대한 이러한 통제는 정치권력을 획득하고 합법화하는 엘리트 중심의 정치전략에 있어서 가장 중요한 구성 요소중의 하나라 할 수 있다. 이러한 사회내 일부 친족의 초자연적 존재와 명문가계의 위상 정립은 나머지 사회 구성원으로부터 노동력과 잉여생산물을 요구할 수 있는 합법적 기반이 되며, 계속적으로 축적되는 부와 위신재는 타지역 정치체를 통합할 수 있는 정치적 도구가 된다. 이는 궁극적으로 공물징수 생산체계와 사회의 위계화를 야기하게 된다고 한다(金承玉, 「고고학의 최근 연구동향 : 이론과 방법론을 중심으로」『韓國

유물이 출토되어 다른 옹관고분과는 차별성을 보이기는 하지만 여기서 출토된 위신재가 금동제라는 사실은 백제 중앙의 상층 지배집단의 관식 등에서 금제품을 사용한 것과는 대비가 된다.62) 또한 독자적으로 이들 위신제를 보유하게 되었다면 동일 봉분 혹은 동일 지역에서 그 지위의 계승성을 나타낼 만한 위신재가 계속적으로 출토되어야 하나 그렇지 못한 점들은 오히려 이 위신재가 백제의 지방지배방식과 밀접한 관련이 있음을 보여주는 적극적인 증거가 될 수도 있다.63)

4세기를 기준으로 하여 그 이전의 전쟁이 노동력 확보를 위한 인신약탈적 성격이 강했던 반면, 그 이후에 전개되는 전쟁은 정토와 복속 그리고 복속된 세력의 조공으로 나타난다.64) 그런데도 근초고왕의 경략 이후 이 지역이 백제에 복속되지 않고 6세기를 전후한 시기까지 독자적 정치세력으로 존속하였다는 점은 시대적 상황이라는 측면에서도 쉽게 납득하기 어렵다. 다만 영산강유역을 중심으로 한 전남지역에 5세기 후반까지 옹관고분문화가 존속할 수 있었던 요인은 앞서 언급한 바와 같이 백제 중앙의 전면적인 지배 곧 기존 백제의 지방통치조직인 5부제에는 편제되지 않았음을 의미한다.

上古史學報』 31, 1999, 43쪽).

62) 環頭大刀의 等級은 그 외형에 따라 龍鳳環頭大刀－三葉環頭大刀－素環頭大刀의 順으로 구분되며, 용봉환두대도와 삼엽환두대도 등은 材質에 따라 前者는 金·銀의 二等級, 後者는 金·銀·鐵의 3등급으로 세분된다고 한다(朴淳發, 「漢城百濟의 中央과 地方」『백제연구총서』 5, 충남대백제연구소, 1996, 22쪽). 나주 신촌리 9호분에서는 銀粧單鳳環頭大刀가 출토되었는데 武寧王陵에서 출토된 金粧龍鳳環頭大刀보다는 그 등급이 낮은 것임을 알 수 있다. 그렇다면 신촌리 출토 환두대도의 경우 上位政治體로부터 下賜받은 것으로 추정할 수 있다.

63) 주보돈, 앞의 논문, 1999, 65～66쪽.

64) 徐榮洙, 「廣開土大王陵碑文의 征服記事 再檢討」上『歷史學報』 96, 1982, 11～18쪽.

이러한 사실은 근초고왕대의 남방경략시 가라칠국평정이 그 영토적 복속을 의미하지 않듯이 이 시기에 영산강유역의 완전한 지배가 이루어졌다고 할 수 없으며, 이 지역의 중요 요충지에 왕·후호 수작자를 파견하여 상주시키면서 재지세력을 통한 간접지배 형태가 시행되었던 것으로 보인다.

이와 관련 아래의 기사는 담로가 편제된 지역에서의 지배방식의 일단을 보여준다.

> E) 王以耽羅不修貢賦 親征至武珍州 耽羅聞之 遣使乞罪 乃止[耽羅卽耽牟羅](『三國史記』卷26 百濟本紀4 東城王 20年 8月)

이 기사에서 주목되는 것은 '탐라'와 '공부'로 백제의 중앙 정부가 탐라지역을 공납을 매개로 간접지배하고 있었음을 알려주는 즉 동성왕대 백제의 지방통치방식의 일단을 보여주는 자료로 여겨진다. 따라서 이 지역의 위치 비정은 중요한 의미를 갖는다.

탐라의 위치와 관련한 일반적인 견해는 현재의 제주도를 지칭하는 것으로 이해되고 있다.[65] 위의 기사에 앞서 『삼국사기』에는 문주왕 2년에 "耽羅國獻方物 王喜 拜使者爲恩率"[66]이라 하여 이미 476년에 백제와 탐라가 통교하는 기사가 보인다. 그러나 『일본서기』에는 계체 2년에 "南海中耽羅人 初通百濟國"[67]이라 하여 남해중에 있는 탐라가 백제와 처음 통교한 시기가 508년임을 보여 주고 있어 문주왕과 동성왕대의 탐라 기사와는 모순을 보이고 있다. 따라서 『삼국사기』에 보이는 탐라와 『일본서기』에 보이는 탐라의 실체는 차이가 있을 수 있다. 만약 문

---

65) 韓國精神文化硏究院,『譯註 三國史記』3, 1997, 691쪽.
66)『三國史記』卷26 百濟本紀4 文周王 2年 夏4月.
67)『日本書紀』卷17 繼體紀 2年 12月.

주왕과 동성왕대의 탐라가 제주도라 한다면 이해하기 어려운 몇 가지 모순점이 찾아진다.

첫째, 만약 동성왕대의 탐라가 제주도라면 백제군은 선박을 이용하여야 하였으므로 집결지로 무진주보다는 목포나 해남·강진 등 해안지역이어야 합리적이다.68)

둘째, 탐라가 공부를 바치지 않았다는 이유만으로 국가적 위기가 초래된 상황도 아닌데 과연 동성왕이 연안항로를 통한 원정도 아니고 목숨을 담보로 할 수밖에 없는 멀고도 험한 제주도로의 원정길에 친히 나섰을까 하는 의문이다. 비록 백제의 항해술이 무척 발달하였기 때문에 충분히 가능하였다고 할지 모르나 이는 현대의 잣대일 뿐이다.

셋째, 백제군이 무진주에 이르자 탐라가 즉시 사신을 보내어 사죄하고 있는데 탐라를 제주도로 비정하면 거리상 무진주에 도착한 사실만으로 제주도에 직접적인 위협이 되지는 못하였을 것이며, 또한 시간적으로 탐라의 대응이 지나치게 신속하다는 점이다.

넷째, 사료의 割註에 따르면 탐라를 耽牟羅69)라고 하였는데 『삼국사기』 割註는 일반적으로 동일한 것의 異名·異稱 혹은 어떤 사실의 異傳을 전할 경우 一曰·或云·一云·一名·一作·又云이라고 하여 이를

68) 탐라를 현재의 제주도로 비정하면서 탐라의 정벌을 위하여 동성왕이 이끄는 백제군이 해안지역이 아닌 무진주에 집결한 것은 탐라에 대한 의례적인 무력시위에 불과하고 실질적인 친정요인은 영산강유역에 대한 직접적인 지배력의 관철을 위해서라는 견해(金英心, 「百濟地方統治體制硏究－5~7세기를 중심으로－」, 서울대대학원 박사학위논문, 1997, 62~64쪽)가 있지만 이는 탐라를 제주도에 비정할 경우 발생하는 모순을 해결하기 위한 논리로밖에는 생각되지 않는다.

69) 耽牟羅의 牟羅는 진한·변한지역에서 널리 촌락을 가리키는 말로 사용되어 왔고 이 지역에서 모라란 말이 사용된 것은 그 문화적 기반의 동일성을 반영한 증거라 한다(朱甫暾, 「新羅의 村落構造와 그 變化」 『國史館論叢』 35, 1992, 71쪽).

병기하는 방식을 취하고 있다. 그런데 "耽羅卽耽牟羅"는 이칭을 전하는 것이 아니라 편찬자의 판단을 보여주는 것으로 이 기사의 탐라는 일반적으로 생각하는 바와 같은 탐라 즉 제주도가 아니라 그와는 다른 탐모라로 해석하여야 한다.70)

이러한 점을 감안하면 탐라는 이전 시기에 이미 백제에 복속된 적이 있고, 또한 무진주에서 그리 멀지 않은 곳에 위치하면서 육로로 연결되는 지역에서 찾아야 한다. 이럴 경우 탐라를 영산강 유역에 위치한 침미다례에 비정한다면 동성왕이 이끄는 백제군이 무진주에 이르자71) 탐라가 사신을 파견하여 사죄하였다는 내용도 합리적으로 이해할 수가 있다.

이상에서 동성왕 20년조의 탐라는 영산강 유역에 위치한 침미다례로 백제는 근초고왕대에 이 지역을 복속시킨 이래 기존 백제의 지방통치제도인 5부제내에 편제하지 못하고 동성왕대까지 공납을 매개로 하는 지배방식을 취하고 있었음을 알 수 있다. 이러한 지배방식을 흔히 간접지배라 하는데 그 유형은 ① 거의 완전한 자치를 허용받고 그 대가로 의례적인 공납 등의 형식으로 신속을 표하는 경우 ② 피복속 지역의 자치는 그대로 허용하되 지배세력이 중앙에 의해 재편되는 경우 ③ 유력한 피복속세력은 중앙으로 이주시켜 귀족화시키고 원래의 지역을 재편하여 식읍 등의 형태로 지급하는 경우 ④ 중요한 변방 요충지에 중앙에서 파견한 세력이 상주하는 경우 등으로 구분할 수 있다.72) 백제의

---

70) 李根雨, 「熊津時代 百濟의 南方境域에 대하여」『百濟硏究』27, 忠南大百濟硏究所, 1997, 53쪽.

71) 동성왕의 친정시 백제군이 집결하였다는 무진주는 아마도 백제가 직접 통치하던 지역의 남방한계선이었을 가능성이 크다.

72) 朱甫暾, 「新羅의 村落構造와 그 變化」『國史館論叢』35, 1992, 59~61쪽; 『新羅 地方統治體制의 整備過程과 村落』, 신서원, 1998, 47~49쪽.

경우 근초고왕대의 남방경략지에 왕·후호 수작자와 군 호칭자를 파견하여 지배하였음을 감안하면 대체로 ④의 유형에 가깝지 않을까 추정된다. 이들 근초고왕대의 남방경략지를 백제 중앙의 직접 지배하에 두지 못한 점은 고구려와의 계속되는 전쟁속에서 영유화 작업을 추진할 여유가 없었으며, 이러한 상황하에서 비록 복속한 이민족이라 하여도 이들의 강인한 문화적 전통과 정치적 기반을 강제로 해체시키면서 영유화할 경우 오히려 내부의 적을 만들 수도 있다는 현실적 판단 때문으로 보인다.[73)]

그러나 이 지역에서의 통치형태가 비록 간접지배라 하여도 군대의 주둔이 확인되는 등 직접지배를 전제로 하였기 때문에 지방의 자치를 허용하고 그에 따른 대가로 공납을 수취하는 정도에 머물렀다기 보다는 여러 가지 통제책을 취하고 있었다. 그러므로 허용받은 자치는 제한된 의미에서의 자치였으며, 가령 군사권·외교권·교역권 등의 권한은 백제의 중앙에서 파견된 왕·후호 수작자 및 군 호칭자 등에게 장악되어진 상태를 유지하고 있었다. 또한 경제활동에서 철과 같은 중요한 전략 물자의 공급과 분배 또한 담로의 통제하에 있었을 것으로 보인다. 이들 담로의 책임자들은 전략적 요충지에 상주하면서 자치적인 세력이 정치·군사적으로 서로간에 연결을 꾀하거나 혹은 교역활동을 하는데

---

73) 그러나 한편으로는 被征服民과 구분하는 강력한 선민의식의 발로일 가능성도 크다. 광개토대왕의 비문에 의하면 구민과 신민의 구분이 있는데 신민의 경우 왕 자신이 전쟁을 통하여 획득해 온 한예의 민으로 이들의 구분이 분명하였음을 알 수 있다. 이도학도 5부체제내에 편제된 금강 이북의 구민과 새로운 복속지인 금강 이남의 신민 사이에는 엄격한 차이가 있다고 보고, 그 차이는 곧 지배 방식의 차이로 현실화되었음을 지적하였다(앞의 논문, 1990, 307~308쪽). 또한 신라의 경우도 피정복민을 奴人이라하여 기존의 신라민과 구분하고 있음을 알 수 있다(朱甫暾, 「蔚珍 鳳坪新羅碑와 法興王代 律令」『韓國古代史研究』2, 1989, 115~133쪽).

대한 감시나 통제의 임무를 수행하였을 것으로 보인다. 이러한 예는 1세기경 고구려의 동옥저 지배방식과 3세기경 왜 여왕국의 복속국 통치방식에서도 확인할 수 있다. 특히 고구려는 다종족 국가로 종족이나 문화적 기반을 달리하는 지역을 특수한 방식으로 지배하고 있었다.[74] 백제의 경우 고대국가로의 성립과 발전과정에서 출자의 문제뿐 아니라 분묘형식, 통치제도 등 많은 부분에서 고구려의 경험을 援用하였다. 그렇다면 또한 이종족의 지배방식에서도 그러하였을 개연성은 얼마든지 있다. 따라서 고구려의 동옥저 지배방식은 백제의 신래복속지의 지배방법을 이해하는 데 많은 참고가 되리라 여겨진다.

F－1) 國小迫大國之間 遂臣屬句麗 句麗復置其中大人爲使者 使相主領又使大加 統責其租賦 貊布魚鹽 海中食物 千里擔負致之 又送其美女以爲婢妾 遇之女奴僕(『三國志』 卷30 魏書 東夷傳30 東沃沮)

2) 國國有市 交易有無 使大倭監之 自女王國以北 特置一大率 檢察諸國 諸國畏憚之 常治伊都國 於國中有刺史 王遣使詣京都 帶方郡諸韓國 及郡使倭國 皆臨津搜露傳送文書賜遺之物 詣女王 不得差錯(『三國志』 卷30 魏書 東夷傳30 倭人傳)

위의 기사 중 F1)의 경우 고구려의 복속지역 편제의 일단을 보여주는 자료로 고구려는 일찍이 태조왕대인 1세기에 동옥저를 복속한 바 있다. 그러나 늦어도 3세기에 이르기 까지는 읍락사회를 해체하지 않고 기반을 그대로 온존시키면서 지배하는 방식을 취하였다.[75] 또한 동옥저

---

74) 朱甫暾, 「百濟의 榮山江流域 支配方式과 前方後圓墳 被葬者의 性格」 『韓國의 前方後圓墳』, 忠南大百濟硏究所, 1999, 63쪽.

75) 이러한 지배방식은 동옥저에만 적용된 것은 아니다. 고구려가 미천왕대에 중국 군현세력을 축출한 이후 이 지역에도 같은 방식의 지배정책을 시행한 것으로 보인다. 비록 이에 대한 직접적인 문헌자료는 없지만 고고학 자료(孔錫龜, 『高句麗 領域擴張史 硏究』, 書景文化社, 1998, 78～80쪽 <표 1>의

출신의 세력자들 중 일부를 고구려의 사자로 임명하여 종래의 지배자들과 더불어 동옥저 지역을 다스리게 하고, 특히 租賦의 경우 고구려의 대가로 하여금 統責하여 수취케 하고 있다. F2)는 왜 여왕국이 그 이북의 제소국을 감찰하기 위해 一大率을 파견하였는데 일대솔은 항상 伊都國을 常治하면서 倭國의 외교사무를 관장하고 있었다. 또 대왜의 성격이 분명하지는 않지만 여왕국에서 임명한 관인이 제소국간의 교역을 감시하고 있음을 알 수 있다.

이상에서 살펴본 바와 같이 백제에서 담로의 책임자로 파견된 왕·후호 수작자나 군의 호칭자는 고구려의 대가, 왜의 일대솔 등과 대비할 수 있으며 이들의 직무는 중앙의 지시에 따라 복속지의 외교권·교역권·군사권의 관할은 물론 토착지배층으로 하여금 경제적 수취와 노동력 동원 등을 관장하게 하는 지배권을 행사하고 있었다. 그러나 분명한 것은 백제의 담로를 통한 對服屬地 지배는 비록 고구려의 동옥저 혹은 왜 여왕국의 제소국 지배방식과 같은 유형으로 접근할 수 있지만, 그 지배의 강도 등에 있어서 비교할 수 없을 정도의 진일보한 지배, 즉 직접지배를 전제로 한 제도라는 점에서 또한 많은 차이점을 발견할 수 있다.

자료B 참조)를 참고해 보면 313~314년 낙랑·대방 양군이 멸망한 이후에도 이 지역에는 고구려의 묘제와는 다른 전축분이 계속 축조되고 있었으며, 피장자가 중국의 연호와 관직명을 칭하고 있음을 확인할 수 있다. 이러한 사실은 고구려가 이 지역의 토착집단에 대하여는 직접통치를 강행하지 않고 또한 기존의 사회질서를 완전히 해체하지 않은 채 이들을 집단적·총체적으로 파악하면서 간접지배의 형태를 취하였음을 짐작할 수 있다(孔錫龜, 위의 책, 181쪽).

2) 檐魯制의 性格

백제는 부의 편제를 통하여 독립적인 세력기반을 지닌 지방세력에게 관직 수여 등을 통하여 공적 지배질서 체제내로 흡수하고 이들 세력을 재편·통합함으로써 국가 지배력의 지방 침투를 도모하였고 결국은 종속관계를 실현하게 된다. 또한 부는 축성과 설책 등 국가의 역사시 지방관의 파견과 아울러 필요 인력 징발을 위한 역역의 동원단위가 되었다. 이는 결과적으로 중앙의 직접통치를 실현시켰고, 또한 왕권의 강화를 도모할 수 있었다.[76] 이처럼 부제는 백제가 고대국가로 성장하는데 지대한 공헌을 하였음에도 불구하고 근초고왕대에 이르러 새로운 지방통치제도로 인식되고 있는 담로제가 등장하는 것은 백제사에 커다란 변혁이 있었음을 암시하는 것이다. 따라서 기존 견해의 대부분은 담로제의 설정의도를 전대의 제도에서 나타나는 미숙성을 보완하고 지방에 대한 직접통치를 실현하는데 있다고 파악하고 있음을 알 수 있으며, 담로의 설정 기준으로 성을 주목하고 있다. 이는 지방통치조직으로서 비록 담로의 실체를 직접 거론한 자료는 없지만 담로 자체가 성·읍을 의미하는 말이며 이것이 지방지배의 거점이 된다고 하는 점에서 볼 때 담로는 지방관이 파견된 성과 그 주변 몇 개의 성·촌으로 구성되어 하나의 지배구역을 이루고 있었던 것으로 추정할 수 있다는 견해이다.[77]

최근의 연구경향도 담로가 성과 밀접한 관련이 있다는 전제 아래[78]

---

76) 李鎔彬, 「百濟 初期의 地方統治體制 硏究－'5部制'를 中心으로－」 『實學思想硏究』 12, 1999.

77) 盧重國, 앞의 논문, 1985, 146쪽.

78) 盧重國, 위의 논문, 1985, 150~151쪽.
성과 성 사이에는 군사·행정적 목적으로 병력을 나누어 전속시키거나 성의 규모라든가 통제 범위를 확대하는 일도 있었는데 모든 성이 동급으로

『삼국사기』백제본기에 빈번하게 등장하는 성의 분석을 통하여 확인되는 主城을 담로에 설정하거나 혹은 城과 관련되어 나타나는 고위 직함을 가지고 있는 인명에 주목하여 이들을 『양서』백제전의 담로 부분에 기술된 '자제종족'에 연관시키면서 이들이 파견된 성 역시 담로가 설정된 지역으로 파악하고 있다.[79)]

그러면 『삼국사기』 백제본기를 통하여 이에 관한 기사를 정리하면 다음과 같다.[80)]

G－1) 築赤峴沙道二城 移東部民戶(『三國史記』卷23 百濟本紀1 肖古王 45年 春2月)
靺鞨來攻沙道城 不克 焚燒城門而遁(『三國史記』卷23 百濟本紀1 肖古王 45年 冬10月)
靺鞨來圍赤峴城 城主固拒 賊退歸 王帥勁騎八百追之 戰沙道城下 破之 殺獲甚衆(『三國史記』卷24 百濟本紀2 仇首王 3年 8月)

취급되지 않고 대소에 따라 혹은 중요도에 따라 상하·주종의 구별이 있었으며(金起燮, 앞의 논문, 1997, 210쪽), 이처럼 성 사이의 주종관계가 중앙과의 보다 분명한 연결속에서 조직화하고 체계화되었을 때 각 지역의 행정과 군사를 주도하는 主城을 22개로 정리한 것이 바로 담로제라는 견해도 있다(金周成, 「백제 지방통치조직의 변화와 지방사회의 재편」『國史館論叢』35, 1992, 30~41쪽).

79) 金周成, 위와 같음.
朴賢淑, 「百濟 初期의 地方統治體制 硏究」『百濟文化』20, 1990, 39쪽; 앞의 논문, 1993, 625쪽.

80) 사료 G)는 주로 담로가 대성과 관련이 있다는 기본 전제하에 『삼국사기』 백제본기에 등장하는 성에 주목하여 담로의 실체를 파악하고자 하는 논자들에 의하여 지목된 성들이다. 그러나 이들 사료들을 일률적으로 파악할 것이 아니라 시대별 상황을 고려하여 이해하여야 함에도 불구하고 이러한 사실을 간과한 측면이 있다. 즉 G1)과 2)는 백제 초기로 담로가 설치되기 이전의 기사이며, G3)은 한성 말기, G4)·5)·6)은 웅진기의 것으로 시대적인 차이가 있다. 그럼에도 본고에서는 이들 성을 담로로 지칭하는 것은 타당하지 않다는 것을 논증하기 위한 과정에서 부득이 인용하게 되었음을 밝힌다.

設二柵於沙道城側 東西相去十里 分赤峴城卒 戍之(『三國史記』卷23 百濟本紀2 仇首王4年 2月)
靺鞨攻陷北鄙赤峴城(『三國史記』卷25 百濟本紀3 辰斯王7年 夏4月)
2) 築北漢山城(『三國史記』卷23 百濟本紀1 蓋婁王5年 2月)
拜王庶弟優福爲內臣佐平(『三國史記』卷24 百濟本紀2 比流王18年 正月)
內臣佐平優福 據北漢城叛 王發兵討之(『三國史記』卷24 百濟本紀2 比流王 24年 9月)
高句麗侵北漢山城 王親率兵一萬 以拒之(『三國史記』卷25 百濟本紀3 蓋鹵王15年 10月)
3) 拜庶弟餘信爲內臣佐平 解須爲內法佐平 解丘爲兵官佐平 皆王戚也(『三國史記』卷25 百濟本紀3 腆支王 4年 春2月)
徵東北二部人 年十五已上 築沙口城 使兵官佐平解丘 監役(『三國史記』卷25 百濟本紀3 腆支王 13年 秋7月)
4) 拜解仇爲兵官佐平(『三國史記』卷26 百濟本紀4 文周王2年 8月)
佐平解仇與恩率燕信 聚衆據大豆城叛 王命佐平眞男 以兵二千討之 不克…(『三國史記』卷26 百濟本紀4 三斤王 2年 春)
5) 築沙井城 以扞率毗陁鎭之(『三國史記』卷26 百濟本紀4 東城王20年 秋7月)
6) 築加林城 以衛士佐平苩加鎭之(『三國史記』卷26 百濟本紀4 東城王23年 8月)

G1)에 보이는 赤峴城은 관련기사를 분석해 볼 때 군사적·행정적으로 매우 중요한 성으로 중앙에서 성주가 파견되었을 뿐 아니라 그 휘하에 沙道城을 관할하고 있는 등 그 군사적 성격의 중요도로 보아 담로로 지정되었을 가능성이 큰 것으로 파악하고 있다.[81] G2)~G6)의 경

81) 담로로 지정되었을 것으로 추정되는 적현성과 사도성의 관계는 독립된 행정단위이기 보다는 행정적으로 혹은 군사적으로 종속된 관계이며, 加林城과 牛頭城, 北漢城과 雙峴城·靑木嶺에 축조되었던 성 등도 이러한 관계에 놓

우 등장하는 인물들이 성을 근거로 반란을 일으키거나 감역·진수의 임무를 수행하고 있는 등 성과 밀접한 관계를 가지고 있음을 알 수 있다. 그러므로 비록 이들이 왕·후호를 관칭하고 있지는 않지만 중앙의 고위 품계를 가지고 성에 파견되고 있으므로[82] 이들은 『양서』 백제전의 '자제종족'이며, 담로로 비정되는 성에 파견된 인물들이라고 한다.[83] 따라서 위의 기사를 근거하여 赤峴城·加林城·北漢山城·沙井城·大豆城·沙口城 등에 담로가 설정되었을 것으로 추정하고 있다.

그러나 G1)에 보이는 적현성과 사도성의 경우 백제 초기에 말갈을 방어하기 위하여 축조된 성으로 진사왕 7년에 역시 말갈에 의하여 함락당할 때까지 일정 영역을 통치하는 행정적인 역할보다는 군사적 요충지로서의 역할을 수행하고 있었다. 『翰苑』 所引 『括地志』에 의하면 방령은 달솔이, 군의 책임자인 군장의 경우 3품 은솔이, 『주서』에서는 4품 덕솔이 군장의 직을 맡고 있다.[84] 또한 성주는 도사라고도 하는데 군의 하위 행정기관인 군현의 책임자로 성주는 그 하위의 품계를 가진 자가 임명되었을 것이다.[85] 따라서 담로 책임자의 자격요건이 왕의 자제종족으로 백제내에서도 최고위직을 역임하였을 것으로 추정되므로 적현성에 파견된 성주를 담로의 책임자[86]로 볼 수 없으며, 적현성 역시

여 있었을 것으로 추정하고 있다(金周成, 앞의 논문, 1992, 30~41쪽).

82) 金英心, 앞의 논문, 1990, 88~89쪽.

83) 朴賢淑, 앞의 논문, 1993, 627~628쪽.

84) 『翰苑』 所引 『括地志』. "又有五方 若中夏之都督 方皆達率領之 每方管郡 多者至十 小者六七 郡將皆恩率爲之 郡縣置道使 亦名城 主 …".
『周書』 卷49 列傳41 異域上 百濟. "五方各有方領一人 以達率爲之郡將三人 以德率爲之 …".

85) 沙井城을 진수하는 毗陁의 경우를 감안하면 성주에 임명되는 관리들의 품계는 5품 한솔로 추정된다.

86) 金周成, 앞의 논문, 1992, 31쪽.

담로의 치소가 될 수 없다.

G2)와 G4)의 북한산성과 대두성은 優福과 解仇의 반란 근거지인 것은 확실하지만 이들이 지방관으로 이곳에 파견된 상태에서 일어난 사건이었는지 여부는 확실하지 않다.[87] 북한산성의 경우 왕도와 근거리에 위치하여 국가의 안위와 직결되는 성으로 담로가 설정되었다기 보다는 오히려 왕도에서 직접 관리하는 성이거나 혹은 왕의 직할지였을 것으로 보인다. 따라서 우복과 해구가 자제종족의 신분으로 북한산성과 대두성에 담로의 책임자로 파견되었다고 단정할만한 근거는 되지 못한다.

G3)의 경우 沙口城 감역을 위하여 파견된 解丘를 단순히 왕의 인척이라는 점에 착안하여 이를 담로에 파견된 자제종족 즉 담로의 책임자라고 추정하고 있다. 그러나 내용상 분명한 것은 해구가 지방관으로 상주하기 위하여 파견된 것이 아니라 沙口城 축조의 감역이라는 한시적인 임무의 수행을 위하여 파견된 것이므로 해구를 담로의 책임자로 파악하는 견해[88]에는 동의할 수 없다.

따라서 지방관의 존재가 확인되는 성은 沙井城[89]과 加林城[90]으로 이들 성의 진수를 위하여 扞率 毗陁와 衛士佐平 苩加가 파견되고 있다.

87) 특히 북한산성의 경우 백제의 한성시대에 수도에 근접해 있으면서 국가의 안위에 중요한 역할을 한 전략적 요충지로 왕도에서 직접 관장하는 직할성이었을 것으로 판단된다. 또한 기사의 내용으로는 王庶弟 優福을 지방관으로 파견한 것인지의 여부도 불분명하지만 만약 북한성의 진수를 우복에게 맡겼다면 그 중요성에 대한 각별한 인식으로 보아야 한다. 따라서 북한성을 담로로, 우복을 담로의 책임자로 보기는 어렵다.

88) 朴賢淑, 앞의 논문, 1993, 625쪽.

89) 沙井城은 현재 大田市 沙井洞 倉坪部落 뒷산으로 비정되고 있다(成周鐸, 「大田附近古代城址考」『百濟硏究』 5, 1974, 15～16쪽).

90) 『新增東國輿地勝覽』 卷17 林川郡條의 建置沿革을 보면 "(林川郡)本百濟加林郡 新羅改加爲嘉"라하여 가림성은 현재의 부여군 임천면에 있었음을 알 수 있다.

그러나 가림성의 경우 수륙의 요충지로 험하고 견고하여[91] 왕도 방위와 직결된다는 점을 감안할 때 행정구역으로서의 역할보다는 왕도 방위를 급선무로 하는 군사적 요충지로서의 역할이 강조되었으며,[92] 왕도와 인접한 거리에 위치하고 있었기 때문에 왕의 직할지였을 가능성이 높다. 사정성 역시 웅진의 동쪽 인근에 위치하면서 수도 방위와 밀접한 관련을 가진 왕도의 직할지로 보인다.[93]

또한 5품의 관계를 가진 한솔 비타와 1품의 관계를 가진 위사좌평 백가의 관계 차이를 생각할 때 각각 사정성과 가림성에 담로의 책임자로 파견되었다고는 생각되지 않는다. 물론 같은 담로라도 규모에 따라 파견자의 직위에 차이가 있을 수 있다.[94] 『송서』·『남제서』·『위서』 등에 보이는 왕·후호 수작자가 『양서』 백제전에 보이는 '자제종족'의 다른 표현으로 이들을 담로의 책임자라고 한다면[95] 후에서 왕으로 승

---

91) 『三國史記』 卷28 百濟本紀6 義慈王 20年 龍朔 2年 7月. "於是諸將議所向 或曰 加林城水陸之衝 合先擊之 仁軌曰 兵法避實擊虛 加林嶮而固功則傷士 守則曠日".

92) 田中俊明, 앞의 논문, 1996, 178~179쪽.

93) 『三國史記』 卷26 百濟本紀4 聖王 4年 10月. "守葺熊津城 立沙井柵".
『三國史記』 卷28 百濟本紀6 義慈王 20年 龍朔 2年 7月. "仁願仁軌等 大破福信餘衆 於熊津之東 拔支羅城及尹城 大山沙井等柵 殺獲甚衆 乃令分兵 以鎭守之".

94) 兪元載, 「百濟 熊津時代의 地方統治와 貴族勢力」 『百濟文化』 26, 1997, 16쪽.
담로제는 소국을 편제단위로 하여 성립되었는데 『삼국지』 동이전 마한조에 의하면 마한을 구성한 소국들중 대국은 1만여가, 소국은 4~5천가라고 하여 그 규모나 인구가 동일하지 않았으므로 대국을 토대로 성립된 담로는 정치적·경제적·군사적 비중이 높고 또 그 규모도 컸던 반면 소국에 설치된 담로는 그 비중이 떨어졌다고 한다. 따라서 담로의 규모와 비중은 동일하지 않으며 담로에 파견된 지방관의 등급에도 차이가 있었다고 한다(盧重國, 앞의 논문, 1991, 27~29쪽).

95) 李道學, 「漢城 後期의 百濟 王權과 支配體制의 整備」 『百濟論叢』 2, 百濟

진하거나 봉지가 변경되는 경우가 있는데96) 이것은 왕·후호가 현실적인 세력을 반영하고 있었음을 알 수 있다.97) 그렇지만 백제왕이 중국에서 2품의 군호를 제수받을 때, 백제왕에 의하여 왕·후에 임명된 자들에게는 3품과 4품의 군호를 요청하고 있다. 특히 왕·후호 수작자 중 정로장군 좌현왕 여곤은 동성왕의 부이자 문주왕의 弟로 내신좌평을 역임한 昆支로, 輔國將軍 右賢王 餘都는 개로왕의 뒤를 이어 즉위하는 문주왕으로 비정되고 있다.98) 좌·우현왕의 경우 군주의 후계자이며, 병마권까지 장악하고 있는 것으로 보아99) 그 지위가 어느 정도인지는 쉽게 짐작할 수 있다.100) 따라서 백제 사회에서도 분명히 위계에 따른

文化開發硏究院, 1990, 309~310쪽.

이런 견해에 대한 자세한 논증은 金英心, 앞의 논문, 1990, 83~86쪽 참조. 반면 왕·후제는 담로의 책임자 즉 담로에 파견되는 지방관의 명칭으로 볼 수 없으며 대중국 관계와 해외경영에서 나온 체제이기 때문에 이에 대비할 수 없다는 견해도 있다(梁起錫, 「5세기 百濟의 「王」·「侯」·「太守」制에 대하여」『史學硏究』 38, 1984, 75쪽; 盧重國, 앞의 논문, 1985, 150~151쪽). 또한 왕·후제가 변화하여 한 단계 진전된 형태를 담로제로 보기도 한다(田中俊明, 앞의 논문, 1996, 180~181쪽).

96) 『魏書』 卷100 列傳88 百濟. "延興二年 其王餘慶 始遣使上表曰 臣建國東極 豺狼隔路 雖世承靈化 莫由奉藩瞻望雲闕 馳情罔極 涼風微應伏惟皇帝陛下 協和天休 不勝係仰之情 謹遣私署冠軍將軍駙馬都尉弗斯侯 長史餘禮 龍驤將軍帶方太守司馬張茂等 投舫波阻 搜徑玄津 託命自然之運 …".

97) 이와 관련 백제에 비록 복속되었지만 토착세력이 강한 지역은 반독립적 상태에 있었으므로 중앙 실력자들의 현실적인 힘을 이용하여 이들 지역을 통치하는 것이 적당한 방법이었다고 한다. 그러나 중앙 실력자들의 입장에서 보면 이러한 지역으로의 파견이 그리 달갑지 않았기 때문에 백제왕은 이들을 무마하기 위하여 세력차에 따라 왕·후호를 수여한 후 파견한 것으로 보는 견해도 있다(鄭載潤, 앞의 논문, 1992, 508쪽).

98) 李基東, 「中國史書에 보이는 百濟王 牟都에 대하여」『歷史學報』 62, 1974, 31~32쪽.

99) 梁起錫, 「熊津時代의 百濟 支配層 硏究」『史學志』 14, 1980, 13~14쪽.

100) 또한 좌현왕 곤지의 경우 『일본서기』 웅략기 5년 4월조에 의하면 軍君으로 호칭되고 있는데 이러한 점으로 미루어 보아 왕호의 관칭자를 『일본서

직위와 직무가 규정되어 있었을 것이라는 점을 감안하면[101] 5품인 한솔 비타를 담로의 책임자로 비정하는 것은 전혀 현실성이 없다.

그러므로 『삼국사기』 백제본기에 보이는 대성(주성)을 담로에 대비하거나, 담로제가 백제의 전영역을 대상으로 한 지방통치제도라는 의견은 재고되어야 한다.[102] 이러한 견해에는 담로제 설정 이전 백제의 지방통치제도의 미숙성이라는 측면의 부각과 그 이후에 시행되는 제도는

기』에서는 君으로 표기하였던 것으로 보인다. 따라서 왕·후호 수작자와 군 호칭자는 동일한 성격에 대한 이칭으로 사서에 따라 다르게 표기한 것으로 짐작된다.

이와 관련하여 비록 후대의 사실이기는 하지만 무열기 6년(504) 10월조에 木麻那를 '麻那君'으로 木尹貴의 경우 계체기 23년(529) 춘3월 是月條에 '將軍 君 尹貴'라 하여 각각 君으로 호칭되고 있다. 따라서 이들 역시 왕·후호 수작자로 볼 수 있다. 이후 흠명기 4년(543) 12월조에 '中佐平 木麻那'와 '下佐平 木尹貴'로 나타나고 있다. 그러므로 이들은 1품인 좌평의 지위에 있으면서 왕·후호를 수작한 것임을 알 수 있다. 물론 시간의 경과나 혹은 공과에 따라 이들의 품계에 변동이 있었을 가능성도 상정할 수 있다. 그러나 목씨의 경우 목라근자 이후 가야와 밀접한 관련을 가지면서 대대로 이 지역의 경영을 전담하는 것으로 보아 좌평직 역시 세습되었을 것이다. 이것은 왕·후호를 수작하려면 왕족이 아닐 경우에는 좌평 등의 최고위직에 있어야만이 가능하였음을 보여주는 것이다.

101) 黑齒常之의 墓誌에서도 그의 가문이 대대로 제 2官等인 達率을 역임하였다고 하는 것으로 보아 일정 고위직은 신분이 세습되었을 것으로 보인다. 이점은 『周書』 卷49 列傳41 異域上 百濟條에서 달솔의 정원을 30명으로 규정한 것이 특정 신분층만이 차지하기 위한 제도적 장치라는 기존 견해를 방증하는 것이라 할 수 있다. 그리고 이러한 달솔을 대대로 계승하는 귀족 가문의 존재는 마치 신라의 관등제가 골품제에 의해 규제되었듯이 백제도 관등제를 규제하는 신분제가 존재하였음을 시사하여 준다(李文基, 「百濟 黑齒常之父子 墓誌銘의 檢討」 『韓國學報』 64, 1991, 167쪽).

102) 담로제를 다루는 대부분의 논고에서 담로제는 백제의 전 영역을 대상으로 편제한 것으로 보고 있으나 이도학은 근초고왕대에 신복속지인 금강이남의 전라도 지역을 거점성 중심으로 통치한 제한된 지방 지배방식으로 파악하고 있다(앞의 논문, 1990, 309~310쪽).

보다 발전적이어야 한다는 선입견이 게재되어 있다.[103] 그러나 백제 초기에 편제된 5부제는 담로제가 시행되고 있었던 시기에도 여전히 백제의 주된 지방통치제도로 존재하고 있었다. 이러한 사실은 『삼국사기』 백제본기의 부관련 기사를 통해서도 입증된다.

H－1) 徵東北部二部人 年十五已上 築沙口城 使兵官佐平解丘監役(『三國史記』 卷25 百濟本紀3 腆支王 12年 秋九月)
2) 王巡撫四部 賜貧乏穀有差(『三國史記』 卷25 百濟本紀3 毗有王 2年 春2月)
3) 徵北部人年十五歲已上 築沙峴耳山二城(『三國史記』 卷26 百濟本紀4 東城王 12年 秋7月)

이 기사는 담로제가 편제되었던 근초고왕 이후 전지왕・비유왕・동성왕대에도 5부제가 여전히 백제의 주된 지방통치제도로 존속하고 있었음을 알려주고 있다. 또한 5부제를 통하여 部와 部民에 대한 국왕의 통치행위가 계속되고 있음이 확인된다. 그러므로 담로제가 편제된 근초고왕대 이후 부제가 소멸된 것이 아니라 일정 기간 지방통치제도로서 담로와 병치되고 있었다.

오히려 백제에서는 5부제가 지방통치제도의 근간을 이루고 있었던 반면 담로제는 현재 학계의 인식과는 달리 근초고왕의 남방경략 이후

103) 박현숙은 담로제란 국경지역이나 전략적 중요성이 인정되는 곳 또는 교통상의 중심지 등의 거점성을 중심으로 자제종족을 파견한 직접지배 방식의 통치체제였다고 하면서 부체제보다는 진일보한 통치제도로 파악하고 있다(앞의 논문, 1993, 627～629쪽). 김기섭 역시 담로의 출현을 부제가 중앙에 의해 편제된 것이므로 응집력과 구속력에 있어서 한계가 노출되자 이를 극복하기 위하여 새로운 지방 통제방식으로의 변화를 꾀하는데 이것이 담로제로 5세기 후반 개로왕대에 처음 시행되는 것으로 보고 있다(앞의 논문, 1997, 210쪽).

백제의 영토에 편입된 전남 서남해안의 구마한지역과 가야의 일부 지역 등 신래복속지를 지배하기 위한 특수 목적을 가지고 설정된 것이다. 또한 직접 지배를 전제로 복속지에 대한 외교권·교역권·군사권 등의 관할은 물론 토착지배층으로 하여금 경제적 수취와 노동력 동원 등을 관장하게 하는 지배권을 행사하고 있었다.

第 V 章

檐魯制의 消滅과 5方制의 成立

1. 檐魯制의 消滅과 5方制의 成立背景
2. 5方制의 成立時期
3. 5方制의 統治組織과 地方官의 性格

第 V 章

檐魯制의 消滅과 5方制의 成立

1. 檐魯制의 消滅과 5方制의 成立背景

고구려 · 백제 · 신라간의 전쟁은 4세기 중반 이후 대방 고지의 점유권을 놓고 고구려 · 백제의 충돌로부터 시작되어[1] 7세기 중반 고구려 · 백제가 신라에 의하여 통합될 때까지 지속되는 장기전의 양상을 보이고 있었다. 따라서 삼국시대는 전쟁의 시대라 할 수 있을 정도로 대립과 갈등을 내포하고 있었으며, 이를 해결하기 위한 보편적 수단 역시 전쟁이라 할 수 있다.

이러한 삼국간 전쟁은 5세기 중엽을 전후하여 그 성격에 많은 변화를 보이고 있다. 즉 이전의 전쟁이 피정복국과 민의 복속의례 즉 공납을 매개로 한 간접지배의 형태를 지향하였다면 그 이후는 직접지배를

---

1) 물론 『삼국사기』 백제본기에는 백제와 고구려의 처음 충돌시기를 책계왕 원년(286)으로 기록하고 있으며, 백제와 신라가 처음 충돌하는 시기는 다루왕 36년(63년)으로 기록하고 있다. 그러나 이 기사의 진위여부를 떠나 국운을 건 대규모 충돌의 시작은 4세기 후반부터 시작되는 것으로 보는 것이 타당하다.

목적으로 진행되었다. 따라서 전쟁의 규모가 커지고 또한 그 속성이 변화하는 가운데 국가의 안위와 발전을 위하여는 중앙의 통치력 강화는 물론 이를 토대로 기존보다 좀 더 완비된 지방통치체제를 마련함으로써 풍부한 경제력과 공고한 군사력을 확보하는 것이 시급한 과제였다. 따라서 지방관을 파견하여 통치영역내의 모든 民을 일원화하고 조세수취와 역역체계를 확립하여 경제적 기반확대와 군사력 강화를 도모하여야만 하였다.2)

그러므로 이 시기 지방통치체제의 재편 방향은 각 지방관의 관할구역을 分定하고 행정단위들을 중층적으로 편제함으로써 중앙과의 효과적 연계를 통하여 명령계통의 체계화와 방어체계의 재구축 및 각 지역별 연계를 강화하는데 있었다. 또한 통치구역내의 민과 토지의 상황을 보다 정밀하게 파악하여 물자조달과 병력동원을 원활하게 하는 방향으로 진행되어야만 하였다.3)

백제는 475년 고구려의 남침으로 국도 한성이 함락당하고 또한 개로왕이 패사하면서 영토의 상실은 물론 막대한 인적·물적 손실을 겪는 등 국가의 운명은 총체적 위기에 직면하게 된다. 지방통치조직과 군사조직이 일원화되어 있던 당시로서 이는 곧 지방통치체제상의 문제점 노출과 밀접한 관련이 있었을 것으로 추정된다. 따라서 백제는 웅진으로의 천도 이후 국가의 위기 극복을 위한 노력의 일환으로 보다 변화·발전된 지방통치체제를 적극 추진하였을 것이다. 그 결과 성립된 것이 5방제 혹은 방·군·성제라 할 수 있다.4)

---

2) 金基興, 「신라시기 民의 사회경제적 위상」『韓國史硏究』 102, 1998, 157쪽.
3) 金賢淑, 「高句麗 中·後期 中央集權的 地方統治體制의 發展過程」『韓國古代史硏究』 11, 1997, 26쪽.
4) 5방제에 대하여는 논자에 따라 5방체제, 방군성제, 5방-5부제 등으로도 호칭되고 있지만 동일한 실체에 대한 이칭이므로 본고에서는 5방제로 통일하

새로운 제도의 편제는 보통 기존 제도가 내포하고 있던 여러 모순점을 극복함으로써 대내외적으로 좀 더 변화·발전된 체제를 지향하는 과정 속에서 나타나는 결과라 할 수 있다. 백제가 새로운 지방통치제도로 5방제를 편제한 배경 또한 전대의 제도에서 나타나는 여러 문제점을 극복하고 새로이 조성된 국내외의 환경 변화에 능동적으로 대처하고자 하는 노력의 일환임은 주지의 사실이다. 따라서 그 편제 배경을 구체적으로 파악하기 위해서는 전대 제도의 모순점 규명은 물론 이로 인하여 야기되었던 당시 백제의 역사적 상황을 유기적이고도 종합적으로 고찰할 필요가 있다.

5방제의 실시배경에 대한 대부분의 견해는 이전 백제의 지방통치제도로 담로제를 상정하면서, 담로제와 5방제가 계기적 관계에 있었다는 공통적인 인식을 가지고 있다. 또한 세부적 측면에서 약간의 견해 차이가 있긴 하지만 새로이 5방제를 편제한 배경이 담로제가 가지고 있던 제도로서의 취약성을 극복함과 동시에 이를 통한 왕권 및 중앙집권력 강화를 도모하기 위한 것이라는 데에는 대체적으로 의견을 같이 하고 있다.[5] 따라서 5방제의 성립 배경에는 견해 차이가 없음을 확인할 수 있다. 그러나 기존 연구는 5방의 편제가 전대 제도의 모순을 극복하고 좀 더 발전적인 제도를 추구하기 위함에 있다는 상식적이면서 평면적인 수준의 설명에 그치고 있기 때문에 그 구체적인 배경을 이해하는

여 사용하였다.

5) 盧重國, 『百濟政治史研究－國家形成과 支配體制의 變遷을 中心으로－』, 一潮閣, 1988, 248쪽.
金英心, 「5～6세기 百濟의 地方統治體制」『韓國史論』 22, 1990, 99쪽.
金周成, 「백제 지방통치조직의 변화와 지방사회의 재편」『國史館論叢』 35, 1992, 45～52쪽.
鄭載潤, 「熊津·泗沘時代 百濟의 地方統治體制」『韓國上古史學報』 10, 1992, 517～525쪽.

데는 다소 미흡한 감이 있다.[6] 최근에는 『삼국사기』 본기 및 지리지 등을 참조하여 방·군·성에 대한 위치비정을 시도하고 이를 통하여 방의 실체와 방－군－성체제의 유기성을 파악하고자 하는 시도[7], 그리고 백제 성곽의 지역 사례연구를 통하여 이를 백제의 지방통치와 관련시키면서 방－군－성의 영속관계를 규명하고자 하는 노력,[8] 방·군·성 관련 사료의 심도 깊은 검토를 통하여 5방제의 성립과정을 규명하려는 노력[9] 등이 나타나고 있다. 이러한 시도는 앞으로의 연구 방향 설정에 많은 영향을 주리라 여겨진다. 그런데도 이들 견해 역시 5방제에 앞선

---

6) 5방제에 관한 논고는 다음과 같다.
今西龍, 「百濟五方五部考」『百濟史硏究』, 近澤書店, 1934.
金哲埈, 「百濟社會와 文化」『韓國古代社會硏究』, 知識産業社, 1975.
盧重國, 「地方統治組織」『百濟政治史硏究』, 一潮閣, 1988.
全榮來, 「百濟地方制度와 城郭－全北地方을 中心으로－」『百濟硏究』 19, 1988.
金英心, 앞의 논문, 1990; 「6～7세기 百濟의 地方統治體制－地方官을 중심으로－」『韓國古代史硏究』11, 1997; 「百濟의 城·村과 地方統治」『百濟硏究』 28, 1998.
金壽泰, 「百濟의 地方統治와 道使」『百濟의 中央과 地方』, 忠南大百濟硏究所, 1996.
鄭載潤, 앞의 논문, 1992.
朴賢淑, 「百濟 泗沘時代의 地方統治體制 硏究」『韓國史學報』創刊號, 1996 : 「百濟 泗沘時代의 地方統治와 領域」『百濟의 地方統治』, 學硏文化社, 1998.
兪元載, 「百濟의 領域變化와 地方統治」『百濟의 地方統治』, 學硏文化社, 1998.
金周成, 앞의 논문, 1992.
李根雨, 「百濟의 方郡城制 기록에 대한 재검토」『韓國 古代의 考古와 歷史』, 學硏文化社, 1997.
7) 朴賢淑, 앞의 논문, 1998.
徐程錫, 「百濟 5方城의 位置에 대한 試考」『湖西考古學』 3, 2000.
8) 金英心, 「忠南地域의 百濟 城郭 硏究－地方統治와 관련하여－」『百濟硏究』 30, 1999.
9) 李根雨, 앞의 논문, 1997.

제도로 담로제를 상정하고 있는데 이는 백제의 전반적인 지방통치제도의 이해 부족에서 기인하는 것이라 할 수 있다. 물론 5방제의 편제 배경이 지방지배에 대한 취약성을 극복하고 왕권 및 중앙집권력의 강화를 도모하기 위한 것이라는 점과 또한 담로제가 5방제 성립 이전 백제의 지방통치제도로서 일정 역할을 수행하고 있다는 점에는 이의가 없다. 그러나 앞서 살펴본 바와 같이 5방제가 편제되기 이전 백제는 5부제와 담로제가 병존하는 2원적 지방통치체제를 유지하고 있었다.[10]

따라서 기존 견해는 결과적으로 실시배경의 검토 방향에서부터 오류를 범하고 있음을 지적할 수 있다. 그러므로 5방제가 편제되는 배경의 하나로 전대 제도가 내포하고 있던 문제점의 극복이라는 측면을 상정한다면 당시 백제에서 실시되고 있던 이원적 지방통치체제가 백제사에 미친 부정적인 측면이 무엇인지가 검토의 대상이 되어야 한다.

또한 백제의 기존 지방통치제도의 모순을 표출시킴으로써 5방제 성립의 직접적 계기가 되는 역사적 상황에 대한 검토가 미비하였다. 백제는 개로왕대에 고구려 장수왕의 침략으로 국도 한성이 함락당하고 또한 국왕이 패사하면서 영토는 물론 막대한 인적・물적 손실을 겪는 등 국가의 운명은 총체적 위기에 직면하게 된다. 따라서 지방통치조직과

10) 李道學, 「漢城後期의 百濟王權과 支配體制의 整備」 『百濟論叢』 2, 百濟文化開發硏究院, 1990, 309~310쪽.
李鎔彬, 「百濟의 檐魯制 硏究」 『明知史論』 11・12합집, 2000, 63~70쪽.
박현숙 또한 5방제로의 전환 배경을 백제의 이원적 지방통치체제(직접지배와 간접지배)를 극복하고 보다 일원화된 체제로의 지향으로 파악하고 있다. 그러나 氏는 이원적 지방통치체제를 직접지배가 시행되던 담로제 실시지역과 기존의 정치질서를 인정하는 가운데 복속의례를 통한 간접지배를 시행해야만 하는 지역 즉 구마한지역으로 구분하고 있는 점(「百濟 地方統治體制 硏究」, 高麗大大學院 博士學位論文, 1997, 75~85쪽)에서 필자와는 큰 인식 차이가 있다.

군사조직이 일원화되어 있었던 고대사회에서[11] 당시의 역사적 상황은 백제가 새로운 지방통치제도를 편제하는 중요한 배경이 되었을 것임이 자명함에도 불구하고 기존 연구에서는 이러한 역사적 상황에 대한 검토가 부족하였다.

그러므로 백제의 5방제 편제 배경을 설명하기 위해서는 이원적 지방통치체제의 운영과정에서 야기되었던 문제점과 웅진으로의 천도를 전후한 시기의 역사적 상황을 유기적으로 검토하여야 한다.

『삼국사기』에 따르면 온조왕대에 부여 혹은 고구려에서의 역사적 경험을 토대로 지배영역을 행정구획화하기 위하여 설정하였던 5부제[12]는 담로가 처음 편제되는 근초고왕 24년 이후에도 여전히 백제의 주된 지방통치제도로 존속하고 있었다.[13] 또한 이를 통하여 부와 부민에 대한 국왕의 통치행위가 계속되고 있었음을 알 수 있다.[14] 따라서 5부제의 해체를 담보로 담로제가 편제된 것이 아니라 두 제도가 일정 기간 공존하고 있었으며, 오히려 5부제가 백제 지방통치제도의 근간을 이루고

---

11) 4~5세기는 정복전쟁이 계속된 시기로 당시의 고분에서는 무기와 무구류가 대거 출토되고 있으며, 『삼국사기』에 묘사된 왕과 대신들은 대부분 군사적 영웅이나 무장의 성격을 가지고 있다. 또한 신라 통일 이전 문무관 분화의 적극적인 증거도 없으므로 이러한 상황하에서 문신관료 중심의 행정체제를 시행하는 것은 애초에 불가능하였기 때문에 지방행정조직과 군사조직 편제의 중첩은 불가피하였다고 한다(李成珪, 「中國의 分裂體制模式과 東아시아 諸國」 『韓國古代史論叢』 8, 1996, 286~291쪽).

12) 李鎔彬, 「百濟 初期의 地方統治體制 硏究-'5部制'를 中心으로-」 『實學思想硏究』 12, 1999.

13) 李鎔彬, 앞의 논문, 2000, 56~63쪽.

14) 『三國史記』 卷25 百濟本紀3 腆支王 13年 秋9月. "徵東北部二部人年十五已上 築沙口城 使兵官佐平解丘 監役".
『三國史記』 卷25 百濟本紀3 毗有王 2年 春2月. "王巡撫四部 賜貧乏穀 有差".
『三國史記』 卷26 百濟本紀4 東城王 12年 秋7月. "徵北部人 年十五歲已上 築沙峴耳山二城".

있었다. 반면 담로제는 학계의 기존 인식과는 달리 근초고왕의 남방경략 이후 백제의 영토로 편입된 전남 서남해안의 구마한지역과 가야의 일부 지역 등 새로 복속한 지역을 지배하기 위한 특수 목적을 가지고 설정된 것이었다.15) 또한 직접지배를 전제로 중앙에서 왕·후호 수작자와 군 호칭자를 파견하였지만16) 결과적으로는 공납을 매개로 한 간접지배상태가 유지되고 있는 것으로 보아17) 전통적 지배방식인 5부제내에 편입시키지 못하고 있음을 확인할 수 있다. 그러므로 5부제에 대신하여 담로제가 등장하였다는 기존 견해는 담로제 설정 이전 백제 지방통치제도의 미숙성이라는 측면의 부각과 그 이후에 시행되는 제도는 보다 발전적이어야 한다는 선입견이 게재된 결과라 할 수 있다. 따라서 5방제의 편제 배경은 5부제와 담로제의 병존에 따른 즉 백제의 이원적 지방통치체제의 문제점 극복이라는 측면에서 접근하는 것이 타당하리라 여겨진다.

이처럼 담로가 설치된 지역을 직접 지배하기 위해서는 행정구획화가 전제되어야 했지만 그러지 못한 가장 큰 요인은 계속되는 고구려와의 전쟁속에서 영유화 작업을 추진할 여유가 없었던 것이다. 이러한 상황하에서 비록 복속한 이민족이라 하여도 이들이 가지고 있는 강인한 문화적 전통과 정치적 기반을 강제로 해체시키면서 영유화할 경우 오히려 내부의 적을 만들 수 있다는 현실적 판단 때문이었다.18)

그러나 한편으로는 4세기말 삼국간 전쟁의 규모가 커지면서 국가의 안위를 보존하기 위해서는 풍부한 경제력과 공고한 군사력이 절실히

---

15) 李鎔彬, 앞의 논문, 2000.
16) 李鎔彬, 위의 논문, 2000, 97쪽.
17) 朱甫暾, 「新羅의 村落構造와 그 變化」『國史館論叢』 35, 1992, 59~61쪽; 『新羅 地方統治體制의 整備過程과 村落』, 신서원, 1998, 47~49쪽.
18) 李鎔彬, 앞의 논문, 2000, 97쪽.

요구되고 있었다. 이러한 시대적 추세는 궁극적으로 지방에 대한 지배력 강화로 귀결된다 할 수 있다.

백제와 비슷한 통치체제를 유지하고 있었던 고구려의 경우[19] 영역내에는 4세기 이래의 팽창을 통하여 일부 유목민과 삼림 종족 및 漢族을 비롯한 다양한 종족집단이 포함되어 있었으며, 귀속 당시 이들 집단은 각기 다른 역사적 배경을 지니고 있었다.[20] 따라서 고구려의 이종족 집단 지배는 백제가 처한 상황보다도 한층 복잡하였을 것이다. 그런데도 고구려의 중앙은 국제정세의 변화에 능동적으로 대처하기 위하여 이들 집단을 국가의 구성원으로 편입시키고자 부단한 노력을 경주하고 있다. 이를 위하여 소수림왕은 재위 초반부터 율령제를 도입하고[21] 불교를

19) 5세기를 전후한 시기 고구려의 지방통치체제는 나부와 속민지배체제였고, 백제의 경우는 5부와 담로제가 병존한 체제였다. 나부와 5부가 구민을 통치하기 위해서 편제된 제도였다면, 속민지배체제와 담로제는 새로 복속한 지역의 민을 통제하기 위하여 설정된 제도라고 할 수 있다. 따라서 양국간 지방통치제도는 지배방법 등 세부적인 면에 있어서는 차이가 있었겠지만 편제원칙에는 큰 차이가 없었던 것으로 보인다.

20) 노태돈, 『고구려사 연구』, 사계절, 1999, 373쪽.

21) 소수림왕대 반포된 율령은 晉의 泰始律令을 모범으로 하였다는 것이 지배적 견해이다. 그러나 한편으로 율령반포를 전후한 시기 고구려는 오히려 지리적으로 근접해 있던 燕·前秦과 밀접한 관계가 있었으며, 또한 율령을 반포하기 1년전에 있었던 불교의 전래도 동진이 아닌 전진이었기 때문에 반드시 진의 태시율령을 繼受하여 이를 모체로 율령을 반포하지는 않았을 것이라는 견해도 있다(韓容根, 『高麗律』, 書景文化社, 1999, 42~43쪽). 중국의 전통적인 法體系는 刑罰法인 律과 行政法規인 令을 기본으로 하고, 여기에 율·령의 개폐와 補正인 格과 또한 율·령·격의 시행세칙인 式을 합하여 율령격식이라고 한다(朴性鳳, 「高句麗의 漢江流域進出과 意義」 『高句麗 南進經營史의 研究』, 白山資料院, 1995, 378쪽). 율령의 반포는 법제만이 아니라 신분제·관료제·지방통치제도·토지제·재정제·군사제 등 국가제도 전반에 걸친 정비를 전제로 하는 것이었다(朴性鳳, 「廣開土好太王期의 內政整備에 대하여」 『高句麗 南進 經營史의 研究』, 白山資料院, 1995, 278쪽). 그러나 율령반포 이전에도 삼국에는 자체 사회를 유지하는 고유의 관습법

수용하였으며,22) 또한 태학을 설립하는 등 일련의 개혁조치를 실시하였는데 이때 지방통치체제의 재편작업도 빠르게 진행되었을 것으로 보인다.23) 고구려는 이러한 일련의 과정을 거치면서 중앙으로의 권력 집중도를 보다 높이고, 집중된 권력 창구를 일원화하여 이를 효율적으로 운영할 수 있었다.24) 이를 통하여 체제내에서 장기간 생활해온 이종족들의 다양한 사상과 관습법을 보편화 할 수 있었고,25) 결국 흡수·통합에

이 존재하고 있었고, 이러한 전래의 관습규범은 삼국이 국가체제를 정비하고 난 뒤에도 여전히 영향력을 행사하고 있었다(盧重國, 「高句麗律令에 關한 一試論」『東方學志』 21, 1979, 176~178쪽). 따라서 형식은 발달된 중국의 것을 따랐지만 내용상 관습법적인 요소도 상당부분 남아 있었다(고경석, 「삼국시대 民과 奴婢의 신분적 성격」『한국 고대의 신분제와 관등제』, 대우학술총서 489, 2000, 81~82쪽).

22) 율령의 반포가 귀족합의체제의 전통이 온존된 관습법 체제로부터 대왕집권체제를 뒷받침할 성문법 체제로의 전환을 의미한다면 불교의 공인은 분절적인 토착신앙을 극복하고 고등종교의 수용을 통한 통치이념의 집중화를 이루는데 그 목적이 있다. 이 양자는 중앙과 지방의 상대적 독자성을 현실과 이념의 두 측면에서 해소시키는 지표적 현상으로서 이러한 일련의 조치를 통하여 귀족세력에 대한 왕권의 초월화를 초래했을 뿐만 아니라 배타적인 영역발전의 정치적 동인으로 작용하였다고 한다(金瑛河, 「韓國古代社會의 政治構造」『韓國古代史研究』 8, 1995, 54쪽). 물론 이러한 일련의 개혁조치는 이종족 집단을 주대상으로 한 것은 아니지만 결과적으로 많은 영향을 미쳤으리라 여겨진다.

23) 당시 고구려가 지향하던 지방통치체제의 방향은 거점지배에서 권역지배로의 전환(金賢淑, 「高句麗 中·後期 中央集權的 地方統治體制의 發展過程」『韓國古代史研究』 11, 1997, 28~29쪽), 혹은 나부체제와 이종족-속민지배체제라는 이원적 지방통치체제를 청산하고 성·곡지배체제로 전환한 것으로 파악하고 있다(林起煥, 「高句麗初期의 地方統治體制」『慶熙史學』 14, 1987, 56~68쪽).

24) 전호태, 「고분 벽화에 나타난 고구려인의 신분관-5세기 집안지역 고분벽화의 인물도를 중심으로-」『한국 고대의 신분제와 관등제』, 대우학술총서 489, 2000, 131쪽.

25) 이인철, 『고구려의 대외정복연구』, 백산자료원, 2000, 19~20쪽.

성공하는 것으로 보인다.

신라의 경우도 지증왕대 이래 타국과의 주요 접경지역에 전진기지로서의 '小州'를 설치하고 여기에 중앙의 정예군단인 '停'을 배치하여 이를 통해 군사적인 대외 팽창을 조직적으로 추진해 갔다. 또한 새로 팽창된 영역의 군사적 방어는 '소주'를 추진·배치하는 것으로 갈무리하였다. 더 나아가서 신라는 척경지역을 행정적으로 편제하여 영구히 지배하기 위해 소국 단위를 '郡'으로, 소국을 구성하고 있던 읍락단위를 '村'으로 편제하고, 다시 몇 개의 군 단위를 '廣域州'로 묶어 관할하게 하는 '州郡制'체제를 성립시켰다.[26)]

따라서 고구려는 5세기를 전후한 시기에 기존의 나부체제와 속민지배체제라는 이원적 지배체제를 청산하고 城·谷支配體制(또는 성·촌지배체제)라는 일원적 지방통치체제의 구축에 성공하면서 전제 왕권의 확립과 비약적인 영토확장의 토대를 마련할 수 있었다.[27)] 신라 역시 이러한 과정을 통하여 6세기의 척경과 편제의 치열한 경쟁에서 단연 앞설 수 있었던 것이다.[28)] 반면 백제는 6세기를 전후한 시기까지 이원적

---

26) 姜鳳龍, 「신라 中古期 州制의 형성과 운영」『韓國史論』 16, 1987, 100～111쪽.

27) 林起煥, 앞의 논문, 1987, 56～68쪽.
신라는 5세기 중반 이후 즉 눌지왕 36년(452) 이후 자비·소지왕대에는 지방단위의 공납에 관한 기사가 전무하다. 이는 지방관이 파견되면서 일어난 변화로 결국 지방관의 파견으로 재지세력의 독자적인 기능이 약화되고 직접 조세를 수취하게 되면서 복속의례적인 성격의 공납이 소멸되었다고 한다(朱甫暾, 앞의 논문, 1992, 66～67쪽). 반면 蔚珍 鳳坪碑에 보이는 법흥왕의 敎法을 율령으로 추정하면서 공납제적인 간접지배를 받던 지역민들이 신라의 다른 지방민과 비슷한 법률적 처지가 되고 또한 국가가 통치권하에 있는 지역의 모든 사람들을 직접적으로 지배하려는 의지가 관철된 시기를 6세기 전반경으로 보는 견해도 있다(고경석, 앞의 논문, 77쪽).

28) 姜鳳龍, 「三國 및 統一新羅 軍事參與層의 擴大와 軍役制」『百濟硏究』 32, 2000.

통치체제의 한계를 극복하지 못함으로써 지속적으로 반복되는 이들 세력의 이탈과 반란 등의 적대적 행위로 이의 대응에 많은 국력을 소모하고 있다.

『일본서기』 권15 현종기 3년조(동성왕 9년 : 487)에 의하면

> A) 是歲紀生磐宿禰 跨據任那 交通高麗 將西王三韓 整修官府 自稱神聖 用任那佐魯那奇他甲背等計 殺百濟適莫爾解於爾林 [爾林高麗地也] 築帶山城 距守東道 斷運粮津 令軍飢困 百濟王大怒 遣領軍古爾解 內頭莫古解等 率衆趣于帶山攻 於是 生磐宿禰 進軍逆擊膽氣益壯 所向皆破 以一當百 俄而兵盡力竭 知事不濟 自任那歸由是 百濟國殺佐魯那奇他甲背等三百餘人

이라 하여 백제에서 파견한 임나지역 담로의 책임자인 기생반숙네가 임나의 재지수장층으로 백제가 이 지역을 경영하면서 백제의 관직을 수여하고 이들로 하여금 공납과 역역 또는 군사 동원의 책임을 맡겼던 임나좌로나기타갑배[29]의 계략에 속아 반란을 일으키고 있다. 기사의 내용으로 보아 이 사건은 결국 백제의 지배에서 벗어나려는 재지세력들의 계획적이고 조직적인 저항으로 보인다.[30]

또한 『삼국사기』 동성왕 20년(498) 8월조에는

> B) 王以耽羅不修貢賦 親征至武珍州 耽羅聞之 遣使乞罪 乃止[耽羅卽耽牟羅](『三國史記』卷26 百濟本紀4 東城王 20年 8月)

29) 佐魯는 가야지역의 전통적인 邑落渠帥 또는 재지세력의 관직명으로 보이며 甲背는 백제 계통의 관직명으로 파악된다(金泰植, 『加耶聯盟史』, 一潮閣, 1993, 248쪽).

30) 李鎔彬, 앞의 논문, 2000, 90~91쪽.

라고 하여 근초고왕의 남방경략시 복속되었던 탐라[31]가 '不修貢賦'하자 왕이 친정에 나서는데 이때 탐라의 행위는 백제가 웅진으로 천도한 이후 전개되었던 일련의 정치적 혼란기를 틈타 백제의 지배에서 벗어나려는 시도로 보인다. 물론 이들 일련의 사건들은 웅진천도 후 발생한 것이지만 한성시대에도 중앙의 상황 변화에 따라 복속지 이종족들의 반발과 이탈은 지속적으로 반복되었으리라 추측된다. 이처럼 백제가 6세기를 전후한 시기까지 일원화된 통치체제를 구축하지 못하고 있음은 정치적으로는 왕권과 중앙집권력의 한계를 들 수 있다. 또한 정책적으로는 이종족을 통합하려는 노력이 부재하였거나 혹은 그 노력이 실패하였던 것으로 보인다. 따라서 백제는 이들을 지속적으로 감시하고 통제하는데 많은 국력을 소모하였다. 이는 정치적·군사적 역량의 결집에 중대한 장애가 되었으며, 결과적으로 개로왕대 고구려와의 대결에서 일방적 열세에 놓이게 되는 중요한 요인으로 작용하는 것이다.

다음으로 백제는 475년 고구려의 남침으로 국가의 운명이 총체적 위기를 맞이하는데 이는 기존 지방통치제도가 가지고 있는 방어체계상의 문제점과 밀접한 관련이 있음을 지적 할 수 있다.

그러나 4세기 중반이후 백제와 고구려의 대결이 격화되면서 쌍방간 일진일퇴를 거듭하였으며,[32] 또한 개로왕 당대에는 고구려에 선제공격

---

31) 탐라의 위치에 대하여 제주도로 보는 견해와 영산강 유역으로 보는 견해가 있으나 여러가지 정황으로 보아 영산강 유역이 유력하다(李根雨, 「熊津時代 百濟의 南方境域에 대하여」『百濟硏究』 27, 忠南大百濟硏究所, 1997, 53쪽; 李鎔彬, 위의 논문, 2000, 95~96쪽).

32) 그러나 엄밀한 의미로 백제는 근초고·근구수왕 이후 고구려에 밀리는 형국이었다. 아신왕 5년(396) 광개토왕에게 58성 700촌을 빼앗겼고, 또한 아신왕이 광개토왕에게 奴客의 맹서까지 하면서 화해를 요청하는 등 국가적 위기에 직면하기도 하였다. 그러나 이후 개로왕대까지는 어느 정도 세력의 균형을 이루면서 일진일퇴를 거듭하고 있었다고 보여진다.

을 실시하였을 뿐 아니라 고구려의 남침에 대비하여 방어시설의 확충과 군사력을 재배치하는 등 많은 준비를 하고 있었다.[33] 그런데도 백제가 이처럼 일방적으로 패전을 당하게 되는 요인은 대외관계의 실패[34]와 전제정치의 붕괴[35] 등에도 기인하는 바가 크지만 그보다는 오히려 도림과 도미설화 등에 보이는 개로왕의 실정과 무도함을 지적할 수 있다.[36] 그 실정 중 하나로 당시의 지방통치체제가 내포하고 있던 방어체계의 문제점 방치를 상정할 수 있다. 이는 道琳이 개로왕에게 "대왕의 나라는 모두 山岳과 河海이니, 이는 하늘이 베푼 險要요 인위적인 형세가 아니므로 주위의 나라들이 감히 엿볼 생각을 품지 못하고 오직 받들어 섬기기를 원하여 마지 않는다"[37]라고 한 이후 대토목공사 등의 실정을 거듭하고 있는 것으로 보아 고구려 등 외부세력에 대한 대비가

33) 『三國史記』 권25 百濟本紀3 蓋鹵王 15年. "秋8月 遣將侵高句麗南鄙 冬十月 葺雙峴城 設大柵於青木嶺 分北漢山城士卒 戍之".

34) 李昊榮, 『新羅三國統合과 麗·濟敗亡原因硏究』, 書景文化社, 1997, 329~335쪽.

金壽泰, 「百濟 蓋鹵王代의 對高句麗戰」 『百濟史上의 戰爭』, 忠南大百濟硏究所, 2000, 227~234쪽.

35) 『삼국사기』 백제본기 개로왕 13년까지의 기사가 공백으로 되어 있고 동왕 15년 이후의 기사는 대부분 대고구려전과 관련이 있으므로 15년 이전은 개로왕이 전제정치를 확립하기까지의 과정을 생략한 것으로 보인다. 이는 결국 백제가 대고구려전을 위한 정치적 준비작업을 마련한 시기였지만, 그 이후 전제정치가 붕괴되면서 그 결과 고구려가 한성을 침범하는 빌미를 제공하게 되었다고 한다(金壽泰, 앞의 논문, 2000, 225~227쪽).

36) 개로왕은 왕족 중심의 지배체제를 구축하여 왕권의 전제화를 도모해 나가는 과정에서 귀족세력의 숙청이나 성곽과 궁실의 축조, 부왕 능원의 조영, 河堰의 축조 등과 같은 잦은 치수와 토목공사를 濫設하여 국고의 고갈과 민력의 피폐를 가져오게 된다(梁起錫, 「百濟專制王權成立過程硏究」, 檀國大大學院 博士學位論文, 1990, 123~128쪽).

37) 『三國史記』 卷25 百濟本紀3 蓋鹵王 21年 9月. "道琳曰 大王之國 四方皆山丘河海 是天設之險 非人爲之形也 是以四隣之國 莫敢有覦心 但願奉事之不暇".

소홀하였음을 짐작할 수 있다.

이는 신라가 한강유역을 차지한 후 고구려와 백제의 협공으로부터 한강유역을 방어할 수 있었던 요인은 중층적인 방어망과 그 사이에 뻗어 있는 교통로를 통하여 중앙군단과 漢山停(南川停, 北漢山停)이 유기적인 협조하에 있었기 때문이라는 지적[38]을 참조한다면 반대로 백제가 국도를 함락 당한 요인으로 도성방어체계의 허점을 생각할 수 있다.

그러나 앞서 언급한 바와 같이 백제 역시 오랜 기간에 걸쳐 북으로는 고구려로부터 한강유역의 내륙을 지키고 예성강 하구로부터 인천·안산·남양만·아산만에 이르는 긴 해안선을 가진 경기만 지역을 방어하고 있었다. 또한 소백산맥을 경계로 대치하고 있던 신라의 공격을 방어하기 위하여 중요 교통로상의 대성을 중심으로 횡과 종으로 많은 성곽들을 축성하는 등 四圍防禦體制가 구축되어 있었다.[39] 이러한 정황을 고려하면 단시일내에 무기력하게 국도가 함락되었음은 쉽게 납득하기 어려운 점이라 할 수 있다.

C-1) 秋九月 麗王巨璉 帥兵三萬 來圍王都漢城 王閉城門 不能出戰 麗人分兵爲四道挾攻 又乘風縱火 焚燒城門 人心危懼 或有欲出降者 王窘不知所圖 領數十騎 出門西走 麗人追而害之…至是高句麗對盧齊于再曾桀婁古爾萬年等帥兵 來攻北城 七日而拔之 移攻南城

38) 당시 신라의 한강유역 지배체제 및 방어체제는 國原小京(충주)에서 한강 유역으로 부채살 모양으로 펼쳐지는 교통로를 따라서 편제되었다고 한다. 즉 소백산맥 이북의 중요 거점으로는 청주, 진천, 이천, 원주, 단양 등이 설치되고 그 외곽에는 안성, 당항성, 서울, 춘천 등이 최전선 군사기지의 역할을 했으며, 이는 다시 춘천-원주-단양의 죽령로와 당항성-안성-진천-청주-보은의 추풍령로에 의하여 경주와 직통으로 연결되어 있었다고 한다(서영일, 『신라 육상 교통로 연구』, 학연문화사, 1999, 314쪽).

39) 吳舜濟, 「百濟 漢城時期 都城體制의 硏究」, 명지대대학원 박사학위논문, 2000B, 162~309쪽.

城中危恐王出逃 麗將桀婁等見王 下馬拜已 向王面三唾之 乃數其罪 縛送於阿且城下戕之 桀婁 萬年 本國人也 獲罪逃竄高句麗(『三國史記』 卷25 百濟本紀3 蓋鹵王21년)

2) 百濟記云 蓋鹵王乙卯年冬 狛大軍來 攻大城七日七夜 王城降陷遂失慰禮 國王及大后王子等 皆沒敵手(『日本書紀』 卷14 雄略紀 20年)

위의 두 기사는 475년 고구려가 백제의 한성을 함락시키는 동일한 사건을 묘사한 내용으로 고구려가 먼저 北城(『日本書紀』의 大城)을 7일 밤낮 동안 공략한 후 南城(『日本書紀』의 王城)을 함락시키고 있음을 알려주고 있다. 북성과 남성은 대체로 평지 혹은 구능상에 조영된 풍납토성과 몽촌토성으로 비정되고 있다.[40]

그러나 당시의 방어체제는 산성을 중심으로 이루어지고 있었고, 백제 또한 고구려와 마찬가지로 평지성과 산성이 결합하는 도성체제를 가지고 있었다.[41] 그런데도 개로왕을 비롯한 大后·王子 등이 적군을 방어하기에 유리한 입지조건을 갖춘 산성으로 피신하지 못하고 평지성

40) 李道學, 「百濟 漢城時期의 都城制에 관한 檢討」 『韓國上古史學報』 9, 1992, 28~33쪽.
김기섭, 『백제와 근초고왕』, 학연문화사, 300~302쪽.
백제의 하남위례성 즉 왕성으로는 대체로 몽촌토성을 지목하여 왔으나 최근 풍납토성에 대한 부분 발굴이 실시되면서 풍납토성이 왕성이었을 가능성이 강력히 대두되고 있다. 또한 북성을 왕성(河南慰禮城)으로, 남성을 피난성이었던 산성(南漢山城)으로 파악하는 견해도 있다.(吳舜濟, 「경기도 중·북부지방의 고구려산성」 『고구려산성과 해양방어체제 연구』, 백산자료원, 2000A, 355쪽; 앞의 논문, 2000B, 47~48쪽)

41) 백제가 평지성과 산성이 결합하는 성제를 갖추게 되는 시기는 근초고왕이 한산으로 천도했던 시기(371)부터로 그 源流는 고구려이지만 丘陵性 山城을 배후에 배치하는 체제는 현지 지형을 이용한 축성기법으로 고구려보다 한 단계 더 발전한 것이라 한다(成周鐸, 「百濟都城築造의 發展過程에 對한 考察」 『百濟研究』 19, 1988, 65~68쪽).

에서 저항하다가 고구려군에게 몰살당하고 있다. 이는 백제가 적군의 침입을 전혀 예상하지 못하고 있었던 것이 아닌가 짐작된다. 물론 개로왕이 산성으로 피신하지 않은 것은 왕이 위험에 직면하였다 하여도 도성을 비우는 것이 국가적으로 대단한 손실을 가져오기 때문이라는 견해도 있다.42) 그러나 세가 절대적으로 불리함에도 다만 명분 때문에 적군의 공격을 효과적으로 차단할 수 있는 산성으로 피신하지 않고 평지성을 고수한다는 것은 상식적으로 이해하기 어렵다.

D) 高句麗擧兵來 王聞之 伏兵於浿河上 俟其至急擊之 高句麗兵敗北冬王與太子帥精兵三萬 侵高句麗 攻平壤城 麗王斯由力戰拒之 中流矢死王引軍退 移都漢山(『三國史記』卷24 百濟本紀2 近肖古王 26年)

이 기사에 따르면 평양성 전투에서 고구려의 고국원왕을 전사시키고 퇴각한 백제 근초고왕이 고구려의 보복을 우려하여 도읍을 한산43)으로 옮기고 있다.44) 이는 백제가 시세에 따라 산성을 적절히 운영하고 있었

---

42) 『삼국사기』 신라본기에도 왜인과 왜병이 왕도를 빈번히 침탈하는 데도 불구하고 왕이 왕성인 월성을 굳게 지키고 있는 것으로 보아 외부의 침입에 의한 위험이 상존하여도 왕이 산성으로 피신하는 것은 있을 수 없는 일이라 한다(金起燮, 앞의 책, 2000, 301쪽).

43) 『삼국유사』 권1 왕력 근초고왕조에는 "移都北漢山"이라 하여 한산을 북한산이라고 하였지만 현재 한산의 위치에 대하여는 북한산성(李道學, 「百濟漢城時期의 都城制에 관한 檢討」 『韓國上古史學報』 9, 1992, 32~33쪽)·남한산성(成周鐸, 「漢江流域 百濟初期 城址硏究－夢村土城·二聖山城 調査와 文獻과의 比較檢討－」 『百濟硏究』14, 忠南大百濟硏究所, 1983, 115~117쪽; 앞의 논문, 1988, 59쪽)·검단산(金侖禹, 「河北慰禮城과 河南慰禮城考」 『韓國古代史』 2, 檀國大史學會編, 1994, 201~219쪽)·이성산성(崔夢龍, 「夢村土城과 河南慰禮城」 『百濟硏究』 19, 1988, 10쪽) 등 연구자간 의견이 분분한 편이다.

44) 근초고왕이 한산으로 도읍을 옮긴 것은 고구려의 보복을 우려하였기 때문이 아니라 오히려 고구려가 南進經營을 위하여 평양천도를 단행하였듯이

음을 보여주는 자료라 할 수 있다. 이러한 예는 신라의 경우에서도 확인할 수 있다.

E) 十七年 秋八月 高句麗王巨連 親率兵攻百濟 百濟王慶 遣子文周救援 王出兵救之 未至百濟已陷 慶亦被害 十八年 春正月 王移居明活城 (『三國史記』卷3 新羅本紀3 慈悲麻立干)

신라의 도성도 고구려나 백제와 마찬가지로 평지성인 月城과 산성인 明活城으로 구성되어 있었음은 잘 알려진 사실이다.45) 따라서 위의 기사는 고구려의 백제 침공시 백제의 요청에 의하여 구원군을 파견하였던 신라가 이후 있을지 모르는 고구려의 보복 공격에 대비하여 평지성인 월성에서 산성인 명활산성으로 移居하고 있음을 보여주고 있다.46) 따라서 이들 사례를 통하여 산성이 외세의 위협에 직면하였을 경우 방

백제 역시 승세를 타고 대고구려전을 주도하기 위한 북진책의 일환으로 좀 더 북쪽인 한강이북의 산성 즉 북한산성으로 이동한 것이라는 견해도 있다(李道學, 위의 논문, 1992, 32쪽).

45) 車勇杰, 「泗沘都城의 築城史的 位置」『사비도성과 백제의 성곽』, 서경문화사, 2000, 63쪽.
도성이 평지성과 산성으로 구성된 것은 비단 백제・신라・고구려 뿐 아니라 함안의 아라가야・고령의 대가야・김해의 금관가야 등 가야지역에서도 확인되고 있다(李賢惠, 「金海地域의 古代 聚落과 城」『韓國古代史論叢』 3, 1996, 177~179쪽). 따라서 당시 도성의 보편적 구조는 평지성과 배후 산성이 결합된 형태라 할 수 있다.

46) 이후 신라는 소지왕 10년(488) 월성으로 다시 移居할 때까지 약 12년간 명활산성에 머무르고 있다. 또한 자비왕에서 소지왕에 이르는 시기에는 고구려의 남진에 대비하여 활발한 축성사업을 전개하고 있었다. 이는 방어상의 목적뿐 아니라 지방지배체제의 정비와 아울러 대고구려 공격을 염두에 두고 있었다는 지적(李賢惠, 위의 논문, 1996, 176쪽: 서영일, 앞의 책, 88쪽)을 참고한다면 명활산성에 移居한 목적이 고구려의 침입에 대비하기 위한 것임은 의심의 여지가 없다.

어의 중심축 역할을 하고 있었음을 확인할 수 있다.

또한 앞서 살펴본 바와 같이 백제는 도성을 방어하기 위하여 중요 교통로상[47]의 대성을 중심으로 중층적 방어체계가 구축되어 있었다.[48] 특히 오랜 적대적 관계에 있었던 고구려의 침입에 대비하여 만반의 준비를 하고 있었다. 따라서 고구려군이 백제의 수도를 공략하기 위하여는 중층적인 저지선을 돌파하여야만 하였다. 이는 많은 시간과 인적·물적 피해가 수반되어야 만이 가능할 만큼 지난한 일이라 할 수 있다.[49]

고구려가 정상적인 교통로를 따라 백제의 한성에 이르기 위하여는 통상 예성강의 금천, 토산, 평산지역에서 개성을 지나 임진강을 건넌 후 각각 통일로·의정부·양주·남양주 방향을 거쳐야 하였다.[50]

---

47) 특히 한강 하류의 교통로는 백제 초기 마한소국에 대한 정복, 말갈과의 전투, 대고구려 방어전략의 차원에서 정비되었을 것으로 추정된다(서영일, 위의 책, 310~311쪽).

48) 한성시대 왕도의 방어체제를 C1)에 근거하여 '남성'과 '북성'으로 구성된 '남북성체제'로 보면서 중층적 방어체제(위성방어체제)는 웅진 천도 이후에 이르러서야 고구려 침공시 드러난 왕도방어체제의 허점을 보완하기 위하여 구축되었다는 견해도 있다(徐程錫, 「公州地域의 山城」『國立公州博物館紀要』創刊號, 2001, 122~124쪽). 그러나 백제는 이미 한성시대부터 고구려의 남진에 대비하여 1차 저지선을 예성강, 2차 저지선을 임진강, 최후 방어선을 한강으로 정하고 이러한 강의 북안과 남안에 많은 성곽을 배치하고 교통의 요로에 성곽들을 축조하는 등(오순제, 앞의 논문, 2000A, 243쪽) 이미 한성시대부터 중층적 방어체계가 구축되어 있었다.

49) 중요 교통로마다 포진하고 있는 성곽 등의 방어시설을 격파하면서 진격해야하는 육로공격은 많은 시간이 소요되므로 큰 부담이 동반되었으리라 여겨진다(李道學, 「古代國家의 成長과 交通路」『國史館論叢』74, 1997, 158쪽).

50) 통일로 방향은 개성－파주－고양－서울－백제도성, 의정부 방향은 연천－전곡－동두천－의정부－서울－백제도성, 양주 방향은 개성－장단－적성－양주－의정부 혹은 남양주－백제도성, 남양주 방향은 철원－영평－포천－남양주－백제도성에 이르는 루트인데 이 중 남양주 루트가 최단거리였기

그런데도 고구려의 3만 대군이 백제의 국도에 이르러 한성을 사방에서 포위하고 공략할 때까지 백제군의 별다른 저항은 보이지 않고 있다. 또한 개로왕을 비롯한 왕족과 지배층 등이 사전에 산성 등으로 피신하지 못하고 죽임을 당하는 것으로 보아 고구려군의 침공을 백제가 사전에 전혀 인지하지 못한 것 같다. 그만큼 고구려의 백제 침공은 전혀 예상하지 못한 방향에서 전격적으로 진행된 것으로 판단되며, 결국 고구려가 백제 방어전략의 허실을 간파하고 있었음을 알 수 있다.[51] 이와 유사한 예로 4세기 중반 고구려와 전연과의 대결을 들 수 있다.

F) 冬十月 燕王皝遷都龍城 立威將軍翰請先取高句麗 後滅宇文 然後中原可圖 高句麗有二道 其北道平闊 南道險狹 衆欲從北道 翰曰虜以常情料之 必謂大軍從北道 當重北而輕南 王宜帥銳兵 從南道擊之 出其不意 北[丸]都不足取也 別遣偏師 出北道 縱有蹉跌 其腹心已潰 四支無能爲也 皝從之 十一月 皝自將勁兵四萬 出南道 以慕容翰慕容覇爲前鋒 別遣長史王寓等 將兵萬五千 出北道以來侵王遣弟武 帥精兵五萬拒北道 自帥羸兵 以備南道 慕容翰等先至戰皝以大衆繼之 我兵大敗左長史韓壽斬我將 阿佛和度加 諸軍乘勝遂入丸都 王單騎走入斷熊谷將軍慕輿埿 追獲王母周氏及王妃而歸會 王寓等戰於北道 皆敗沒 由是皝不復窮追 遣使招王 王不出 皝將還…(『三國史記』卷18 高句麗本紀6 故國原王 12年 冬10月)

때문에 가장 많이 사용된 고구려의 南進經路라 한다(吳舜濟, 앞의 논문, 2000B, 179~181쪽).

51) 광개토왕은 永樂 6년인 396년에 백제에 대한 정벌을 성공적으로 수행하고 있다. 여기에는 첩보전과 기만술이 전제되지 않고서는 감행하기 어려운 상대방의 의표를 찌르는 수군작전이 주효하였다고 한다. 즉 광개토왕릉비문에 의하면 광개토왕이 직접 수군을 이끌고 한강을 건너 일제히 상륙하여 백제왕성을 포위 · 함락시켜 백제 아신왕의 항복을 받아내었는데 이는 속전속결에 의한 기습전이었기에 가능하였다고 한다(李道學, 앞의 논문, 1997, 158쪽).

이라 하여 342년 전연은 사전에 고구려 침공로를 검토하여 고구려의 방어망이 북도에 편중되어 있음을 간파하고 고구려의 주력군을 피하여 환도성까지 진격할 수 있는 남도에 대군을 파견함으로써 별다른 저항 없이 수도를 공략할 수 있게 된다.52) 이는 고구려의 입장에서 보면 적군의 침공로를 오판했다는 작전상의 오류와 방어체제가 북도에 편중되어 있었고, 또한 지역별 연계가 원활하게 이루어지지 못하고 있었음을 의미한다.53) 따라서 475년 고구려가 백제의 한성을 공략할 때에도 통상 사용되던 교통로를 이용한 것이 아니라 백제가 전혀 예상하지 못한 침공로를 선택한 것이라 할 수 있으며 다음과 같은 두가지 가능성을 상정할 수 있다.

먼저 당시 고구려 장군으로 참전한 再曾桀婁와 古爾萬年의 역할이다. 이들은 본래 백제인으로 개로왕 연간에 있었던 중대한 정치적 문제에 연루되어 죄를 짓고54) 고구려로 망명한 것으로 보인다. 이들은 백제에서도 고위직에 있었으므로 내부사정에 정통했고, 또한 백제의 대고구려 방어체제도 잘 인지하고 있었기 때문에 장수왕이 이들을 선봉에 세

---

52) 북도와 남도의 경로에 대하여는 余昊奎, 「3세기 후반~4세기 전반 고구려의 교통로와 지방통치조직－南道와 北道를 중심으로－」『韓國史硏究』 91, 1995 참조.

53) 남도는 길이 험하고 좁은데 비하여 북도는 평탄하였기 때문에(이도학, 앞의 논문, 1997, 155쪽) 고구려의 방어체제가 남도보다는 북도에 편중된 것으로 보인다.

54) 『삼국사기』 권25 백제본기3 개로왕 즉위년부터 14년까지의 기록이 공백으로 되어있는 것에 주목하여 개로왕 즉위 초에 어떤 정변이 있었을 가능성이 크며(千寬宇, 「三韓의 國家形成」 下 『韓國學報』 3, 1976, 139쪽), 이 정변은 개로왕이 이전까지 쇠미해 있던 왕권을 강화하고 확립하고자 하는 목적에서 단행한 것으로(盧重國, 『百濟政治史硏究－國家形成과 支配體制의 變遷을 中心으로－』, 1988, 143쪽) 古爾萬年과 再曾桀婁는 개로왕의 왕권강화 정책에 반발하여 고구려로 망명한 당시의 유력한 귀족세력으로 보인다(신형식, 『百濟史』, 이화여대 출판부, 1992, 155쪽).

운 것이었다.[55] 그러므로 고구려군은 이들을 향도로 삼아 백제 방어망의 허점 지역을 침공로로 선택함으로써 백제군의 별다른 저항없이 백제의 왕도에 이르렀던 것으로 보인다. 개로왕은 고구려의 공격시 상황의 불리함으로 인하여 왕성에서 탈출하여 도주하다가 생포 당하는데 이는 아마도 이들이 왕성의 구조를 잘 알고 있었으므로 도주로를 예상하고 있었기 때문이 아닌가 한다.

다음으로 고구려군이 四道에서 협공을 하였다는 점으로 미루어 보아 침공로가 다양하였음을 능히 짐작할 수 있다. 이때 상정할 수 있는 침공로는 백제로서는 전혀 예상할 수 없었던 즉 북에서 남으로의 정상적인 침공로를 이용한 것이 아니라 남에서 북으로 거슬러 올라오는 逆侵攻路를 이용하였을 가능성이다. 이러한 가능성은 백제의 남동쪽에 위치한 충주 즉 國原城이 고구려에 의하여 설치된 시기가 475년 고구려의 한성 함락 이전에 이루어졌다는 견해[56]에 근거한 것이다. 남정에 참여한 고구려의 주력군이 백제의 영역을 우회하는 교통로 즉 광개토왕이 5만의 병력으로 신라에 침입한 왜를 구원할 때 사용되었고, 또한 이후 신라가 고구려로부터 10군을 공취할 때 사용하였던 교통로인[57] 철원－화천－춘천－홍천－원주를 거쳐 충주(國原城)에 이른 후 다시 충주－

---

55) 吳舜濟, 앞의 논문, 2000B, 243～244쪽.

56) 李道學, 「永樂 6年 廣開土王의 南征과 國原城」 『孫寶基博士停年紀念 韓國史學論叢』, 知識産業社, 1988, 104～105쪽.
田中俊明, 「新羅中原小京의 成立」 『中原文化國際學術會議 結果報告書』, 忠北大學校 湖西文化硏究所, 1996, 75～76쪽.
이도학은 396년 고구려 광개토왕의 남정시 백제로부터 할양받은 남한강 상류지역은 신라와 가야의 경영과 밀접한 연관이 있었다고 하면서 고구려가 소백산맥 이남 지역의 진출 통로를 확보할 목적으로 광활한 보급·수송로인 그 이북의 충주와 제천을 비롯한 강원도 내륙지역을 장악한 것으로 보고있다(李道學, 앞의 논문, 1997, 159쪽).

57) 서영일, 앞의 책, 311쪽.

장호원－이천－광주로 거슬러 올라와 백제 주력군의 배후를 급습하였을 가능성도 배제할 수 없다.[58] 이럴 경우 장호원－이천－廣州를 연결하는 교통로상에 있었던 백제의 방어체계는 고구려군에게 배후를 급습당하면서 무력화되었을 것이다. 따라서 개로왕이 고구려군의 침입으로 위험을 맞이하는 상황 하에서도 배후 산성으로 옮기지 못하고 있음은 국원성에서 거슬러온 고구려군에게 이미 퇴로가 차단되었기 때문일지도 모른다.

결국 백제가 고구려에게 참패를 당하는 요인은 군사적 열세에 그 요인이 있었다기보다는 내부적으로는 방어체계가 한강 이북지역에 집중되고 있었다는 편중성과 지역별 연계가 미흡하다는 점을 들 수 있다. 외부적으로는 이러한 방어체계의 허실을 고구려에게 간취당함으로써 침공로를 전혀 예상하지 못하고 있었다는 것을 그 중요 요인으로 지적할 수 있다.

이상에서 살펴본 바와 같이 백제가 5방제를 실시하게 되는 배경은 전대의 이원적 지방통치체제 즉 5부제와 담로제가 상존함으로써 발생하는 국력의 분산이라는 문제점을 극복하여 전 통치영역을 직접 지배화함과 동시에 475년 대고구려전에서 노출된 방어체제의 문제점을 보완하기 위한 것임을 알 수 있었다. 그러나 일반적으로 행정구역의 편성은 지리적 조건이나 인구밀도 등을 고려하여 설정되는 것이 보통이므

58) 혹은 國原城에 주둔하고 있었던 고구려군이 사전 전략에 따라 백제의 도성을 향하여 북진한 후 본진과 함께 백제를 공격했을 가능성도 있다. 국원성은 육상과 수상 교통로가 연결되는 요충지로 고구려의 별도가 설치되어 있었으며, 신라의 진흥왕대에는 國原小京이 또한 통일후에는 5소경의 하나인 中原小京이 설치되는 등 그 전략적 중요성이 매우 높은 지역이었다. 또한 당시에는 고구려가 신라와 가야지역으로 진출하기 위한 교두보 역할을 하였으므로(李道學, 앞의 논문, 1997, 160~161쪽) 상당수의 병력이 주둔하고 있었을 것이다.

로 고대에 편성된 행정구역이 오늘날까지 큰 변동이 없는 경우가 많다. 따라서 5방제가 전대의 제도와 전혀 무관한 새로운 제도의 편제라 할 수 없으며, 백제 초기의 5부는 5방제하 방의 근간이 되는 것이다. 따라서 이전 백제의 지방통치제도를 담로로 파악하고 이들을 중앙정부의 통제하에 두기 위하여 몇 개의 담로를 하나의 범주로 묶어 중앙정부의 통치력 특히 군사적 측면에서의 통치력 강화를 위하여 상위의 행정구획으로서 方을 설치한 것이라는 견해[59]는 받아들일 수 없다. 오히려 백제에는 5부라는 상위 행정구획이 설정되어 있었다. 따라서 5방제의 가장 큰 특징은 부－성·촌제의 2단계 지방통치조직과 담로제를 일원화하는 과정속에서 이들을 지역별로 새롭게 조직하여 부와 성·촌 사이에 중간단계의 통치조직을 새로이 편제함으로써 部(方)－郡－城制의 3단계 통치조직으로의 전환으로 보아야 한다.

『일본서기』에 보이는 백제인중 인명에 상·하·전·후·중부 등 부명을 관칭한 인물들이 519～554년까지 보이고 있다. 이들은 대체로 왕도 5부에 거주하던 지배층으로 보인다. 반면 방위명 부를 관칭한 인물은 552년에 처음 보이다가 이후 백제 멸망기에 집중적으로 나타나고 있다.[60] 이 점을 554년 이후 상·하부 등과 같은 부명이 사라지는 것을

59) 金英心, 앞의 논문, 1990, 99쪽.

60) 『三國史記』 卷44 列傳4 黑齒常之. “黑齒常之百濟西部人”.
『三國史記』 卷28 百濟本紀6 義慈王 20年 6月. “國本有五部 三十七郡 二百城 七十六萬戶”.
『三國史記』 卷28 百濟本紀6 義慈王 20年 龍朔 元年 3月. “迎古王子夫餘豊嘗質於倭國者立之爲王西北部皆應”.
『三國遺事』 卷5 惠現求靜. “釋惠現…初住北部修德寺”.
『舊唐書』 東夷傳 百濟. “其國舊分爲五部統郡三十七城二百戶七十六萬”.
『新唐書』 東夷傳 百濟. “其平國五部三十七郡二百城戶七十六萬”
『通典』 邊防門 東夷 百濟. “舊有五部分統三十七郡二百城七十六萬戶”

수도의 행정적 성격이 강화되면서 기존의 族的인 기반을 나타내 주던 부명에서 점차 방위에 따라 지역을 구분하는 부명으로 변화되어 간 것으로 보는 견해[61]도 있다. 하지만 백제 멸망기에 보이는 방위명 부는 대부분 전국을 구분한 행정구역을 표시한 것으로 보인다. 그렇다면 백제말의 기록에서 방과 부가 혼용되는 것은 단순히 사료 찬자들의 혼란으로 보기보다는 어느 시기엔가 방이 부로 전환되었음을 보여주는 것이며, 이는 결국 부가 방의 모체가 되었음을 방증하는 한 사례라 할 수 있다.

방이 부로 변하는 시기를 정확히 알 수는 없지만 상·하부와 방위명 부가 혼용되는 552~554년 혹은 백제의 멸망기에 집중되는 것으로 보아 백제 말기의 정치적 개혁과 좀 더 깊은 관련이 있을 것으로 보인다. 이와 관련 7세기 전반기 무왕대에 왕권의 전제화 과정과 더불어 중앙통치기구에 대한 개편이 시행되고 있는데,[62] 당시 지방통치제도에 대한 부분적인 개편을 상정할 수 있다.

2. 5方制의 成立時期

백제의 5방제는 중국측 사서에 비교적 자세히 기술되어 있으므로[63]

---

61) 鄭載潤, 앞의 논문, 1992, 520쪽.

62) 梁起錫, 「百濟 泗沘時代의 佐平制 硏究」『忠北史學』 9, 1997, 17~23쪽.

63) 5방제 관련 사서들의 편찬시기와 그 성격 등에 대하여는 다음의 저서와 논문 등이 참고된다.
俞元載, 『中國正史 百濟傳 硏究』, 學硏文化社, 1993, 13~130쪽.
李根雨, 「百濟의 方郡城制 관련사료에 대한 재검토」『韓國 古代의 考古와 歷史』, 學硏文化社, 1997, 343~356쪽.
金英心, 「6~7세기 百濟의 地方統治體制－地方官을 중심으로－」『韓國古代史硏究』 11, 1997, 74~79쪽.

이들 자료를 근거로 5방제의 조직과 통속관계, 편제지역 등에 대한 이해의 폭을 넓힐 수 있었다. 따라서 백제사상 존속하였던 다른 지방통치제도 즉 초기 5부제와 담로제 등에 비하면 연구자간 인식 차이가 그다지 심하지는 않다.

그런데도 중국정사 동이전의 서술태도가 이민족에 대한 기술은 요약형식의 정제된 자료만을 남기고 있다는 지적[64]에서 알 수 있듯이 5방제의 구체적 실상을 파악하기에는 일정한 한계를 내포하고 있으므로 各論에 있어서는 아직도 많은 논란이 진행되고 있다. 특히 본 절에서 살펴보고자 하는 5방제의 성립 시기와 관련 직접적으로 언급된 바가 없기 때문에 이들 중국사서의 편찬시기와 성격에 대한 검토, 『일본서기』 등 여타 사료의 단편적인 기사의 분석 혹은 백제가 처한 시대적 정황 등의 간접적 방법을 통하여 그 실시 시기의 단초를 찾고자 하였다. 그 결과 현재까지 제기된 견해를 정리하면 아래와 같다.

첫째, 5방제는 백제가 웅진에서 사비로 천도하는 시기에 이루어 졌다는 견해로 『양서』 백제전의 담로관계 기사가 성왕의 즉위년(518)과 중대통 6년(534) 기사 사이에 기록되어 있어[65] 담로제의 하한을 무녕왕대로 볼 수 있으며,[66] 또한 5방제에 관하여 가장 체계적으로 기술한 것

---

64) 金英心, 앞의 논문, 1997, 72쪽.

65) 『梁書』 卷54 列傳48 諸夷 百濟傳. “(普通)五年 隆死 詔復以其子明爲持節都督百濟諸軍事綏東將軍百濟王 號所治城曰固麻 謂邑曰檐魯 如中國之言郡縣也 其國二十二檐魯 皆以子弟宗族分據之 … 中大通六年 大同七年 累遣使獻方物 …”.

66) 盧重國, 앞의 책, 247~248쪽.
노중국을 포함한 많은 연구자들이 담로 관련기사가 『양서』 백제전의 普通 5년(524 : 聖王 2년)과 中大通 6년(534, 성왕 12년) 사이에 기록되어 있다고 하여 이를 근거로 당시 백제의 지방통치제도를 담로제로 보고 있다. 그러나 『양서』 백제전이 『양직공도』 백제국사조의 내용을 답습하면서 『양직공도』 편찬 이후에 발생한 백제와 양과의 외교 관련기사는 양의 정사를 편찬하는

으로 보이는 『주서』에 사비 천도 이전의 수도였던 웅진이 북방으로 나오고 있으므로 웅진성이 북방이 되기 위해서는 사비로 천도가 이루어진 이후에나 가능하다는 것이다.[67]

둘째, 『일본서기』 흠명 4·5년조에 나오는 군령성주 명칭에 주목하여[68] 적어도 6세기 중반 즉 사비천도기에는 5방제가 확실히 시행되고 있었고[69] 『일본서기』 현종 3년(487)조에 보이는 領軍, 즉 5방에 두어진 군대인 方領軍에서 方領의 존재가 확인되므로[70] 방이라는 구획 또한 웅진기부터 이루어졌을 가능성을 배제할 수 없다고 하였다.[71] 즉 5방이라는 행정구획의 성립과 군이 담로의 기능을 계승한다는 점에서 볼 때

입장에서 다른 사서를 참고하여 그 뒤에 첨가함으로써 구성상 외교관련 기사 속에 포함된 것처럼 보이게 된 것이다. 따라서 양서의 담로 관련기사가 보통 5년과 중대통 6년 사이에 기재되어 있다고 하여 22담로가 520~530년대에 백제의 지방통치제도로 존속하고 있었다는 견해는 재고를 요한다. 이에 대한 자세한 논고는 李鎔彬, 앞의 논문, 2000, 42~49쪽 참조.

67) 盧重國, 위의 책, 247~248쪽.
鄭載潤, 앞의 논문, 1992, 521쪽.
金周成, 앞의 논문, 1992, 41쪽.
金壽泰, 「百濟의 地方統治와 道使」『百濟의 中央과 地方』, 忠南大百濟研究所, 1996, 134쪽.
田中俊明, 「百濟 地方統治에 대한 諸問題-5~6세기를 중심으로-」『百濟의 中央과 地方』, 忠南大百濟研究所, 1996, 181쪽.
兪元載, 「百濟의 領域變化와 地方統治」『百濟의 地方統治』, 學研文化社, 1998, 32~33쪽.

68) 『日本書紀』 卷19 欽明 4年 冬11月. "丁亥朔 甲午 遣津守連 詔百濟曰 在任那之下韓 百濟郡令城主 宜附日本府".
『日本書紀』 卷19 欽明 5年 2月. "後津守連 遂來過此 謂之曰 今余被遣於百濟者 將出在下韓之 百濟郡令城主".
『日本書紀』 卷19 欽明 5年 11月. "猶於南韓置郡令城主者 豈欲違背天皇 遮斷貢調之路 …".

69) 金英心, 앞의 논문, 1997, 76~77쪽,

70) 사료 A) 참조.

71) 金英心, 앞의 논문, 1990, 70~71쪽.

사비 도읍기 이전 단계, 다시 말하면 담로에 의한 지역지배가 행하여졌던 때부터를 5방제가 확립되어 가는 일련의 과정으로 이해하고 있다.72)

셋째, 5방의 편제를 성왕의 사비천도(538) 이후에 이루어진 지방제도의 정비과정으로 보는 견해이다. 특히 신라의 한강유역 장악과 관산성 전투를 통한 나제동맹의 결렬은 6세기 후반 삼국의 항쟁을 일시적 소강상태로 돌입케 하였는데 위덕왕대는 이러한 틈을 타서 국가 통치체제를 새롭게 정비함으로서 내적 충실을 기하였으며, 당시 방의 편제와 함께 기존의 담로가 군의 모습으로 변모된 것으로 파악하고 있다.73)

넷째, 위의 견해들과는 달리 5방제에 관련된 중국 사서들의 기술은 시간적인 흐름 위에서 파악하여야 하기 때문에 6세기 전반부터 점진적인 변화과정을 거치면서 성립된 것으로 보아야 하며, 사비시대의 개시와 더불어 곧 바로 완성된 형태로 시행된 것은 아니라는 의견이다. 이는 방이 성립된 『주서』의 단계, 방－군의 통속관계가 확정되어 군에 군장(군령)이 파견되고 그 밖의 諸小城에 도사(성주)가 설정되기는 하였으나 군과 성의 구별이 명확하지 않았던 『翰苑』 所引 『括地志』의 단계, 方佐가 설치되는 『수서』의 단계, 그리고 『구당서』 등에 보이는 바와 같은 6방 및 군・성(혹은 현)이 확립된 시기의 단계로 변화한 것으로 보고 있다.74)

따라서 5방제의 성립시기는 대체로 웅진시기, 사비천도를 전후한 시기, 사비천도후 위덕왕대, 6세기 전반부터 점진적인 변화 과정을 거치면서 성립되었다는 견해가 있음을 알 수 있다.

72) 金英心, 위의 논문, 1990, 99～100쪽.

73) 朴賢淑, 「百濟 泗沘時代의 地方統治와 領域」『百濟의 地方統治』, 學研文化社, 1998, 176～177쪽.

74) 李根雨, 앞의 논문, 1997, 357～359쪽.

그러나 앞장에서 살펴본 바로는 5방제의 성립이 전대 지방통치제도의 문제점 즉 이원적 통치제도로 말미암은 국력의 분산과 외부세력의 침입시 드러났던 방어체제의 문제점을 극복하기 위함에 그 배경을 두고 있었다. 따라서 어떠한 형태로든 웅진 천도 이후 오래지 않은 시기에 새로운 제도의 필요성이 대두되었을 개연성은 충분히 있으리라 추측된다.

백제는 개로왕이 패사한지 불과 한달만에 웅진으로의 천도를 단행하는데 당시 고려된 가장 중요한 요건은 고구려의 침입을 효과적으로 방어할 수 있는 관방 요충지로서의 입지조건을 갖추고 있어야 한다는 것이었다. 따라서 지리적 천험으로 군사상의 요지였던 웅진을 새로운 수도로 선택하였던 것으로 보인다.[75]

그러나 웅진이 방어에는 유리한 점이 있으나 수도가 들어서기에는 너무 협소하고 그 자체가 고립된 내륙의 오지였다.[76] 그러므로 백제의 사비 천도는 고구려의 위협을 어느 정도 극복한 이후 국가의 부흥을 도모하기 위하여 정치적·군사적·경제적·외교적 여건 등을 고려하여

---

75) 盧重國, 앞의 책, 149쪽.
웅진으로의 천도는 입지조건에 대한 고려 외에도 특정세력이 연결되어 웅진 천도를 적극적으로 유치하고 나선 결과로 즉 천도를 계기로 기존의 眞·解氏勢力을 배제하고 정치 권력을 장악하려던 木氏勢力이 웅진에 토착세력기반을 두고 꾸준히 성장하고 있었던 苩氏勢力과의 제휴(梁起錫, 「百濟專制王權成立過程硏究」, 단국대대학원 박사학위논문, 1990, 130~133쪽) 가능성도 간과할 수 없다.

76) 申瀅植, 『百濟史』, 이화여대 출판부, 1992, 168~169쪽.
李基東, 『百濟史硏究』, 一潮閣, 1996, 27~28쪽.
또한 우기가 되면 반복되는 웅진지역에 대한 금강의 범람도 사비 천도의 주요인으로 작용하였다고 한다(沈正輔, 「百濟泗沘都城의 築造時期에 대한 一考察」『東北아시아의 古代都城』, 1996, 101쪽; 「百濟泗沘都城의 築造時期에 대하여」『사비도성과 백제의 성곽』, 서경문화사, 2000, 93쪽).

단행한 것이므로[77] 비록 성왕대에 실행되었다 하여도 치밀한 계획과 많은 노력이 소요되는 일이었다. 따라서 사비로의 천도 계획은 중앙뿐 아니라 지방의 위상 및 위치 변화를 동시에 초래하기 때문에[78] 왕도와 지방에 대한 새로운 제도의 준비와 동시에 이루어졌을 가능성이 크다. 그러므로 사비도성의 축조 시기 및 왕도 5부제의 실시 시기에 대한 검토를 통하여 5방제의 실시 시기를 짐작할 수 있으리라 여겨진다.

泗沘都城과 羅城의 축조시기와 관련하여 사전 계획에 의거 축성되었다는 데에는 대체로 의견을 같이 하면서도 축성의 시작과 완성 시점에는 견해 차이가 있다. 다만 최근 부소산성 東門址에 대한 발굴조사 결과 梁 武帝의 연호로 527~528년 2년간만 사용된 '大通'銘이 印刻된 瓦片이 발견되었는데 이와 같은 '대통'명 瓦는 공주 班竹洞 소재 大通寺址에서 다수 수습된 바 있어 웅진시대의 瓦임이 확실하다고 판단된다.[79] 따라서 사비도성의 조성이 이미 웅진시대에 시작되었음을 알 수 있으며, 扶蘇山城의 시축시점에 대해서 사비천도 이전에 이미 축조되어 있었을 가능성이 높은 것으로 보인다.[80] 또한 나성의 축조 역시 부소산

77) 백제가 웅진에서 사비로 천도한 요인에 대한 자세한 검토는 申瀅植, 위의 책, 1992, 168~169쪽 참조.

78) 田中俊明, 「百濟 地方統治에 대한 諸問題-5~6세기를 中心으로-」, 『百濟의 中央과 地方』, 忠南大百濟硏究所, 1996, 164쪽.

79) 朴淳發, 「百濟 都城硏究」 『百濟歷史再現團地造成 調査硏究報告書』 考古美術分野 1, 忠淸南道, 1996, 172~176쪽.

80) 泗沘都城에 대한 硏究史 정리는 成周鐸, 「泗沘都城과 百濟의 城郭」 『사비도성과 백제의 성곽』, 서경문화사, 2000 참조.
동성왕 8년(486)에 부소산성을 축조하고 바로 나성 축조에 착수하여 동왕 23년(501) 10월~11월에는 나성 등의 방어시설에 대한 축조도 거의 완비단계에 이르렀다고 보는 견해도 있지만(沈正輔, 앞의 논문, 2000, 90~100쪽), 당시 백제가 처한 입장을 감안하면 한성에서 웅진으로 천도한지 10여년 만에 부소산성을 축조할 만한 여력이 있었는지는 신중한 검토가 필요하다.

성이 천도 이전에 축조되었고, 능산리 사지 출토 사리감 명문을 통하여 위덕왕(昌王) 13년(567)에 사찰이 창건되었음을 확인할 수 있으며,[81] 나성주위의 능산리 고분의 존재 등으로 볼 때 사비천도 이전으로 보인다.[82]

다음으로 왕도 5부제와 관련 이 제도가 사비도읍기에는 확실히 시행되고 있었음은 이미 논증된 바 있으며,[83] 웅진 도읍기인 6세기 초반 단계에도 이미 5부제가 실시되고 있었다. 즉 『일본서기』에 보이는 부명 관칭 인물에 대한 분석을 통하여 516년부터 554년까지의 부명 관칭 사례 중 사비도읍기에 한정할 경우 부명의 변동 사례가 전혀 없는 반면 변동 사례는 모두 웅진에서 사비로 천도하는 과정에서 나타나고 있다. 지배세력의 거주지를 표시하는 부명이 변했다는 것은 웅진에서 사비로 천도하는 과정에서 발생한 거주지의 변동이므로 웅진 도성에도 이미 5부제가 실행되고 있었음을 확인할 수 있다.[84] 그러므로 사비도성의 축

---

81) 「百濟昌王十三年 太歲在丁亥 妹兄公主 供養舍利」『博物館新聞』293號, 1996年 1月 1日字 5面 참조.
기존에는 창왕 13년이 566년인 것으로 알려졌으나 사리감 명문에 창왕 13년이 丁亥年으로 기록되어 있으므로 567년이 정확한 것으로 밝혀졌다. 이는 창왕이 성왕 사후 1년 여의 공백기간을 가진 후에 즉위한 것으로 일정기간 왕위가 공석에 있었음을 알 수 있다.

82) 金英心, 앞의 논문, 1998, 125~126쪽.

83) 朴賢淑, 「宮南池 출토 百濟 木簡과 王都 5部制」『韓國史硏究』92, 1996.

84) 金英心, 「百濟의 支配體制 整備와 王都 5部制」『百濟의 地方統治』, 학연문화사, 1998, 124~125쪽; 「泗沘都城의 행정구역 편제－王都 5部制의 시행－」『사비도성과 백제의 성곽』, 서경문화사, 2000, 116~117쪽.
이우태 역시 왕도 5부제는 『일본서기』에 의하면 前部의 명칭이 무녕왕 16년(516)에 처음 보이고, 무녕왕릉에서 '部'銘塼이 발견된 것으로 보아 웅진시대에 이미 시행되고 있었지만 실시 초기에는 성씨와 소속 부의 정립된 관계가 보이지 않다가 6세기 중엽 이후에 이르러 성씨의 소속 부가 일정한 경향을 보이는 것으로 보아 제도로 확립된 시기는 성왕대(523~553)로 보고 있다(李宇泰, 「百濟의 部體制」『百濟史의 比較硏究』, 書景文化社, 2000, 9

조는 사비로의 천도 이전에 이미 계획적으로 준비되고 있었다. 또한 왕도 5부제가 웅진시대에도 나타나고 있다는 점으로 미루어 보아 이원적 지방통치체제를 극복하기 위하여 새로이 편제한 제도였던 5방제 역시 사비 천도 이전의 어느 시기에 실시되었을 개연성이 높다.

문헌에 의하면 487년 백제에서 파견한 임나지역의 책임자였던 기생반숙녜가 재지 수장층의 계략에 속아 반란을 일으키고 있으며(A) 498년에는 탐라가 '不修貢賦'하자 이들 지역에 대한 동성왕의 친정이 있었다.(B) 그런데 임나와 탐라는 5부에 편입되지 못하고 담로가 설정된 지역이었으므로[85] 동성왕 20년(498)까지는 기존의 이원적 지방통치체제가 계속 적용되고 있음을 알 수 있다.[86]

반면 『일본서기』 흠명4 · 5년조의 기사[87]에 郡令城主의 명칭이 보이는 것으로 보아 543년 이전에는 임나지역도 5방제하에 편입되어 백제의 직접 통치하에 있었음을 확인할 수 있다.[88] 따라서 백제가 5방을 편제한 시기의 상한은 498년이고 그 하한은 543년임을 알 수 있으며 다음의 사료들을 통하여 그 시기를 좀 더 압축해 볼 수 있다.

G-1) 遣使于百濟 [百濟本紀云 久羅麻致支彌 從日本來 未詳也] 括出在任那日本縣邑 百濟百姓浮逃絶貫 三四世者 竝遷百濟附貫也(『日本書紀』 卷17 繼體紀 3年 春 2月)

2) 下令完固堤防 驅內外游食者歸農(『三國史記』 卷26 百濟本紀4 武

9~100쪽).

85) 李鎔彬, 앞의 논문, 2000, 77~91쪽.

86) 따라서 사료 A)에 보이는 '領軍'을 백제 5방의 각 方에 두어진 군대로 파악하면서 487년경에는 방이라는 행정구획이 존재하고 있었다는 견해(金英心, 앞의 논문, 1990, 98쪽)는 재고되어야 한다.

87) 주 55)와 같음.

88) 金鉉球, 『任那日本府硏究－韓半島南部經營論批判－』, 一潮閣, 1993, 152~153쪽.

寧王 10年 春正月)

3) 百濟遣使貢調 別表請 任那國上哆唎下哆唎娑陀牟婁四縣 哆唎國守穗積臣押山奏曰 此四縣 近連百濟 遠隔日本…今賜百濟合爲同國…依表賜任那四縣(『日本書紀』卷17 繼體紀 6年 12月)

4) 辛亥朔乙卯 於朝廷引 列百濟姐彌文貴將軍 斯羅汶得至 安羅辛已奚及賁巴委佐 伴跛既殿奚及竹汶至等 奉宣恩勅 以己汶帶沙賜百濟國 是月 伴跛國 遣楫支獻珍寶 乞己汶之地 而終不賜(『日本書紀』卷17 繼體紀 7年 冬11月條)

5) 遣使入梁朝貢 先是 爲高句麗所破 衰弱累年 至是上表稱 累破高句麗 始與通好 而更爲强國(『三國史記』 卷26 百濟本紀4 武寧王 21年 冬11月)

6) 百濟王謂下哆唎國守穗積押山臣曰…請以加羅多沙津 爲臣朝貢路 是以押山臣爲請聞奏(『日本書紀』卷17 繼體紀 23年 春3月)

사료 G1)은 왜측이 백제에 사신을 보내어 백제 백성으로 任那日本縣邑으로 도망와서 호적이 끊어진지 3~4대 되는 자들을 색출하여 백제의 호적으로 옮길 것을 요구하는 내용이다. 이 사건의 실질적 당사자는 백제와 왜가 아닌 백제와 임나로 『일본서기』를 편찬하는 과정에서 윤색·개변된 것임은 이미 상세히 논증된 바가 있다.[89] 이는 결국 임나의 일부 지역에 백제 백성들의 불법 이주가 문제가 된 것으로 백제의 가야진출과 관련 이를 우려한 주변국들의 반발로 보인다.[90] 백제는 사료 A)에서 보이는 것과 같이 이미 487년 이전에 일부 임나지역에 담로를 설정하고 군을 상주시키는 등 이 지역을 군사지역화하였으며, 509년경에는 주변국들이 우려할 정도로 많은 백제 백성들이 이 지역에 상주하

89) 金鉉球, 앞의 책, 124~126쪽.

90) 이 기사를 사료 G2)와 동일한 사건에 대한 기록으로 보면서 백제를 이탈하여 한동안 가야지역에 거주하고 있던 백성들을 다시 백제로 귀속시킨 것은 농업노동력 확보를 위한 노력으로 보기도 한다(盧重國, 「泗沘時代 百濟支配體制의 變遷」『韓沽劤博士停年紀念史學論叢』, 1981, 54쪽; 앞의 책, 164쪽).

고 있었음을 확인할 수 있다.[91)]

이처럼 백제가 먼저 군사를 주둔시킨 이후 점차적으로 民戶를 이주시킨 요인과 관련하여 다음의 견해가 주목된다. 즉 군사주둔지역(military zone)은 새로운 영토 개척지 또는 군사체계가 확립된 군사지역을 말하는 것으로 대개 변경지대에 존재하며, 한 나라의 대외발전의 전초기지적 기능을 갖는 것을 특징으로 한다는 것이다. 또한 행정지역(civil zone)은 행정체계에 따른 시민 거주지역을 이른다고 하면서 군사지역은 그 지역의 군사적·사회적 안정에 따라서 행정구획이 이루어져 그 범위를 축소시켜 나간다든지 또는 군사지역을 전진시켜 나가는 속성을 가지고 있는데 이를 위해서는 먼저 군사적 안정을 기한 연후에 민호를 이주시키게 되며, 이러한 사회적 안정을 바탕으로 하여 군사지역을 행정구획화시키는 것이 일반적인 예라고 한다.[92)]

사료 G2)는 백제가 고구려의 침입으로부터 사직을 보존하기 위하여 황급히 웅진으로 천도한 이후 계속되는 중앙의 혼란을 틈타 이탈하는 지방세력에게 국가권력의 통제력을 강화하여 더 이상의 이탈을 방지하고 또한 기존 이탈세력을 다시 규합하여야 하였다. 따라서 무녕왕 10년(510) 유식자에게 귀환을 명령한 것은 국가체제를 새롭게 정비하는 과정을 의미한다. 유식자란 품팔이, 거지, 유랑자, 빈민, 기타 생활능력 결여자의 총칭이다.[93)] 이들은 아마도 한성 함락 이후 계속되는 백제의 정치적 혼란의 와중에서 이탈하는 지방세력과 밀접한 관련이 있었을 것으로 보인다.

---

91) G1)의 '貫'은 백제에서 편호제가 실시되고 있었음을 보여준다(朴賢淑, 「百濟軍事組織의 整備와 그 性格」『史叢』 47, 1998, 50쪽).

92) 方東仁, 『韓國의 國境劃定硏究』, 一潮閣, 1997, 35쪽.

93) 이종선, 『韓國 古代國家의 노예와 농민』, 한림대 아세아문화연구소, 1997, 35~37쪽.

다음으로 G3)은 哆唎의 國守 穗積臣押山이 백제를 위하여 上哆唎·下哆唎·娑陀·牟婁의 任那 4현을 백제에게 賜與할 것을 奏請하여 관철시키고 있다. G4)는 왜의 조정에 백제·사라·안라·반파의 사신들을 모아 놓고 백제에게 己汶·帶沙 지역을 賜하고 있는 기사이다. 『일본서기』에 보이는 賜與란 표현은 백제의 가야 진출을 마치 왜가 이 지역을 백제에 하사한 것처럼 가필·윤색한 데서 나온 것이므로 실상은 백제가 가야 지역으로 진출하여 이 지역을 백제의 직할 영토화한 것을 보여주는 것이다.[94] 따라서 이들 지역에는 백제의 지방관이 파견되었을 것으로 보인다. 이와 관련 주목되는 것은 G3)과 G6)에 보이는 哆唎國守(512)와 下哆唎國守(529) 穗積臣押山의 실체이다. 국수라는 직명은 8세기의 율령용어로 대화정권의 지방장관 명칭인데 『일본서기』 편찬시 백제의 지방관이었던 수적신압산을 왜가 이 지역 통치를 위하여 파견한 왜의 관료로 개변하는 과정에서 백제의 지방관 명칭 또한 당시의 용어인 국수로 변조된 것으로 보인다.[95] G6)에 의하면 수적신압산이 512년 왜가 백제에게 사여한 것으로 나타나는 임나 4현중 하나인 下哆唎의 국수로 있으면서 백제를 위하여 일을 하고 있다. 이 기사가 529년의 일임을 감안하면, 그가 왜인이 아닌 백제인으로 백제가 下哆唎 지역에 파

---

94) 千寬宇, 『加耶史硏究』, 一潮閣, 1991, 41쪽.
盧重國, 앞의 책, 164~165쪽.

95) 金鉉球, 앞의 책, 153~155쪽.
고구려의 경우 「牟頭婁墓誌」와 「中原高句麗碑」에 '北夫餘 守事'와 '古牟婁城守事'가 보이는데 이들은 대체로 舊北扶餘 지역과 舊百濟 영역인 남한강 상류유역의 중원지역에 파견된 지방관의 직명으로 금석문 자료에 보이는 것으로 보아 당시 고구려에서 실제 사용하고 있었던 관직명임은 분명하다. '守事'라는 직명이 이들 자료외에는 보이지 않기 때문에 확신할 수는 없지만, 이들이 파견된 지역이 고구려가 새로 복속한 지역임을 감안할 때 백제 또한 새로 영역화한 임나4현 중 하나인 下哆唎의 지방관이었던 수적신압산의 관직명이 '국수' 라는 점은 주목된다.

견한 지방관임은 자명한 사실이다.

그렇다면 이 지역에 파견된 백제 지방관의 본래 직명이 문제가 되는데 사실상 확인할 길은 없다. 다만 흠명기 4년 11월조와 5년 2월조 등에 보이는 군령·성주는 백제의 5方 소속으로 임나지역에 배치된 지방관의 명칭임이 분명하므로 G3)과 G6)에 보이는 국수의 본래 명칭은 군령 혹은 성주였을 것으로 추측된다.

또 G3)을 통하여 512년 경에는 백제가 기존에 담로가 설정되어 있던 지역에 군령과 성주 등 5방제하 지방관을 파견하고 있음을 확인할 수 있다. 이것은 이 지역에 대한 완전 영유화가 이루어졌고 또한 새로운 지방통치제도인 5방제가 시행되고 있었음을 의미하는 것이다.[96] 백제가 양에 사신을 파견하여(521) 다시 강국이 되었다고 대외적으로 공언을

96) 무녕왕릉 발굴시 출토된 부장품중 "庚子年二月多利作大夫人分二百卅主耳"라는 음각 명문이 새겨진 왕비의 銀制釧이 발견되었다. 무녕왕과 무녕왕비의 무덤이 조성된 시기가 각각 525년과 528년임을 감안하면 경자년은 520년 임이 분명하다. 이때에 다리가 은제팔찌를 만들어서 대부인(무녕왕비)에게 바쳤다는 것이다. 여기서 은팔찌를 만든 것으로 나오는 다리의 성격에 대하여 일본 법륭사 삼존불을 만든 止利(도리)와 관련이 있을 것으로 추정하고 나아가 止利가 원래 鞍工이었다는 점에서 다리가 속했던 백제 장인 집안의 후손이거나, 아니면 『일본서기』의 예를 들어 이 다리가 무녕왕 12년(512)에 백제에 속하게 된 임나의 4縣중 上哆唎·下哆唎라는 지명과의 관련 가능성도 제시되었다(文化財管理局, 『武寧王陵』, 1973, 29~30쪽). 그런데 다리라는 장인이 만들어서 왕비에게 바쳤다기 보다는 다리지역 혹은 다리족이 만들어서 바친 것으로 해석하는 것이 타당할 듯 싶다(한병삼, 「羅州地域 古代文化의 性格」『榮山江流域의 古代社會』, 學研文化社, 1999, 22쪽). 그렇다면 다리지역은 왕비에게 은팔찌를 바쳤던 520년경에는 이미 백제에 복속되었음을 확인할 수 있다. 따라서 『일본서기』에 보이는 512년 임나4현 할양 기사는 왜의 개입부분만 제거한다면 사실에 근거한 것임을 알 수 있다. 따라서 이 지역에 대한 백제의 영유권이 확보된 이후 백제의 중앙은 국수라는 명칭으로 변질된 5방제하 군령 혹은 성주를 지방관으로 파견하여 통치케 한 것으로 보인다.

한 것은(G5) 단순히 고구려를 누차 격파한 것에 대한 자신감 뿐 아니라 보다 변화·발전된 제도의 성공적 편제를 통하여 이전 시대의 모순점을 극복하면서 새로운 시대를 열어가고 있음에 대한 강한 자부심의 결과로 보인다.

이상에서 살펴본 바 백제는 6세기 전반경 부소산성과 나성을 축조하는 등 치밀한 계획 아래 사비 천도를 준비하고 있었다. 이외에도 웅진 도읍기에서도 왕도 5부제가 확인되는 점 등으로 미루어 보아 5방제 역시 사비 천도 이전인 웅진시대에 이루어 진 것으로 보인다. 또한 사료 A)와 G)를 통하여 새로 정복한 지역에 대한 중앙 정부의 지배력 행사 과정과 방식을 확인할 수 있었다. 즉 군사적인 진출이 이루어진 이후에 본격적인 행정구획화 작업을 통하여 지방통치가 자리잡게 되는데 이러한 일련의 과정을 보여주는 이들 사료를 통하여 5방제가 시행된 시기를 좀 더 압축해 보면 무녕왕 12년(512)을 전후한 것으로 판단된다. 따라서 백제는 웅진으로의 천도 이후 국가의 위기 극복을 위한 노력의 일환으로 보다 변화·발전된 지방통치체제를 적극 추진한 결과 무녕왕 12년을 전후한 시기에 담로가 설정된 지역을 직접 지배하에 편입하고 5방제라는 일원적 지방지배를 완성하면서 국가 발전을 위한 새로운 토대를 마련하게 되었다. 이에 고무된 무녕왕이 다시 강국이 되었음을 대내외에 공표하는 것으로 보인다.

3. 5方制의 統治組織과 地方官의 性格

1) 5方制下 統治組織

백제는 전쟁의 규모가 점차 확대되고 그 양상이 삼국간의 총력전 형태로 변화하게 되자 전국적인 규모로 병력을 모집하여야 하였다. 이를 위하여 전국을 광역으로 확대·재편성하면서 그 하부 조직으로 군과 성을 배치시키는 등 좀 더 체계적이고 세분화된 통치조직을 구성함으로써 방어체계의 완성도를 높일 수 있었다. 따라서 백제는 전국의 행정체제를 5방의 편제로 개편하여 기존 이원적 통치체제의 모순을 극복하고 중앙과 지방간의 연결을 확고히 함으로써 지배질서의 확립과 왕권의 강화를 도모할 수 있었다. 이러한 과정을 거쳐 백제는 무녕왕대에 이르러 국가의 위기를 극복하고 새로운 강자로 도약할 수 있는 기반을 마련하였고, 다시 강국이 되었다는 자신감을 내외에 과시할 수 있었던 것이다.

따라서 백제사의 전개 과정에서 5방제가 차지하는 비중은 매우 크다고 할 수 있으며, 그 구체적 실상 파악을 위하여 많은 노력이 경주되어 왔다. 그런데도 5방제의 실상을 알려주는 중국사서들의 내용이 구체적이지 못하고, 또한 그 기술에 있어서도 사료간 미묘한 차이가 있으므로 제도의 성격에 관한 전반적인 이해 뿐 아니라 자구 해석에 이르기 까지 많은 이견이 있다.

I－1) 治固麻城 其外更有五方 中方曰古沙城 東方曰得安城 南方曰久知下城 西方曰刀先城 北方曰熊津城…五方各有方領一人 以達率爲之 郡將三人 以德率位之 方統兵一千二百人以下 七百人以上 城之內外民庶 及餘小城咸分隷焉(『周書』 卷49 列傳41 異域上 百濟傳)

2) 其都曰居拔城…五方各有方領一人 方佐貳之 方有十郡 郡有將(『隋書』 卷81 列傳46 東夷 百濟傳)

3) 其都曰居拔城 亦曰固麻城 其外更有五方 中方曰古沙城 東方曰得安城 南方曰久知下城 西方曰刀先城 北方曰熊津城…五方各有方領一人 以達率爲之 方佐貳之 方有十郡 郡有將三人 以德率爲之統兵一千二百人以下 七百人以上 城之內外庶及餘小城 咸分隷焉(『北史』 卷94 列傳82 百濟傳)

4) 又有五方 若中夏之都督 方皆建率領之 每方管郡 多者至十 小者六七 郡將皆恩率爲之 郡縣治道使 亦名城主…其諸方之城 皆憑山險爲之 亦有累石者 其兵多者千人 少者七八百人 城中戶多者千人 少者七八百人 城中戶多者至五百家 諸城左右亦各小城 皆統諸方(『翰苑』卷30 蕃夷部 百濟條 所引『括地志』)

이들 사료의 검토를 통하여 백제 5방의 존재와 方城名, 방의 장관 명칭과 품계, 방－군－성의 누층적 구조 등을 확인할 수 있다. 그러나 도성의 명칭, 방좌의 존재, 방에 소속된 군의 수, 군장의 인원 및 품계, 統兵數 등의 기술에는 미묘한 차이가 있음으로 견해차가 상존하고 있다. 즉 크고 작은 성을 단위로 하여 각 지역을 누층적으로 편제한 뒤 일원적·직접적으로 통치했다고 보는 통속관계에는 대체로 일치하지만 그 조직의 구성에 있어서는 상반되게 이해할 수 있는 부분이 많다.

이처럼 사서간 기술상의 미묘한 차이에 대하여는

1) 이들 사서가 완비된 5방제를 기술한 것이 아니라 점진적인 정비 과정을 기술한 것이므로 그 결과 각 사서의 내용상 차이로 나타났다는 견해[97]

2) 반면 이들 사서의 편찬시기에는 큰 차이가 없다고 하면서 다만 편찬시 참고한 자료가 당대 백제에서 행해지고 있던 제도를 수집한 것인지 아니면 민족지적 서술에 그친 異域列傳이 당시 백제의 세부적인 변화에 주의했는지 여부 등은 단정할 수 없으므로 결국 이들 사서 모두가 백제 5방제의 틀이 완비된 모습을 전하고 있다고 보는 것이 합리적이라는 의견이 제시[98]되는 등 사료의 평가에 있어서도 서로 다른 시각이 상존하고 있다.[99] 따라서 각론에 대한 쟁점 특히 통치구조와 지방

97) 李根雨, 앞의 논문, 1997, 357～359쪽.

98) 金英心, 앞의 논문, 1997, 76～77쪽.

관의 성격 등에 대하여는 그 이견이 더욱 심한 편이다.

먼저 통치구조와 관련하여 방-군-성의 통속관계를 살펴보면 방은 治城을 중심으로 전국을 크게 다섯 지역으로 구획하여 동·서·중·남·북방으로 편제되었다.[100] 치소의 중심이 되는 방성은 10개 내지 6·7개의 군으로 구성되었고 또한 일정한 직할영역을 가지고 있으며,[101] 달솔의 위계를 가진 방령이 장관으로 파견된 백제 지방통치제도

---

99) I)에 인용된 사료 중 백제의 5방제에 대하여 가장 체계적이고 종합적으로 기술된 사서는 『북사』라 할 수 있다. 그러나 『북사』는 『주서』와 『수서』의 내용을 토대로 한 것이므로 독자성이 결여된 반면(金英心, 앞의 논문, 1997, 77쪽) 『주서』·『수서』·『한원』 등은 각기 독자적인 기술을 보여주고 있다. 이러한 독자성은 시기별 5방제의 모습을 표현한 것일 수도 있고, 또한 인용한 원전의 차이에서 기인한 것 일 수도 있다. 그러나 한가지 분명한 것은 묘사의 사실성과 구체성 등을 감안할 때 『수서』에 보이는 방좌의 존재가 확인되지 않을 뿐 5방제의 실상을 가장 구체적으로 기술하고 있는 사서는 『翰苑』 所引 『括地志』이다.

100) 일반적으로 地方統治 單位를 편성하는 데는 戶數 또는 耕地面積이 기준이 되기 때문에 백제의 경우도 『주서』에 기록된 租稅 규정이나 중앙의 22部司에 '點口部'가 존재하는 점으로 미루어 보아 호구와 경지의 파악이 상당히 정확히 이루어지고 있었다. 그런 의미에서 5방제가 완전히 확립된 상태에서는 지방통치 단위를 편성하는데 호수나 경지면적이 중요한 기준이 되었다고 한다(金英心, 「百濟의 城, 村과 地方統治」 『百濟研究』28, 1998, 204쪽). 물론 그러했을 개연성은 충분히 인정되지만 5방제가 전개되던 시대적 상황을 고려할 때 오히려 방어체계가 좀 더 고려되었으리라 여겨진다.
5방의 치성인 방성의 위치에 대하여 중방은 古沙城(古阜), 동방은 得安城(恩津), 북방은 熊津城(公州)이라는 데에는 대체로 의견을 같이 하지만, 남방인 久知下城과 서방인 刀先城에 대하여는 이론이 많다. 5방성의 위치에 대한 종합적인 검토는 千寬宇, 「馬韓諸國의 位置試論」 『東洋學』 9, 1979, 210~213쪽: 朴賢淑, 앞의 논문, 1998, 180~187쪽: 徐程錫, 앞의 논문, 2000, 50쪽 참조.

101) 방을 구성하고 있는 군과 방성과의 관계는 분명치 않지만 방성은 방을 구성한 군성중 가장 핵심이 되는 성이었을 것으로 보인다. 따라서 방과 군과의 관계는 기본적으로 동일선상에 놓을 수 있다(盧重國, 앞의 책, 256쪽).

의 핵심이라 할 수 있다. 이들 방은 왕도 이외의 군사적·행정적 중요 지역에 위치하면서 군과 성을 관장하는 역할을 수행하였다. 각 방성에는 700~1,200명 정도의 군대가 주둔하였으며,[102] 중국의 도독과 비교되는 것으로 보아[103] 군관구적인 성격이 강하였던 것으로 보인다.[104] I4)에는 "每方管郡 多者至十 小者六七"이라 하여 군이 방에 통속되어 있음은 물론 "諸城左右亦各小城 皆統諸方"이라는 내용으로 보아 군성(諸城) 뿐만 아니라 현급이라 여겨지는 소성까지도 방에 속하고 있음을 알 수 있다. 그러나 이는 방이 최상위 지방통치 조직이라는 기본적인 관념에서 나온 표현으로, 다만 방성에는 일부 현급 성만이 군정과 민정 모든 부분에서 직접적인 영속관계가 이루어 졌을 뿐이다.[105] 방과 직접 영속관계에 있었던 성의 존재는

J) 熊州 本百濟舊都 唐高宗遣蘇定方平之 置熊津都督府 [新]羅文武王取其地有之 神文王改爲熊川州 置都督 景德王十六年 改名熊州 今公州 領縣二 尼山縣 本百濟熱也山縣 景德王改名 今因之 淸音縣本百濟伐音支縣 景德王改名 今新豊縣(『三國史記』卷36 雜志5 地理3 熊州)

---

102) 이를 1개군이 동원할 수 있는 병력수라는 견해도 있지만(金周成, 앞의 논문, 1992, 43쪽) 그 보다는 방에 주둔하고 있는 상비군으로 보는 것이 타당하다.

103) 중국의 도독은 본래 군사적인 목적을 위해 설치된 것이었으나 군사적인 권한 강화에 따라 민정까지 통할함으로써 지방행정의 최고급 통치기관이 되었다. I4)에서 백제의 방에 비유한 중화의 도독은 동진·남북조 또는 당초의 그것에 해당된다고 한다(金英心, 앞의 논문, 1997, 79~81쪽).

104) 山尾幸久, 「朝鮮三國の軍區組織」『古代朝鮮と日本』, 龍溪書舍, 1974, 167~168쪽.
盧重國, 앞의 책, 260쪽.
金英心, 앞의 논문, 1997, 82쪽.

105) 朴賢淑, 「百濟 泗沘時代의 地方統治와 領域」『百濟의 地方統治』, 學硏文化社, 1998, 188쪽.

이라 하여 백제의 북방이었던 熊州에 2개의 領縣이 소속되어 있음을 확인할 수 있다. 물론 이는 삼국통일 이후의 기록이지만 지리3의 내용이 본래 백제의 영역이었던 지역의 지리적 귀속과 연혁을 제시하고 있기 때문에 개정전의 명칭은 일부의 개편된 군현명 외에는 대체로 백제시대의 군현명으로 보아도 무방하리라 여겨진다.[106] 이러한 점을 감안하면 백제의 방성에 직접 귀속되는 현급의 성이 있었을 것으로 판단된다. 따라서 방성에 모든 소성이 통속되는 것은 아니라 하여도 일정한 수의 소성 즉 현급 성이 통속되고 있었음을 알 수 있다.

반면 방과 대부분 군성과의 관계는 양면성이 있었던 것으로 보인다. 즉 군성의 경우 군정부문에 있어서는 대체로 중앙에서 방으로 연결되면서 방－군－성의 통속관계가 지켜지고 있었다. 그러나 민정부문에는 군이 중앙과 연결되어 군성 사이의 통속관계가 설정되었던 것으로 보인다.[107]

비슷한 시기 고구려의 지방통치체제는 大城(褥薩)－諸城(處閭近支)－諸小城(可邏達 혹은 婁肖)으로 조직되었는데[108] 이들은 백제의 方(方領)－郡(郡將 혹은 郡令)－城(道使 혹은 城主)과 대비할 수 있다. 따라서 고구려의 지방관들도 상하 통속관계를 이루고 있었을 것으로 보인다. 그러나 고구려의 각급 지방관들은 평상시 관할 구역을 통치할 때 사법권・행정권・군사권을 모두 행사하고 있었으므로 상급 지방관으로부터

---

106) 盧重國, 「『三國史記』의 百濟 地理關係 記事 檢討」『三國史記의 原典 檢討』, 韓國精神文化硏究院, 1995, 153～156쪽.

107) 金英心, 앞의 논문, 1997, 102쪽.

108) 『翰苑』卷30 蕃夷部 高麗記. “又其諸大城置傉薩 比都督 諸城置處閭區刺史 亦謂之道使 道使治所名之曰備 諸小城置可邏達 比長史 又城置婁肖 比縣令”.

많은 통제를 받지는 않았을 것이다. 다만 諸小城(현급)의 통치단위들은 諸城에 종속되는 면이 많았지만 중급 이상의 단위들은 관할지역 내부를 비교적 자율적으로 운영하고 있었다.[109] 따라서 백제의 경우도 방–군–성이 통속 관계하에 있었지만 方은 민정부문을 제외한 군정부문에서만 군성을 통괄하였을 뿐이며, 또한 현성에 대하여는 일부를 제외하고는 직접적인 영속 관계를 상정하기는 어려우리라 여겨진다.

이상에서 살펴본 방–군–성의 통속 관계는 I4)에 보이는 '郡縣置道使亦名城主'에서 군현을 보통 군의 현으로 이해하면서 군의 하부단위로 현이 존속하고 있다는 것을 근거로 한 것이다.[110] 반면에 I)에 인용된 사서의 편찬단계에는 이러한 방–군–성의 누층적 통치구조가 완비되지 않았다는 견해[111]도 있다. 이는 '군현'의 해석을 '군의 현'으로 하지 않고 다만『양서』백제전에서 담로를 설명하면서 중국의 군현과 같다고 한 것과 같이 지방행정단위로서의 군현에 도사(성주)를 두었다고 해

109) 金賢淑, 앞의 논문, 60~62쪽.
고구려 중기의 지방관으로 다수의 군급과 현급 행정단위들을 포괄한 지역을 책임지고 총괄했던 지방관이었을 것으로 생각되는 守事 역시 中下位 행정단위에서 이루어지는 지역통치에 대하여 명령권을 강하게 행사하지는 않았다. 다만 守事는 군의 범위를 넘어 광역적으로 이루어져야 하는 군사활동이나 대규모 병력과 군수물자의 동원, 또는 지역 특산물의 수합 같은 임무를 수행하였다. 고구려 후기의 통치단위 가운데 가장 핵심은 군급인 處閭近支의 관할지역인데 중기에도 실질적인 지방통치는 군급인 太守의 관할 지역을 중심으로 이루어졌을 것이다. 그러므로 평상시에는 守事와 太守가 각자의 관할지역을 통치하고 군 단위를 넘는 광역에서 이루어져야 할 업무가 있을 때에만 守事가 그것을 책임지고 수행하였다고 한다(金賢淑, 위의 논문, 35~36쪽).

110) 李鍾旭,「南山新城碑를 통하여 본 新羅의 地方統治體制」『歷史學報』64, 1974, 38쪽.
盧重國, 앞의 책, 257쪽.
金英心, 앞의 논문, 1997, 96쪽.

111) 李根雨, 앞의 논문, 1997, 350~353쪽.

석하여야 하며, 군현의 일반적인 용례는 상하통속관계가 없고 동등한 자격을 가진 것으로 이해하면서 이는 중국의 지방행정 단위라는 의미로 보아야 한다는 것이다. 또한 고구려의 경우 諸城에 둔 處閭近支를 刺史에 비견하고 이를 道使라 불렀으므로 고구려에서는 道使가 都督(褥薩)과 縣令(婁肖)의 중간단계에 위치하는 지방관인데 만약 군의 현으로 해석할 경우 백제는 현에 도사를 두는 것이 되므로 최하위 행정단위에 그보다 한단계 위의 지방행정관직이 설치되는 모순이 생긴다는 것이다.112)

이처럼 백제의 5방제하 방－군－성의 누층적 구조와 이에 따른 통속관계를 일정 부분 부정하는 이 견해는 우선 사료 I)가 5방제의 완성된 단계를 기술한 것이 아니라 점진적 성립과정을 기록한 것이며, 또한 고구려의 도사는 군급 통치단위를 관할하기 때문에 백제에서도 역시 그러하였을 것이라는 논리에 기초하고 있다.

그러나 翰苑단계(I4)에 諸城과 小城의 구분이 명확하며, 또한 『通典』 卷85 邊防 百濟條에서 "… 統兵以達率德率扞率爲之 人庶及餘小城 咸分隸焉 …"이라 하여 達率·德率·扞率 관등의 소유자가 각각 방·군·성의 책임자임을 기술하고 있다. 이로 볼 때 5품인 한솔이 현급의 성에 파견되는 성주임을 알 수 있다. 이것은 『삼국사기』 동성왕 20년 추7월조에 "築沙井城 以扞率毗陁鎭之"라 하여 사정성을 축조하고 한솔 비타

112) 李根雨, 위와 같음.
이와 비슷한 견해로 김수태는 '郡縣置道使亦名城主'에서의 군현이 군과 현의 성격을 함께 가지고 있으며 여기에 도사가 파견되었는데 이후 군현이 현으로 축소·분화되어 간다고 하였다(金壽泰, 「百濟의 地方統治와 道使」 『百濟의 中央과 地方』, 忠南大百濟研究所, 1996, 137~138쪽). 반면 군과 현을 분리시키면서도 군과 현 모두에 도사를 두었다고 보는 견해도 있다(이도학, 『새로쓰는 백제사』, 푸른역사, 1997, 441쪽).

에게 이를 진수케 하였는데 비타는 사정성의 성주로 부임한 것이었다.[113] 이를 통하여 5방제가 성립되기 이전인 5세기말 경에도 최하위 행정단위로 현급의 성이 존재하고 있었음을 확인할 수 있다.

또한 백제의 도사는 3단계 즉 최하위 행정기관인 현급의 지방관인 반면 고구려의 도사는 2단계인 군급의 지방관이다. 따라서 백제의 경우 한단계 위의 지방행정관직이 설치되는 모순이 생긴다고 하였다.[114] 그러나 신라의 지방제나 병제는 고구려의 많은 영향을 받았음에도[115] 불구하고 신라의 도사는 현급인 城村단위의 지방관이므로 지방행정제도상 차지하는 위치는 고구려보다 오히려 백제와 비슷하였음을 알 수 있다.[116] 그러므로 국가간 관직명이 같다고 하여 직위와 직급까지 같아야 한다는 견해는 받아들일 수 없다.

따라서 백제가 5방제를 편제할 당시 방-군-성 사이에 통속관계가 이미 성립되어 있었으리라 생각된다. 물론 이후 어느 정도의 변모는 상정할 수 있지만 성립 당시의 기본 구도와는 크게 차이가 없었을 것으로 생각된다. 이는 지방통치체제의 변화·발전은 대체로 전대의 제도에 나타나는 기본적인 틀을 유지·계승하면서 노출되는 모순점을 극복하는 것이지 결코 새로운 제도를 탄생시키는 것은 아니기 때문에 5방제의 기본 구조는 이미 전대의 경험을 기본으로 성립되었으리라 여겨진다.

---

113) 李鎔彬, 앞의 논문, 2000, 67쪽.
114) 李根雨, 위의 논문, 1997, 350~353쪽.
115) 朱甫暾, 『新羅 地方統治體制의 整備過程과 村落』, 신서원, 1998, 118쪽.
116) 李鍾旭, 앞의 논문, 37~38쪽.
金英心, 앞의 논문, 1997, 86쪽.
주보돈은 『양서』 신라전에 보이는 52邑勒이 도사가 파견된 성촌으로 보고 있다(「新羅 中古期의 郡司와 村司」 『韓國古代史硏究』 1, 1988, 43~44쪽).

이외에 지적하고 싶은 것은 정형화된 방－군－성제가 백제의 전영역에 동일하게 적용되고 있었는지 여부이다. 가령 예를 들면 고구려의 경우 전략지역은 諸小城의 지방관이 可邏達인 반면 일반지역의 지방관은 婁肖라 하여 전략지역과 일반지역의 지방관이 구분되고 있음을 알 수 있다.[117] 신라의 경우도 군사적 목적이 긴요한 변방지대에는 幢主－道使體制였고, 행정적인 필요성이 보다 높은 지역은 邏頭－道使體制로 운영되었을 가능성이 높다.[118] 따라서 고구려와 신라는 군사지역과 행정지역을 구분하여 지방관을 파견한 것으로 보인다. 백제의 경우도 적대국과의 접경지역과 같이 군사적 위기가 고조된 지역과 후방의 안정된 지역의 체제가 반드시 동일하지는 않았으리라 여겨진다. 즉 하부조직으로 내려갈 경우 적대국과의 접경지역에는 좀 더 군사적 성격이 강하였던 반면 상대적으로 후방에는 행정적 성격이 강하였을 것으로 보인다.

117) 金賢淑, 앞의 논문, 68쪽.

118) 朱甫暾, 앞의 책, 126쪽.
이러한 견해는 幢主가 軍事를 邏頭가 行政을 담당하였다는 기본적 인식하에 성립된 것이다. 邏頭라는 명칭은 『三國史記』 등 기존의 문헌에서는 전혀 보이지 않는 새로운 직명으로 「明活山城作成碑」와 「南山新城碑」의 1碑와 4碑 등 6세기의 일부 금석문에만 한정적으로 보인다. 그 직무에 대해 군의 장관으로 보는 설(朱甫暾, 「明活山城作城碑의 力役動員體制와 村落」 『西巖趙恒來敎授華甲紀念韓國史學論叢』, 1992, 42쪽), 郡治에 파견된 지방관으로 보는 설(이종욱, 앞의 논문, 39～40쪽), 군의 장관이 없이 군의 중심촌에 파견된 군정·행정관의 성격을 가진 것으로 보는 설(李銖勳, 「新羅中古期 郡의 形態와 城(村)」 『古代硏究』 1, 1988, 13～17쪽), 軍官으로 보는 설(李仁哲, 『新羅政治制度史硏究』, 一志社, 1993, 177쪽), 지방관부정설(徐毅植, 「新羅 '中古'期 六部의 部役動員과 地方支配」 『韓國史論』 23, 1990, 112쪽), 왜 세력에 대비한 巡邏兵의 장으로 보는 설(濱田耕策, 「新羅の城·村社會と州郡制の施行」 『朝鮮學報』 84, 1978, 21쪽) 등 다양한 주장이 제기되었다. 그러므로 邏頭를 어떤 성격으로 파악하느냐에 따라서 이 견해는 얼마든지 바뀔 수 있다.

백제 군사조직 또한 평상시와 전시에 따라 그 조직 운용의 변동이 확인된다. 백제의 지방군은 평상시에는 方城과 鎭城 및 변경 요충지에 분산적으로 존재했던 常備兵과 內地(후방)의 郡을 단위로 한 城兵으로 조직되었다. 그러나 전시 출전상황에서는 방이 군관구가 되어 이에 결집한 후 방령군을 형성하고 있다. 또한 전국가적인 규모의 行軍 편성이 이루어지는 경우에는 이들 외에도 군역 의무자를 임시로 징발 편성한 대규모의 군사조직으로 출전하기도 하였다.[119] 따라서 지방조직이 곧 군사조직이었던 당시의 상황을 감안하면 백제의 5방제는 지역과 시대적 상황에 따라 변화가 있었을 가능성은 충분하리라 여겨진다.

2) 5方制下 地方官의 性格

백제의 5방제하에서 나타나는 지방관은 방령·군장·성주로 이들이 상하 통속관계에 있었음은 앞 절에서 이미 지적한 바 있다. 본 절에서는 이들의 성격을 살펴보고자 한다.

방의 장관인 방령은 최상위에 위치한 지방관으로 유사시 중앙의 명령을 받아 예하 6, 7~10개 군의 군대를 동원하였기 때문에 이들이 동원할 수 있는 병력의 최대 규모는 대략 7, 8천~1만 정도로 추정된다. 따라서 I4)에서 방령을 중국의 도독에 비견한 것은 이러한 군사적 성격을 강조한 것으로 보인다. 실제 백제 멸망 후 당이 단행한 행정 개편시 5방을 대신하여 5도독부를 설치하고 있는 것은 이러한 비교가 어느 정도 합리적이었음을 보여주는 것이라 하겠다. 도독의 기원은 『宋書』 百官上과 『南齊書』 百官志에

119) 李文基, 「泗沘時代 百濟의 軍事組織과 그 運用」 『百濟硏究』 28, 1998, 298~303쪽.

K－1) 持節都督無定員 前漢遣使始有持節 光武建武初 征伐四方 始權時置 督軍御史 事竟罷 建安中 魏武帝爲相 始遣大將軍督軍…魏文帝黃初二年 始置都督諸州軍事 或領刺(『宋書』 卷39 志29 百官上)

2) 魏晉世 州牧隆重 刺史任重者 爲使持節都督 輕者爲持節督 起漢順帝時 御史中丞馮赦 討九江賊 督揚徐二州軍事…晉太康中 都督知軍事 刺史治民 各用人 惠帝末 乃幷任 非要州 則單爲刺史州朝置別駕治中議曹文學祭酒諸曹部從事史(『南齊書』 卷16 志8 百官)

라 하여 『송서』 백관상에서는 前漢 光武帝 建武(25～55) 初에 처음 설치한 것으로 되어 있으나, 『남제서』 백관지에는 後漢 順帝時(125～144)로 보고 있어 약간의 차이가 있다. 그러나 도독의 전통을 漢代에서 찾을 수 있다고 하여도 이 제도가 적극적이고 또한 일반적으로 활용되는 시기는 위진대로 볼 수 있다.

처음 도독의 설치 목적이 知軍事에 있었지만 西晉 惠帝代(290～306)에 이르러 治所의 자사를 兼領하였다는 기사를 통하여(K2) 장군직과 주자사직의 제도적 결합이 이루어 졌음을 알 수 있다. 도독의 이러한 성격은 남북조시대에도 계승되었다. 즉 이 시대의 도독은 장군이 1개 혹은 수 개주의 군사를 統監할 때 보유하는 직명으로 도독장군은 本州의 자사를 겸하여 都督府를 개설함과 동시에 州府를 兼統하였다. 따라서 남북조의 도독은 도독부와 주부 등 이원적 조직을 보유하고 있었다.[120) 이후 북주에 이르러 총관으로 개칭되었고,[121) 隋 煬帝 大業 元年(605)에 총관을 폐지하면서 주자사로부터 병권을 중앙으로 회수하고 州僚屬의 임명권을 박탈하는 등 牧民에만 종사하게 하였다. 따라서 당대에 비록 도독이 부활하고 있지만 종래의 장군직이 散官으로 정비되는 등 그 성

120) 金翰奎, 『古代東亞細亞 幕府體制硏究』, 一潮閣, 1997, 358쪽.

121) 『周書』 明帝紀 武成 元年(559)에 "初改都督諸州軍事爲總管"이라 하여 도독을 총관으로 개칭하였음을 알 수 있다.

격에 많은 변화가 나타나고 있으므로 수·당대의 도독은 점차 虛官化되고 있음을 알 수 있다.122) 따라서 I4)에 보이는 중화의 도독은 백제의 방령이 최상위 지방장관으로 군사와 행정업무를 겸령하였음을 감안하면 위진남북조 시기의 도독과 비교한 것으로 추정할 수 있다.123)

백제의 방령은 달솔 위를 가지고 있었으며 왕도 5부의 장관 또한 동일한 직위였음을 감안하면 달솔 위를 가진 지방 장관은 총 10명이 있었을 것으로 보인다.124) 왕도 5부의 장과 5방의 장인 방령이 동일한 위계임은 고구려의 경우를 통하여 짐작할 수 있다. 고구려의 최고 지방관으로 백제의 방령과 대비되는 褥薩의 경우 內評·外評의 5부에 욕살이 있었음을 확인할 수 있다.125) 내평은 왕도와 기내를 외평은 지방을 지칭하는 것으로 이들 장관의 명칭이 욕살로 동일한 것으로 보아 백제의 경우도 왕도에 편제한 5부의 장관 역시 달솔의 위계를 소지하였을 것으로 보인다.126) 이는『翰苑』卷1 蕃夷部 百濟의 "王所都城內 又爲五部

122) 金翰奎, 앞의 책, 1997, 319~329쪽.

123) 金英心, 앞의 논문, 1997, 81쪽.
백제의 방을 당의 도독부와 비교하는 견해도 있지만(朴賢淑, 앞의 논문, 1998, 207~208쪽), 백제의 방령이 최고의 지방관으로 관할하는 지역에서 실질적인 권한을 행사하고 있었던 반면 당대의 도독은 군사권과 인사권 등이 중앙에 귀속되는 등 그 권한이 매주 축소된 상태였다. 따라서 당의 도독보다는 남북조시대의 그것과 비교하는 것이 백제의 방령을 보다 근접하게 이해할 수 있으리라 여겨진다.

124) 왕도의 5부를 중앙통치조직으로 파악하기도 하지만 왕도에 대한 편제는 중앙에서 정치를 이끌어 가는 중앙통치기구와는 다른 차원의 왕도라는 '지역'에 대한 통치제도라는 점에서 지방통치체제의 범주 속에 넣어 고찰할 필요가 있다(金英心,「百濟의 支配體制 整備와 王都 5部制」『百濟의 地方統治』, 學硏文化社, 1998, 103~106쪽).

125) "官有太大兄…凡十二等 復有 內評 外評 五部褥薩"(『隋書』卷81 列傳46 東夷 高麗). 이를 '내평·외평·5부의 욕살'로 해석하는 견해도 있다(노태돈, 앞의 책, 261쪽).

126) 왕도 5부에 관한 자세한 논고는 金英心, 앞의 논문, 1998 참고.

皆達率領之"라는 기사에서도 확인할 수 있었다. 따라서 정원이 30명으로 규정되어 있는 달솔의 위계를 가진 백제의 지방 장관은 총 10명이었음을 알 수 있다.

그러나 방령을 비롯한 왕도 5부 장관의 위계도 변동이 있었을 것으로 짐작된다. 물론 사료를 통하여 확인할 수는 없지만 후기로 갈수록 하위등급의 행정단위가 증가하고 또 행정단위가 아닌 방위성들도 증가하게 되므로 그를 총괄하는 최상위급의 지방관을 더 고위관으로 대체할 필요성이 제기되었을 것이다. 이와는 별도로 정원에 제한이 있던 좌평과 달솔 등의 관등이 무녕왕대 이후 숫적인 증가와 함께 직책 표시가 없는 좌평이 등장하고, 또한 대성 귀족의 전유물이었던 좌평직에 비대성 귀족 등이 등장하는 것으로 보아 점차 정원이 철폐되었던 것으로 보인다.[127] 이러한 변화에 편승하여 지방관의 관등 또한 상위 직급으로 조정되었을 가능성이 있다. 이러한 점은 군의 장관인 군장의 직급이 1)과 4)에서 각각 4품인 덕솔과 3품인 은솔로 표기된 반면 백제 멸망전 風達郡將이었던 黑齒常之의 관등이 달솔로 나오는 것으로 보아[128] 군

127) 좌평의 정원이 철폐된 시기는 대체로 무왕대로 추정되고 있다. 종래 좌평 신분은 거의 대성 귀족이 임명되는 것이 상례였는데 무왕대 隋에 파견된 좌평 王孝隣의 경우는 비대성 귀족이었다. 이러한 현상은 왕권의 전제화와 관련하여 王族을 좌평 신분에 대거 임명하거나 또는 왕권에 협조하는 달솔 계층을 세력 기반화함으로써 좌평의 정치적 지위 하락을 촉진하는 결과가 되었다(梁起錫, 「百濟 泗沘時代의 佐平制 硏究」『忠北史學』9, 1997, 23~26쪽). 좌평의 정원 철폐를 웅진·사비로의 천도 과정에서 포섭되는 다양한 세력들을 중앙 통치질서내로 흡수하는 과정에서 나타나는 것으로 파악하기도 한다(朴賢淑, 「百濟 地方統治體制 硏究」, 高麗大大學院 博士學位論文, 1997, 150쪽). 좌평의 성격과 그 변화에 대한 자세한 논고로 다음의 논문이 참고가 된다.
李鍾旭, 「百濟의 佐平」『震檀學報』45, 1978.
梁起錫, 위의 논문, 1997.

128) 『三國史記』 卷44 列傳4 黑齒常之. "黑齒常知百濟西部人 長七尺餘驍毅有謀

단위 지방관의 직급이 변화하고 있음을 확인할 수 있다. 따라서 방령의 직급 또한 좌평으로 상향 조정되었을 가능성이 있으며, 의자왕 이후 전쟁관련기사에서 군사 지휘관으로 좌평이 많이 등장하는 것은 이들 좌평이 모두 중앙과 관련이 있다기보다는 이들 중 일부는 지방군을 지휘하는 方領이었을 가능성도 상정해 볼 수 있지 않을까 한다.

이들 방령의 명칭은 『일본서기』와 『삼국사기』에 의하면

L-1) 以十二月九日 遣攻斯羅 臣先遣東方領物部莫奇武連 領其方軍士攻函山城…(『日本書紀』卷19 欽明紀 15年)

2) 七月十八日 義慈率太子及熊津方領軍等 自熊津城來降(『三國史記』卷5 新羅本記5太宗武烈王 7年)

이라 하여 방위명(東方領)을 관칭하기도 하였고, 또한 방성이 위치한 지역명(熊津方領)을 관칭하기도 하였던 것으로 보인다. 고구려에서도 『신당서』 동이열전 고려조의 기사에서 방위명과 治所城의 이름을 욕살이라는 직명 앞에 표기하고 있는 것이 확인되므로 참고가 된다.[129]

방령과 관련하여 I2)와 3)에 보이는 方佐는 방에 소속된 속료로 판단된다. 『通典』32 職官14 總論州佐條에 따르면 "위진 이후 자사의 다수가 장군을 겸하여 府를 개설하였으니 州와 府는 각기 따로 僚屬을 두어 州官은 理民하고 府官은 理戎하였다."라 하여 속료가 각기 민정과 군정

略 爲百濟達率兼風達郡將 猶唐刺史云…".

그러나 흑치상지의 墓誌에 근거하여 그의 家系에서 대대로 달솔이었던 사람은 부와 조부 이상이었지 본인은 4품 덕솔로서 風達郡에 소속된 3명의 군장 중 1인이었을 것이라는 견해도 있다(馬馳, 「『舊唐書』「黑齒常之傳」의 補闕과 考辨」『百濟의 中央과 地方』, 忠南大百濟硏究所, 1996, 212~213쪽).

129) 『新唐書』卷220 東夷列傳145 高麗. "于是高麗北部傉薩高延壽 南部傉薩高惠眞 引兵及靺鞨衆十五萬來援 … 烏骨城傉薩已耄 朝攻而夕可下 …".

을 담당하고 있음을 알 수 있다. 또한『舊唐書』卷199上 列傳 東夷 高麗를 보면 고구려에서도 “外置州縣六十餘城 大城置傉薩一 比都督 諸城置道使 比刺史 其下各有僚佐 分掌曹事”라고 하여 대성에는 욕살, 제성에는 도사가 있었는데 각각 僚佐를 두고 일을 분장했다는 기록을 통하여 고구려에서도 屬僚를 두고 업무를 분장하고 있음을 확인할 수 있다. 따라서 백제의 방좌 역시 방령을 보좌하면서 민정과 군정의 실무를 담당하였을 것으로 보인다.

方佐의 정원은 “方佐貳之”의 ‘貳’를 ‘二’로 보면서[130] 정원을 2인으로 보기도 하지만[131] ‘二’로 볼 때 해석상 난맥을 보이기 때문에 보좌한다는 의미의 ‘貳’로 보고 “方佐는 方領을 보좌한다”로 보는 것이 무난하리라 여겨진다. 그렇다 하여도 방좌는 위진과 고구려의 경우를 참조할 때 그 정원은 복수 이상으로 군정과 민정을 분장하는 것으로 보아 큰 무리가 없을 듯 싶다.

方佐의 직급은 I1)의 ‘郡將三人’을 방의 하부조직으로 군이 설정되지 않은 상태에서 방에 일시적으로 설치된 관직으로 보고 이후 I2) 단계에 이르러 방과 군이 분화되면서 군장은 군의 장관이 되고 방의 군장 자리에 방좌가 신설되기 때문에 I1)에 보이는 군장과 같은 덕솔로 보기도 한다.[132] 그러나 앞 절에서 5방제는 성립 단계에 이미 3단계의 누층적 구조를 가지고 있었음이 확인된 바 있었으므로 군장을 방에 두었던 직관으로 보기는 어렵다. 따라서 방좌의 직급을 덕솔로 단정할 수 없음은 물론이며, 현재로서는 달리 추정할 수 없다.

---

130) 南監本・武英殿本 및『冊府元龜』에는 二로 되어 있다.(朴性鳳, 「東夷傳 百濟關係 記事의 整理硏究」『百濟論叢』, 1985, 29쪽 주18).

131) 김주성, 앞의 논문, 1992, 44쪽.

132) 李根雨, 앞의 논문, 1997, 343~356쪽.

이들 방좌가 중앙에서 파견된 관료였는지 아니면 방령의 추천으로 기용된 재지의 유력자였는지는 정확히 알 수 없다. 그러나 K2)에서 '晉太康中 都督知軍事 刺史治民 各用人'이라 하여 晉의 경우 도독과 자사가 用人함에 인사권을 가지고 있는 것을 보면 방좌를 중앙에서 파견하였다기 보다는 방령이 그 지역의 정세에 밝은 재지의 유력자나 측근을 등용하였을 가능성이 보다 크리라 여겨진다.

다음으로 5방제하 제2단계 지방통치 단위인 군의 장관이었던 군장을 살펴보고자 한다.

군장은 중국 한과 위대 군태수의 별칭이다. 한대에는 군에 태수 이외에 군사를 담당한 都尉를 두는 것이 원칙이었으나, 후한말 대부분의 군에 도위를 두지 않아 태수가 군정을 겸하는 경우가 많았기 때문에 이런 명칭이 생기게 되었다.[133] 따라서 군태수가 아니라 군장이라는 칭호를 사용한 것 자체에서 백제의 군단위 장관은 군정과 민정을 아울러 담당한 것으로 보인다.[134]

사료 I－1)과 3)에서는 군장의 정원이 3인으로 나타나고 있는 반면 2)와 4)에서는 정원을 명시하지 않고 있어 군장의 정원 문제는 5방제 연구에서 가장 큰 쟁점이 되고 있다. 즉 위의 사료를 근거로 하여 군장이 모든 군에 파견된 것이 아니라 방에 소속된 6·7～10개의 군중 중심되는 3개의 군에만 군장이 1인씩 존재하였고 나머지는 도사가 주어졌다는 견해[135]와 각 군마다 군장 3인이 있었다는 견해로 대별된다.[136]

---

133) 日中民族科學研究所編,『中國歷代職官辭典』, 國書刊行會, 昭和 55年(1980), 71쪽.

134) 金英心, 앞의 논문, 1997, 85쪽.

135) 韓國古代史研究會編,「韓國古代史研究會 第9回 合同討論會 녹취록중 이도학 발언내용」『韓國古代社會의 地方支配』, 1997, 280～286쪽.

136) 金英心, 앞의 논문, 1997, 85쪽.

그러나 사료의 문맥으로 보면 후자의 견해가 좀 더 합리적이라 여겨진다.

1개 군에 군장의 정원을 3인으로 한 요인에 대하여

첫째, 출신기반이 다른 3인을 임용함으로써 상호 견제의 효과를 꾀하기 위하여

둘째, 관할 구역을 좀 더 효율적으로 통치하기 위해 관할하에 있는 중요한 성의 성주를 맡았을 가능성

셋째, 업무분장 차원에서

넷째, 이들 3인은 서로 서열이 다르지만, 군 단위의 지방관 즉 군장의 합칭일 가능성 등을 상정하면서 네 번째의 가능성이 가장 큰 것으로 보고 있다.[137)]

그러나 사료 I2)와 4)의 경우 정원이 명시되지 않은 것인지, 아니면 군장이 1인이기 때문에 굳이 표기하지 않은 것인지 쉽사리 판단할 수 없기 때문에 과연 백제 멸망시 까지 군장의 정원이 3인이었는지는 알 수가 없다. 사실 1개 군에 동일한 직급의 군장이 3인이라는 점은 이들이 수평적 관계에 있었다는 것으로 3국간 치열한 전투가 전개되는 상황하에서 지휘체계의 혼선을 가져올 수도 있었기 때문에 오히려 상하관계로 정리되면서 변화하였을 가능성도 적지 않았을 것이라고 여겨진다.

군장의 품계 또한 시대의 상황에 따라 변화하고 있었음을 알 수 있

---

137) 金英心, 위의 논문, 1997, 89~90쪽.
만약 백제 멸망시까지 郡將의 정원이 3인이었다면 이들은 각각 군정・민정・사법 등을 분장하였을 것으로 보인다. 따라서 네 번째의 가능성보다는 오히려 세번째의 가능성이 크지 않을까 한다. 박현숙도 군장 3인은 각각 고유의 업무를 분장하고 있었던 것으로 보고 있다(앞의 논문, 1998, 210쪽).

다. I1)의 『주서』 단계 군장의 직품이 4품 덕솔이었던 반면 4)의 『翰苑』 단계에서는 3품 은솔로 나타나고 있다. 또한 백제 멸망시 흑치상지는 풍달군의 군장으로 2품인 달솔의 품계를 가지고 있었다. 이는 앞서 지적한 바와 같이 후기로 갈수록 하위등급의 행정단위가 증가하고 또 행정단위가 아닌 방위성들도 증가하게 되므로 그를 총괄하는 지방관을 더 높은 직으로 대체할 필요성이 제기되었기 때문인 것으로 보인다.[138] 또한 점차적인 직급의 상승과 더불어 3인의 정원을 1인으로 조정하면서 중복적이었던 지휘체계 또한 일원화되었을 것으로 보인다.

5방제 하에서 가장 하위 지방통치 단위는 현급의 성으로 백제 멸망기에 대략 200~250개 정도가 있었던 것으로 추정되며, 그 장관은 성주 혹은 도사로 호칭되었다. I1)의 "城之內外民庶及餘小城 咸分隷焉"과 I4)의 "諸城左右 亦各小城 皆統諸方"에서 보이는 '餘小城'과 '小城'이 이에 해당된다. 이들 현급 성이 군급 성에 해당되는 성과 제성에 통속되었으므로 성주(도사) 역시 군장의 지휘 체계내에 있었으며,[139] 몇 개의 촌과 군사적 방어시설로서의 성이 모여 이루어진 편제 단위라 할 수 있다.

---

138) 『주서』와 『한원』은 모두 완성된 형태의 5방제를 기술하고 있다. 그러나 군장의 품계에 대하여 전자는 덕솔, 후자는 은솔로 기록하고 있는데 후자의 경우 전자보다 5방제에 관한 좀 더 자세한 내용을 보여주고 있다. 따라서 『한원』은 백제의 좀 더 늦은 시기의 상황을 전해주는 것으로 생각되며, 5방제의 변화상을 짐작할 수 있다. 반면 군장 3인의 관품은 덕솔 이상이고 은솔과 달솔도 있었는데 각각의 역할 비중에 따라 그 관품에도 경중이 있었다고 보는 견해도 있다(朴賢淑, 앞의 논문, 1998, 210쪽).

139) 성주(道使)는 군현단위에 파견한 지방관으로 군의 군사적인 면은 군장이, 행정적인 면은 도사가 담당했다고 보는 견해도 있다(金周成, 앞의 논문, 1992, 44쪽). 즉 군장과 도사를 수평적 관계로 인식하고 있다. 金壽泰 역시 도사는 군과 현 모두에 관련된 것으로 인식하고 있다. 다만 성립 초기에는 고구려와 같이 군과 연결할 수 있지만 이후 변화 과정을 거치면서 후대에 이르러서는 신라와 같이 현과 연결되는 것으로 이해하고 있다(「百濟의 地方統治와 道使」『百濟의 中央과 地方』, 忠南大百濟硏究所, 1996, 138쪽).

이러한 통속관계는 외적의 침공에 효과적이고 신속하게 대응하기 위한 편제 방침에 따른 것이다. 고구려의 경우 수・당의 대대적인 침공에도 불구하고 요동지역의 여러 성들이 잘 견뎌낸 것은 주요 교통로상의 대성을 중심으로 중하위급의 성들이 상호 연결되어 방어체계를 구축하고 또 주변의 대성들과 중앙과도 긴밀하게 연계되어 있었기 때문이다.[140]

성주 직임자의 품계는 『通典』 卷85 邊防1 百濟條에 "統兵以達率德率扞率爲之 人庶及餘小城 咸分隸焉"이라 하여 달솔・덕솔・한솔 관등의 소지자가 각각 방・군・성에 속한 軍을 통솔하고 있는 것으로 보아 성주(도사)에는 한솔 소지자가 취임하였던 것으로 보인다. 이는 『三國史記』 東城王 20년 秋7월조에 "築沙井城 以扞率毗陁 鎭之"라 하여 사정성을 축조하고 한솔 비타에게 이를 진수케 하고 있으며, 또한 武寧王 卽位年 春正月條에 "佐平苩加 據加林城叛 王帥兵馬 至牛頭城 命扞率解明討之 苩加出降 王斬之 投於白江"이라 하여 백가의 반란을 우두성[141]의 성주인 한솔 해명에게 토벌을 명하는 것 등의 예를 통하여 사정성과 우두성이 현급 성에 해당되며, 성주 직임자의 품계가 5품 한솔임이 확

140) 반면 고구려의 욕살과 처려근지는 각각 군사권을 지니고 있었으므로 양자 사이에는 상하 영속 관계가 없었다는 견해도 있다(노태돈, 앞의 책, 248쪽). 또한 고구려에 주군현이라는 정연한 지방행정 체계가 있었음에도 불구하고 이러한 명칭보다 보통 성읍이라 부르고 있는 것으로 보아 지방행정 구역들이 상대적이기는 하지만 독자성을 가지고 있었는데 이는 지방행정제도가 국가 방어에 중심을 두고 있었음을 반영하는 것이라고 한다(채희국, 『고구려 역사연구－평양 천도와 고구려의 강성－』, 백산자료원, 1999, 131~134쪽).

141) 牛頭城은 동성왕 8년(486)에 축조되었는데 이후 사비지역에 대한 왕의 빈번한 출렵기사 등을 감안할 때 이 성은 사비경영과 밀접한 관련이 있었을 것으로 보이며 현재 부소산성으로 비정되고 있다(沈正輔, 「百濟 泗沘都城의 築造時期에 대하여」 『사비도성과 백제의 성곽』, 서경문화사, 2000, 93~95쪽).

인된다.

이들 현급의 모든 성에 중앙에서 지방관을 파견하였는지 여부는 확인할 수 없지만 다만 국가 주도 아래 축조된 성이나 중요한 성에는 중앙에서 성주가 파견되었을 것이다. 중앙에서 파견하지 않고 그 지방세력을 임명한 경우라 해도 최소한 중앙에서 사여한 관등은 소지하고 있었을 것으로 보인다.[142] 또한 지방관이 파견되는 시기를 정확히 판단할 수는 없지만 5방제가 성립되기 훨씬 이전임은 물론이다. 이와 관련하여 대체로 고이왕 이후 근초고왕대 이전 어느 시기에 이루어진 것으로 추정하기도 한다.[143] 따라서 현급 성의 존재가 5방제 성립 이전에도 나타나고 있는 것으로 보아 5방제가 전혀 새로운 제도라기보다는 오히려 전대 제도와 밀접한 상관 관계가 있었음을 짐작할 수 있다.

142) 金英心, 앞의 논문, 1997, 97쪽.
143) 金壽泰, 위의 논문, 1996, 141쪽.

第 Ⅵ 章

結 論

第 Ⅵ 章

結 論

본 논문은 백제의 중앙에 의하여 편제된 지방통치제도중 하나인 담로제의 올바른 실상을 파악하고자 하는데 그 목적이 있다. 사실 담로제는 개념규정에서부터 실시시기, 실시지역, 지방관의 성격, 통치방식 등에 연구자간 많은 이견이 존재하고 있다. 그러므로 담로제에 대한 올바른 사실 규명은 이 제도 이외에 백제사의 전개과정속에서 존속하였던 여타의 지방통치제도를 이해하는 데도 필수적 과제라 할 수 있다. 따라서 본 논문에서는 이러한 점을 염두에 두고 백제사 전개과정 상에 존속하였던 지방통치제도로 5부제, 담로제, 5방제를 상정하고 그 편제와 변화·발전 과정을 종합적으로 고찰·정리하여 새로운 인식을 더하고자 하였다. 이에 각 장에서 살펴본 내용을 요약·정리함으로써 결론에 대신하고자 한다.

먼저 제Ⅱ장에서는 백제 건국초기에 획정된 것으로 기록되어 있는 5부에 대하여 살펴보았다.

온조왕대에 구획된 것으로 기록되어 있는 부의 성격은 연구자간 의견이 상충하고 있는데 이는 비단 백제뿐 아니라 고구려·신라사에서도 공통적으로 나타나는 문제라 할 수 있다. 그러나 백제의 부는 편제 당시부터 방위명을 띠고 있으므로 시종일관 고유명을 띠는 신라의 6부나, 3세기 단계에 고유명에서 방위명 부로 전환하는 고구려의 부와 동일시할 수는 없다. 적어도 『삼국사기』 백제본기의 기록에 의거하는 한 단위정치체로서의 성격보다는 행정구역적인 성격을 가지고 있었으므로 초기 백제의 부는 행정 편의를 위하여 중앙에서 임의로 편제한 행정·군사적 성격의 지방통치조직으로 보아야 한다.

백제는 온조왕 17년을 전후하여 내부의 모순에 대한 정지작업을 거치면서 '國完民聚'의 변모된 국가로 거듭나게 된다. 이후 고대국가로의 발전을 위하여 외부세력의 위협에 대처하고, 또한 새로이 편입된 지역을 적극 통치할 필요성에 따라 부여 혹은 고구려에서의 역사적 경험을 원용하여 지방의 상위 통치조직으로서의 부를 편제하게 되었다.

백제가 통치영역을 5部로 편제하기 이전 이들 지역의 영유권 확보는 대체로 서부–동·북부–남부지역의 순서로 이루어 졌다. 백제는 같은 언어와 전통을 공유한 동일한 종족이라는 인식 하에 동·북부세력과는 빈번히 침입해 오던 말갈과 낙랑에 공동 대처하다가 별다른 충돌 없이 평화적으로 흡수·통합한 것으로 보인다. 이들에 대해서는 일정 범위 내에서 자율을 허용하면서 간접적인 통제를 취하였다. 반면 미추홀세력과 마한세력의 병합은 이종족을 무력으로 정복한 결과로 나타난 것이라 할 수 있으며, 이들의 지역은 직접지배를 실현한 것으로 보인다. 그러므로 백제의 초기 부제는 동·북부와 남·서부의 통치방식이 다른 이원 지배구조라는 한계를 가지고 있었다.

그러나 이후 고이왕대의 관등과 복색의 제정 등은 비로소 통치영역의 지배체제가 일원화되었음을 의미하며, 부제의 성격에도 중요한 변화가 있었을 것으로 생각된다. 특히 고이왕 이후 인명 앞에 관칭되던 부명의 사례가 전혀 보이지 않고 있는데 이는 왕이 실질적으로 지방세력가들을 통치체제내에 흡수함은 물론 지방관을 파견하여 직접 민을 통치하게 되었음을 방증하는 사례라 할 수 있다.

백제의 부는 전쟁에서의 효율성 담보 이외에도 내면적으로는 영토확장과 인구의 증대 및 새로운 선진문화를 흡수하였고, 또한 築城과 設柵 등 대규모 역사 수행시 지방관의 파견과 함께 필요한 인력을 징발 하기 위한 역역의 동원 단위로 기능하였다. 이외에도 부를 단위로 한 사민, 부에 대한 국왕의 순무 등을 통해 왕토사상의 확대는 물론 민이 국가에 귀속되어 있음을 확인시켜 주기도 하였다. 따라서 백제는 부의 편제와 실질적 운용을 통하여 왕권의 강화는 물론 고대국가로의 성장을 지향할 수 있었다.

제Ⅲ장에서는 백제의 성장과 담로제의 성립 과정을 살펴보았다.

온조왕대 이후 점진적·지속적이던 백제의 영역확장이 비류왕과 근초고왕대에 이르러 급속히 진행되고, 또한 신라와의 화친·왜와 동진과의 외교관계 수립 등은 당시 긴박하였던 동북아 정세의 정확한 인식하에 이루어진 것으로 앞으로 있을 고구려와의 충돌에 대비하고자 하였던 것이다. 이후 고구려의 남하에 따른 전면적인 무력충돌이 벌어지자 이의 저지에 총력을 기울여야 하는 상황에 직면하게 된다. 이에 따라 당대에 이루어진 새로운 복속지의 종족적·문화적 이질성을 극복하지 못한 상황하에서 기존 지방통치체제인 5부내에 새로이 편제한다는 것은 오히려 내부의 적을 만들 수도 있다는 현실적 위기 의식이 상존하고 있었다. 따라서 근초고왕은 이들 복속지에는 새로운 통치방식을 취하게 되는데 이것이 곧『양서』백제전에 보이는 담로제라 판단된다.

다음으로 담로제 관련 사료 및 편제 시기를 검토해 보았다. 그 결과『양서』백제전과『양직공도』에 의거 백제의 22개 담로가 6세기 초반 백제의 지방통치제도로 명백히 존재하였다는 기존 견해는 재고되어야 한다. 즉 이들 사료를 정밀 분석해 본 결과 『양서』 백제전과 『양직공도』는 편찬 당시의 백제 사정을 전하는 자료를 근거로 하였다기보다는 간략히 요약·정리된 형식으로 남아 있던 전대의 자료를 두루 참고한 것이므로 오히려 민족지적 성격이 더 강하였다. 그러므로 6세기 초반 백제에서 담로제가 시행되고 있었을 개연성은 충분히 상정할 수 있지만 이들 자료를 근거로 담로제 시행시기를 판단할 수 없음은 물론 그 구체적인 실상을 파악하는 데는 더욱 한계가 있음을 알 수 있었다.

최근 『일본서기』 인덕기 41년조의 '始分國郡疆場' 기사가 백제에서의 담로제 실시와 밀접한 관련이 있는 것으로 파악하고 있다. 이러한 점에 유의하여 살펴본 결과 이 기사는 『일본서기』 편찬자가 각색한 부분만을 바로 잡는다면 근초고왕 8년에 있었던 역사적 상황을 반영한 것으로 판단된다. 다만 '始分國郡疆場' 기사는 담로와의 관련성 보다는 온조왕 이후 지속적으로 확장된 영토를 기존 지방통치조직인 5부제로 재편하는 과정으로 보아야 한다. 근초고왕 8년에 있었던 이러한 조치는 이후 이루어지는 남방 경략과 고구려와의 대결을 염두에 두고 군사력과 경제력을 사전 확보하기 위한 정책과 밀접한 관련이 있었을 것으로 보인다. 따라서 담로제는 근초고왕 24년에 있었던 가라7국 평정과 영산강을 중심으로 한 전남 지역 마한 잔여세력의 征討 이후 백제의 지배를 받게되는 이들 지역을 편제한 것으로 근초고왕 재위 후반기의 일로 보인다.

다음으로 담로제와 왕·후제와의 관련성 여부를 살펴보았다. 『송서』·『남제서』·『위서』에는 5세기말에 이르러 왕·후호 수작자들이 집중적으로 보이고 있다. 중국의 경우 위진남북조시대에 왕족 및 고위관료를 각 지방의 왕·후로 분봉함으로써 지방에 대한 통제를 원활히 하고 있었다. 따라서 백제의 왕·후호 수작자들도 지방관으로서의 역할을 수행하였을 것으로 보이며, 5세기 말경 백제의 지방통치제도로 왕·후제를 상정할 수 있다.

그렇다면 왕·후제에서 종족을 중심으로 하는 왕·후호 소지자들이 지명을 관칭한다는 것은 곧 '分地'로 표현되는 지배영역을 가진다는 것으로 이는 결국 『양서』 백제전의 '皆以子弟宗族分據之'라는 상황을 의미하는 것으로 볼 수 있다. 따라서 자제종족은 담로의 장으로 왕·후호 소지자이며, 자제종족이 분거하고 있는 곳은 바로 왕·후의 分地로 볼 수 있다. 이외에도 『양서』 백제전에 보이는 담로가 475년 이후에서 534년 이전의 어느 시기에 백제에서 실시되고 있던 상황을 기술한 것이었고, 반면 『송서』·『남제서』·『위서』의 백제전에 보이는 왕·후호는 458년에서 495년 사이에 나타나고 있으므로 담로제와 왕·후제가 존속했던 시기가 겹치고 있음을 알 수 있다. 따라서 『양서』가 22담로에 대한 핵심적 서술이라면, 『송서』·『남제서』·『위서』 등의 기록은 각 담로의 구체적인 사례로 볼 수 있다.

제Ⅳ장에서는 근초고왕대의 남방경략지와 담로가 편제된 지역과의 상관성, 담로제의 지배방식 및 그 성격 등을 중심으로 살펴보았다.

담로제는 전남 서남 해안지역의 옛 마한지역과 가야의 일부 지역에 편제된 것으로 보이는데 근초고왕대의 남방경략과 밀접한 관련이 있다. 따라서 담로가 편제된 지역은 근초고왕의 남방경략시 새로이 복속된 지역인 전남지역과 비록 영토적으로 백제에 완전 귀속되지는 않았지만 그 영향권 내에 있었던 가야의 일부 지역을 대상으로 설치되었다. 이것을 입증하는 것이 담로의 책임자로 인식되고 있는 왕·후호 수작자와 군 호칭자의 존재이다. 즉 왕·후호 수작자가 관칭한 지명은 대부분이 전남 서남해안에 위치하고 있었으며, 군 호칭자의 경우는 백제의 왕족을 제외하고는 가야의 경영과 관련하여 나타나고 있음을 알 수 있다. 따라서 근초고왕대의 남방경략은 이후 이 지역에 대한 담로제 편제로 연결되고 있음을 확인할 수 있다. 물론 가야의 일부 지역에 대한 담로 편제문제는 좀 더 신중한 검토가 필요하다. 다만 이 지역에 설치된 임나일본부를 백제의 임나지배를 위한 파견군사령부 혹은 임나의 직할령을 통할하기 위한 백제의 기관이라는 견해를 참고하면 이 지역이 담로에 의하여 편제되었을 개연성은 얼마든지 있다.

담로가 편제된 지역에 대한 지배방식은 『삼국사기』 동성왕대의 탐라관계 기사의 분석을 통하여 공납을 매개로 하는 간접지배 방식을 취하고 있었음을 알 수 있었다. 그러나 담로가 편제된 지역에 백제군이 주둔하고 있는 것으로 보아 아마도 직접지배를 전제로 한 것으로 보인다. 또한 담로의 책임자가 중앙의 지시에 따라 복속지의 군사권·외교권·교역권을 장악함은 물론 토착 지배층으로 하여금 경제적 수취와 노동력 동원 등을 관장하게 하는 지배권을 행사하고 있는 것으로도 확인할 수 있다.

담로의 성격과 관련 『삼국사기』에는 담로제가 편제되는 근초고왕 24년 이후에도 기존 백제의 지방통치제도인 5부제가 존속하였고 또한 이를 통하여 부와 부민에 대한 국왕의 통치행위가 계속되고 있음을 보여주고 있다. 따라서 5부제의 해체를 담보로 담로제가 편제된 것이 아니라 두 제도가 일정 기간 함께 존속하고 있었음을 알 수 있다. 오히려 5부제가 백제의 지방통치에 있어서 근간을 이루고 있었던 반면 담로제는 편중된 지역에 특수한 목적을 가지고 설정된 것으로 보인다. 그러므로 5부제에 대신하여 담로가 등장하였다는 기존 견해는 담로제 설정 이전 백제의 지방통치제도의 미숙성이라는 측면의 부각과 그 이후에 시행되는 제도는 보다 발전적이어야 한다는 선입견이 게재된 결과라 할 수 있다.

제Ⅴ장에서는 5방제의 성립과 그 시기 및 전개과정 등을 중심으로 살펴보았다.

백제가 5방제를 편제한 배경은 전대의 제도에서 나타나는 여러 문제점을 극복하고 새로이 조성된 국내외의 환경 변화에 능동적으로 대처하고자 하는 노력의 일환이었다. 따라서 백제의 5방제 편제 배경을 올바로 이해하기 위해서는 이원적 지방통치체제의 운용 과정에서 야기되었던 문제점과 웅진 천도를 전후한 시기의 역사적 상황에 대한 유기적 검토가 필요함을 지적할 수 있다. 그 결과 5부제와 담로제라는 각기 다른 제도의 상존에 따른 국력의 분산을 극복하고, 모든 통치영역을 일원적으로 직접 지배함과 동시에 475년 대고구려전에서 노출된 방어체계의 문제점에 적극 대처하기 위하여 5방제를 편제한 것이었다.

5방제의 성립 시기는 전대 지방통치제도에서 드러나는 문제점을 극복하기 위해서였음을 감안하면 어떠한 형태로든 웅진 천도 이후 오래지 않아 보다 정비된 제도의 필요성 제기와 관련이 있었을 것으로 보인다. 이러한 점을 염두에 두고 고고학적 자료와 문헌 사료를 검토한 결과 백제는 6세기 전반경 부소산성과 나성을 축조하는 등 치밀한 계획 아래 사비 천도를 준비하고 있었고, 웅진 도읍기에도 왕도 5부제가 확인되는 점 등으로 미루어 보아 5방제 역시 사비 천도 이전인 웅진시대에 이루어 진 것으로 보인다. 또한 『일본서기』와 『삼국사기』의 관련 기사 분석을 통하여 새로 정복한 지역에 대한 중앙정부의 지배력 행사 과정과 방식을 알 수 있다. 즉 군사적인 진출이 이루어진 이후 그 지역이 어느 정도 안정이 되면 본격적으로 행정구획화 작업을 하게 되고 이러한 과정을 통하여 지방통치가 자리 잡게 된다. 이러한 일련의 과정을 보여주는 관련 사료를 통하여 5방제가 시행된 시기를 좀 더 압축해 본 결과 무녕왕 12년(512)을 전후한 것으로 판단된다.

다음으로 5방제의 통치구조와 관련하여 방-군-성의 통속관계를 살펴본 결과 기록에는 모든 군성과 현급의 소성들이 모두 방성에 예속되어 있다고 하였다. 하지만 이는 方이 최상위 지방통치조직이라는 기본적인 관념에서 나온 것으로 다만 방성에는 일부 현급 성만이 군정과 민정 모든 부분에서 직접적인 영속관계가 이루어 졌을 뿐이다. 또한 방성과 대부분의 군성과의 관계는 양면성이 있었던 것으로 여겨진다. 군성의 경우 군정부문에 있어서는 대체로 중앙에서 방으로 연결되면서 방-군-성의 통속관계가 지켜졌으나, 민정부문에 있어서는 군이 중앙과 연결되어 군-성 사이의 통속관계가 설정되었던 것으로 보인다. 이러한 통속관계는 5방제가 처음 편제될 당시에 이미 성립되어 있었으며, 지역과 시대적 상황에 따라 어느 정도 속성의 변화를 상정할 수도 있지만 성립 당시의 기본 구조와 큰 차이가 없었을 것으로 여겨진다.

백제의 5방제하에서 나타나는 지방 장관의 명칭은 방령·군장·성주로 이들의 관품은 각각 달솔·덕솔·한솔이었다. 그러나 후기로 갈수록 하위등급의 행정단위가 증가하고 또한 행정단위가 아닌 방위성들도 증가하게 되므로 그를 총괄하는 최상위급의 지방관을 더 고위관으로 대체할 필요성이 제기되고 있었다. 이와는 별도로 정원에 제한이 있던 좌평과 달솔 등의 관등이 무녕왕대 이후 점차 정원이 철폐되는 것으로 보아 지방관의 관등 또한 상위 직급으로 조정되었을 가능성도 있다. 이는 군장의 경우 『주서』 단계에서는 4품 덕솔이었던 반면 『翰苑』 단계에서는 3품 은솔로 나타나고 있고, 또한 백제 멸망시 흑치상지는 풍달군의 군장으로 2품인 달솔의 품계를 가지고 있는 것으로 미루어 짐작컨데 방령과 성주(도사)의 경우도 그 관품이 점차 상향 조정되었으리라 여겨진다.

이상에서 담로제를 중심으로 백제의 전반적인 지방통치체제를 살펴보았다. 그 결과 백제의 지방통치제도는 5부제－담로제－5방제의 순서로 변화·발전한다는 기존 인식과는 달리 5부제－5부제·담로제의 병치기－5방제로 변화하고 있음을 확인할 수 있었다. 그러나 한편으로는 본 논문의 진행과 관련 다음과 같은 미진함이 있었다. 즉 통치영역과 지방통치제도의 변화가 밀접한 관련이 있음에도 불구하고 영역변화 과정의 추적이 소홀하였고 그 결과 제도의 실시지역과 시기별 변화상에 구체성이 결여되었다. 또한 담로제를 중심으로 백제의 전반적인 지방통치제도를 살펴보는 입장에서 제도의 변화가 소속민의 지위변화에 미친 영향 등은 매우 중요한 과제임에도 불구하고 이의 실상 파악이 미흡하였다. 특히 5부제와 담로제가 5방제로 재편되면서 간접지배하에 있었던 담로제하 소속민의 사회적 지위 변동 등은 고대사회의 성격을 이해하는데 중요한 관건임에도 여러 가지 제약으로 말미암아 언급하지 못하였다. 이러한 한계점은 차후의 연구과제로 삼고자 한다.

參考文獻

1. 史書類

『三國史記』, 『三國遺事』, 『新增東國輿地勝覽』, 『後漢書』, 『三國志』, 『魏書』, 『晉書』, 『南史』, 『北史』, 『梁書』, 『宋書』, 『周書』, 『隋書』, 『舊唐書』, 『新唐書』, 『翰苑』, 『通典』, 『資治通鑑』, 「梁職貢圖」, 『日本書紀』, 『續日本紀』, 『新撰姓氏錄』

2. 資料集

駕洛國史蹟開發研究院, 『譯註 韓國古代金石文』1・2, 1992.
駕洛國史蹟開發研究院, 『日本 六國史 韓國關係記事』, 1994.
경희대 전통문화연구소, 『東夷傳 백제관계 자료』, 1986.
國史編纂委員會, 『譯註 中國正史 朝鮮傳』1・2, 1980.
오희복, 『우리나라 역대국가들의 관료기구 및 관직명 편람』, 여강, 1992.
李丙燾, 『國譯 三國史記』, 乙酉文化社, 1977.
日中民族科學研究所編, 『中國歷代職官辭典』, 國書刊行會, 昭和55年(1980).
韓國精神文化研究院, 『譯註 三國史記』1・2・3, 1996・1997・1997.

3. 研究書

孔錫龜, 『高句麗 領域擴張史 研究』, 書景文化社, 1993.

郭長根,『湖南 東部地域 石槨墓 硏究』, 書景文化社, 1999.
權五重,『樂浪郡硏究』, 一潮閣, 1992.
김기섭,『백제와 근초고왕』, 학연문화사, 2000.
김기흥,『삼국 및 통일신라 세제의 연구』, 역사비평사, 1991.
金杜珍,『韓國古代의 建國神話와 祭儀』, 一潮閣, 1999.
金龍星,『新羅의 高塚과 地域集團』, 춘추각, 1998.
金貞培,『韓國古代의 國家起源과 形成』, 고대출판부, 1986.
金哲埈,『韓國古代社會硏究』, 知識産業社, 1975.
金泰植,『加耶聯盟史』, 一潮閣, 1993.
金翰奎,『古代東亞細亞 幕府體制硏究』, 一潮閣, 1997.
金翰奎,『한중관계사』Ⅰ, 대우학술총서422, 1999.
金鉉球,『任那日本府硏究－韓半島南部經營論批判－』, 一潮閣, 1993.
盧重國,『百濟政治史硏究－國家形成과 支配體制의 變遷을 中心으로－』, 一潮閣, 1988.
노태돈,『고구려사 연구』, 사계절, 1999.
都守熙,『百濟語硏究』Ⅰ・Ⅱ・Ⅲ, 百濟文化開發硏究院, 1987・1989・1994.
문창로,『삼한시대의 읍락과 사회』, 신서원, 2000.
方東仁,『韓國의 國境劃定硏究』, 一潮閣, 1997.
서병국,『고구려 제국사』, 혜안, 1997.
서영일,『신라 육상 교통로 연구』, 학연문화사, 1999.
申瀅植,『三國史記硏究』, 一潮閣, 1981.
申瀅植,『百濟史』, 이화여대출판부, 1992.
申瀅植,『韓國古代史의 新硏究』, 一潮閣, 1984.
연민수,『古代韓日關係史』, 혜안, 1998.
兪元載,『中國正史 百濟傳 硏究』, 學硏文化社, 1993.
兪元載,『熊津百濟史硏究』, 주류성, 1996.
尹武炳,『百濟考古學硏究』, 學硏文化社, 1992.
李康來,『三國史記 典據論』, 民族社, 1996.
李基東,『百濟史硏究』, 一潮閣, 1996.
李基白,『韓國古代政治社會史硏究』, 一潮閣, 1996.
李道學,『백제 고대국가 연구』, 一志社, 1995.

이도학, 『새로 쓰는 백제사』, 푸른역사, 1997.
李丙燾, 『韓國古代史研究』, 博英社, 1976.
李炳銑, 『韓國 古代 國名・地名研究』, 螢雪出版社, 1982.
李仁哲, 『新羅政治制度史研究』, 一志社, 1993.
이인철, 『고구려의 대외정복연구』, 백산자료원, 2000.
李鐘睿, 『韓國 古代國家의 奴隷와 農民』, 한림대 아세아문화연구소, 1997.
이종욱, 『한국 초기국가 발전론』, 새문社, 1999.
이종욱, 『한국의 초기국가』, 대우학술총서444, 1999.
李賢惠, 『三韓社會 形成過程研究』, 一潮閣, 1984.
李賢惠, 『韓國 古代의 生産과 交易』, 一潮閣, 1998.
李昊榮, 『新羅三國統合과 麗・濟敗亡原因研究』, 書景文化社, 1997.
李弘稙, 『韓國古代史의 研究』, 新丘文化社, 1971.
丁仲煥, 『加羅史研究』, 혜안, 2000.
鄭孝雲, 『古代 韓日 政治交涉史 研究』, 學研文化社, 1995.
朱甫暾, 『新羅 地方統治體制의 整備過程과 村落』, 신서원, 1998.
채희국, 『고구려 역사 연구-평양 천도와 고구려의 강성-』, 백산자료원, 1999.
千寬宇, 『加耶史研究』, 一潮閣, 1991.
千寬宇, 『古朝鮮史・三韓史研究』, 一潮閣, 1989.
崔光植, 『고대 한국의 국가와 제사』, 한길사, 1994.
崔夢龍・沈正輔 編著, 『百濟史의 理解』, 學研文化社, 1991.
崔夢龍・崔盛洛 編著, 『韓國 古代國家 形成論』, 서울대 출판부, 1991.
崔在錫, 『韓國古代社會史研究』, 一志社, 1987.
韓容根, 『高麗律』, 書景文化社, 1999.
今西龍, 『百濟史研究』, 近澤書店, 1934.
金錫亨(朝鮮史研究會譯), 『古代朝日關係史-大和政權と任那-』, 勁草書房, 1969.
末松保和, 『任那興亡史』, 吉川弘文館, 1949.
山尾幸久, 『古代の日朝關係』, 塙書房, 1989.
三品彰英, 『日本書紀朝鮮關係記事考證』上, 吉川弘文館, 1962.
池內宏, 『日本上代史の一研究』, 中央公論美術出版, 1960.

4. 硏究論文

姜珉植, 「百濟의 國家形成過程에 대한 一考察」『韓國上古史學報』 12, 1993.
姜鳳龍, 「신라 中古期 州制의 형성과 운영」『韓國史論』 16, 1987.
姜鳳龍, 「百濟의 馬韓 倂呑에 대한 新考察」『韓國上古史學報』 26, 1997.
姜鳳龍, 「三國의 地方編制單位와 地方官」『金容燮敎授停年紀念韓國史學論叢』, 1997.
강봉룡, 「5~6세기 영산강유역 '甕棺古墳社會'의 해체」『百濟의 地方統治』, 學硏文化社, 1998.
姜鳳龍, 「三國 및 統一新羅 軍事參與層의 擴大와 軍役制」『百濟硏究』 32, 2000.
姜鍾元, 「百濟 近肖古王의 王位繼承」『百濟硏究』 27, 1997.
姜鍾元, 「百濟 比流王의 卽位와 政局運營」『韓國上古史學報』 30, 1999.
姜鍾薰, 「『三國史記』 초기기록에 보이는 '樂浪'의 실체－진한연맹체의 공간적 범위와 관련하여－」『三韓의 社會와 文化』, 1995.
고경석, 「삼국시대 民과 奴婢의 신분적 성격」『한국 고대의 신분제와 관등제』, 대우학술총서 489, 2000.
郭長根, 「湖南 東部地域 高塚의 分布相과 그 意味」『百濟硏究』 31, 2000.
權五榮, 「4세기 百濟의 地方統治方式 一例－東晉 靑磁의 流入經緯를 中心으로－」『韓國史論』 18, 1988.
權五榮, 「初期百濟의 成長過程에 관한 一考察」『韓國史論』 15, 1986.
權五榮, 「三韓의 「國」에 대한 硏究」, 서울대대학원 박사학위논문, 1996.
金起燮, 「三國史記 百濟本紀에 보이는 靺鞨과 樂浪의 位置에 대한 再檢討」『淸溪史學』 8, 1991.
金起燮, 「百濟의 建國問題를 둘러싼 學界의 새로운 시각에 대하여」『淸溪史學』 8, 1991.
金起燮, 「百濟 近肖古王代의 北境」『軍史』 29, 1994.
金起燮, 「百濟 前期의 漢城에 대한 再檢討」『鄕土서울』 55, 1995.
金起燮, 「近肖古王代 南海岸 進出說에 대한 再檢討」『百濟文化』 24, 1995.
金起燮, 「4세기경 百濟의 人口와 住民構成」『京畿史學』 1, 1997.
金起燮, 「百濟漢城時代統治體制硏究」, 韓國精神文化硏究院 博士學位論文, 1997.
金起燮, 「百濟 前期의 部에 관한 試論」『百濟의 地方統治』, 學硏文化社, 1998.
金起燮, 「彌鄒忽의 位置에 대하여」『韓國古代史硏究』 13, 1998.

金起燮,「百濟의 佐平 試論」『淸溪史學』 13, 1998.

金基興,「삼국시기 戰爭과 租稅制의 변화」, 한국고대사학회 12회 학술토론회발표요지, 1999년 2월.

金基興,「三國時代 稅制의 성격」『國史館論叢』 35, 1992.

金基興,「신라시기 民의 사회경제적 위상」『韓國史硏究』 102, 1998.

金杜珍,「百濟始祖 溫祚神話의 形成과 그 傳承」『韓國學論叢』 13, 1990.

金元龍,「三國時代의 開始에 關한 一考察－三國史記와 樂浪郡에 대한 再檢討－」『東亞文化』 7, 1967.

金元龍,「百濟建國地로서의 漢江下流地域」『百濟文化』 7·8, 1975.

金侖禹,「河北慰禮城과 河南慰禮城考」『韓國古代史』 2, 檀國大 史學會篇, 1994.

金庠基,「百濟의 遼西經略에 對하여」『白山學報』 3, 1967.

金壽泰,「百濟의 地方統治와 道使」『百濟의 中央과 地方』, 忠南大百濟硏究所, 1996.

金壽泰,「3세기 중·후반 백제의 발전과 馬韓」『백제연구총서』 6, 忠南大百濟硏究所, 1998.

金壽泰,「百濟 蓋鹵王代의 對高句麗戰」『百濟史上의 戰爭』, 忠南大百濟硏究所, 2000.

金承玉,「漢城百濟의 形成過程과 對外關係－스타일과 영역문제를 중심으로－」『百濟史上의 戰爭』, 제9회 百濟硏究 國際學術大會발표문, 충남대백제연구소, 1998. 10.

金承玉,「고고학의 최근 연구동향 : 이론과 방법론을 중심으로」『韓國上古史學報』 31, 1999.

金榮官,「百濟의 熊津遷都 背景과 漢城經營」『忠北史學』 11·12, 2000.

金英心,「5~6세기 百濟의 地方統治體制」『韓國史論』 22, 1990.

金英心,「6~7세기 百濟의 地方統治體制－地方官을 중심으로－」『韓國古代史硏究』 11, 1997.

金英心,「百濟地方統治體制硏究－5~7세기를 중심으로－」, 서울대대학원 박사학위논문, 1997.

金英心,「百濟의 城·村과 地方統治」『百濟硏究』 28, 1998.

金英心,「百濟의 支配體制 整備와 王都 5部制」『百濟의 地方統治』, 學硏文化社, 1998.

金英心,「泗沘都城의 행정구역 편제－王都 5部制의 시행－」『사비도성과 백제의 성곽』, 서경문화사, 2000.
김영심, 「百濟 官等制의 成立과 運營」『국사관논총』82, 1998.
金英心, 「忠南地域의 百濟 城郭 研究－地方統治와 관련하여－」『百濟研究』30, 1999.
김영심, 「백제사에서의 部와 部體制」『韓國古代史研究』17, 2000.
金瑛河, 「百濟・新羅王의 軍事訓練과 統帥」『泰東古典研究』6, 1990.
金瑛河, 「新羅의 發展段階와 戰爭」『韓國古代史研究』4, 1991.
金瑛河, 「韓國古代社會의 政治構造」『韓國古代史研究』8, 1995.
金瑛河, 「韓國 古代國家의 政治體制發展論－'部體制' 論爭에 대한 소견을 대신하여－」『韓國古代史研究』17, 2000.
金永炫, 「百濟社會의 災異觀에 관한 考察」『歷史教育』45, 1989.
김용성, 「大邱・慶山地域 高塚古墳의 研究」, 영남대대학원 박사학위논문, 1977.
金恩淑, 「『日本書紀』'任那' 기사의 기초적 검토」『韓國史 市民講座』11, 1992.
金周成, 「百濟 泗沘時代 政治史研究」, 전남대대학원 박사학위논문, 1990.
金周成, 「榮山江流域 大形甕棺墓 社會의 成長에 대한 試論」『百濟研究』27, 1997.
金周成, 「백제 지방통치조직의 변화와 지방사회의 재편」『國史館論叢』35, 1992.
金哲埈, 「百濟社會와 文化」『武寧王陵 發掘調查報告書』, 文化財管理局, 1973.
金哲埈, 「百濟建國考」『百濟研究』特輯號, 1982.
金泰植, 「百濟의 伽倻地域 關係史 試考－交涉과 征服方式의 變遷을中心으로－」『百濟의 中央과 地方』, 忠南大百濟研究所, 1996.
金泰植, 「6세기 전반 加耶 南部諸國의 소멸과정 고찰」『韓國古代史研究』1, 1988.
金泰植, 「『日本書紀』에 나타난 韓國古代史像」『韓國古代史研究』14, 1998.
金賢淑, 「高句麗 初期 那部의 分化와 貴族의 姓氏」『慶北史學』16, 1993.
金賢淑, 「高句麗 中・後期 中央集權的 地方統治體制의 發展過程」『韓國古代史研究』11, 1997.
盧重國, 「百濟王室의 南遷과 支配勢力의 變遷」『韓國史論』4, 1978.
盧重國, 「高句麗律令에 關한 一試論」『東方學志』21, 1979.
盧重國, 「高句麗・百濟・新羅사이의 力關係 變化에 대한 一考察」『東方學志』28, 1981.
盧重國, 「泗沘時代 支配體制의 變遷」『韓沽劤博士停年紀念史學論叢』, 1981.
盧重國, 「漢城時代 百濟의 地方統治－檐魯體制를 中心으로－」『邊太燮博士華甲紀

念史學論叢』, 1985.
盧重國, 「目支國에 대한 一考察」『百濟論叢』2, 1990.
盧重國, 「漢城時代 百濟의 檐魯制 實施와 編制基準」『啓明史學』2, 1991.
盧重國, 『4～5세기 百濟의 政治運營」『韓國古代史論叢』6, 1994.
盧重國, 「『三國史記』의 百濟 地理關係 記事 檢討」『三國史記의 原典 檢討』, 韓國精神文化硏究院, 1995.
盧泰敦, 「古代國家의 成立과 發展」『韓國史』2, 國史編纂委員會, 1977.
盧泰敦, 「三國時代 '部'에 關한 硏究－成立과 構造를 中心으로－」『韓國史論』2, 1975.
盧泰敦, 「초기 고대국가의 국가구조와 정치운영－부체제론을 중심으로－」『韓國古代史硏究』17, 2000.
馬　馳, 「『舊唐書』「黑齒常之傳」의 補闕과 考辨」『百濟의 中央과 地方』, 忠南大百濟硏究所, 1996.
文東錫, 「한강유역에서 백제의 국가형성」『역사와 현실』21, 1996.
文東錫, 「4世紀 百濟의 伽倻遠征에 대하여－鐵山地 확보 문제를 중심으로－」『國史館論叢』74, 1997.
文安植, 「≪三國史記≫羅・濟本紀의 靺鞨史料에 대하여－靺鞨勢力의 地域的 分布 및 種族構成上의 차이와 변화를 중심으로－」『韓國古代史硏究』13, 1998.
朴京哲, 「高句麗 軍事力量의 再檢討」『白山學報』35, 1988.
朴京哲, 「扶餘國家의 支配構造 考察을 위한 一試論」『韓國古代史硏究』9, 1996.
朴京哲, 「'高句麗社會'의 發展과 政治的 統合努力」『韓國古代史硏究』14, 1998.
朴性鳳, 「東夷傳 百濟關係 記事의 整理硏究」『百濟論叢』, 1985.
朴性鳳, 「高句麗發展의 方向性 問題－南進發展論의 民族史的 再吟味－」『東國大學校 開校八十周年 記念論叢』, 1987.
朴性鳳, 「高句麗의 漢江流域進出과 意義」『高句麗 南進 經營史의 硏究』, 白山資料院, 1995.
朴性鳳, 「廣開土好太王期의 內政整備에 대하여」『高句麗 南進 經營史의 硏究』, 白山資料院, 1995.
朴淳發, 「百濟 都城硏究」『百濟歷史再現團地造成 調査硏究報告書』 考古美術分野1, 忠淸南道, 1996.
朴淳發, 「漢城百濟 基層文化의 性格」『百濟硏究』26, 1996.

朴淳發,「漢城百濟의 中央과 地方」『百濟의 中央과 地方』, 忠南大百濟硏究所, 1996.
朴淳發,「4~6世紀 榮山江流域의 動向」『百濟史上의 戰爭』, 제9회 百濟硏究 國際學術大會발표문, 충남대백제연구소, 1998.
朴淳發,「百濟國家의 形成」, 서울대대학원 박사학위위논문, 1998.
朴淳發,「百濟의 南遷과 榮山江流域 政治體의 再編」, 충남대백제연구소 백제연구 한일학술회의, 1999. 10.
朴淳發,「泗沘都城의 構造에 대하여」『百濟硏究』31, 충남대백제연구소, 2000.
朴淳發,「漢城百濟의 對外關係－國家 成立期 對外交涉의 實狀과 意義－」『百濟硏究』30, 1999.
朴燦圭,「百濟 熊津初期 北境問題」『史學志』24, 1991.
朴燦圭,「百濟前期 經濟的 成長과 統治體制의 發達」『史學志』28, 1995.
朴燦圭,「百濟의 馬韓征服過程 硏究」, 단국대대학원 박사학위논문, 1995.
박찬규,「『三國史記』를 통해 본 百濟前期 통치영역」『百濟의 地方統治』, 學硏文化社, 1998.
朴賢淑,「百濟 初期의 地方統治體制硏究－'部'의 性格과 變化過程을中心으로－」『百濟文化』20, 1990.
朴賢淑,「百濟 檐魯制의 實施와 그 性格」『宋甲鎬敎授停年退任紀念論文集』, 1993.
朴賢淑,「百濟 泗沘時代의 地方統治體制 硏究」『韓國史學報』창간호, 1996.
朴賢淑,「宮南池 출토 百濟 木簡과 王都 5部制」『韓國史硏究』92, 1996.
朴賢淑,「百濟地方統治體制硏究」, 고려대대학원 박사학위논문, 1997.
朴賢淑,「百濟 泗沘時代의 地方統治와 領域」『百濟의 地方統治』, 學硏文化社, 1998.
朴賢淑,「百濟 軍事組織의 整備와 그 性格」『史叢』47, 1998.
白承忠,「6세기 전반 백제의 가야진출과정」『百濟硏究』31, 2000.
徐永大,「高句麗 平壤遷都의 動機－王權 및 中央集權的 支配體制의 强化過程과 관련하여－」『高句麗 南進 經營史의 硏究』, 白山資料院, 1995.
徐榮洙,「廣開土大王陵碑文의 征服記事 再檢討」上『歷史學報』96, 1982.
徐榮洙,「衛滿朝鮮의 形成過程과 國家的性格」『韓國古代史硏究』9, 1996.
徐榮洙,「對外關係史에서 본 樂浪郡」『史學志』31, 1998.
徐程錫,「全南地域 橫穴式 石室墳의 構造와 性格에 대한 試論」『韓國 古代의 考古와 歷史』, 學硏文化社, 1997.
徐程錫,「百濟 5方城의 位置에 대한 試考」『湖西考古學』3, 2000.

서정석, 「公州地域의 山城」『國立公州博物館紀要』創刊號, 2001.

徐毅植, 「新羅 '中古'期 六部의 部役動員과 地方支配」『韓國史論』23, 1990.

成洛俊, 「榮山江流域의 甕棺墓 硏究」『백제문화』15, 1978.

成洛俊, 「榮山江流域 甕棺古墳의 文化的 性格」『百濟硏究』26, 1996.

成正鏞, 「洪城 神衿城址 出土 百濟土器에 대한 考察」『韓國上古史學報』15, 1994.

成周鐸, 「大田附近古代城址考」『百濟硏究』5, 1974.

成周鐸, 「漢江流域 百濟初期 城址 硏究－夢村土城・二聖山城 調査와 文獻과의 比較檢討－」『百濟硏究』14, 1983.

成周鐸, 「百濟 泗沘都城 再齣」『百濟硏究』28, 1998.

成周鐸, 「百濟都城築造의 發展過程에 對한 考察」『百濟硏究』19, 1988.

成周鐸, 「泗沘都城과 百濟의 城郭」『사비도성과 백제의 성곽』, 서경문화사, 2000.

申瀅植, 「三國時代 戰爭의 政治的 意味」『韓國史硏究』43, 1983.

申瀅植, 「百濟史 硏究의 成果와 課題」『수촌 박영석교수 화갑기념한국사학논총』, 1992.

申瀅植, 「百濟史의 性格」『汕雲史學』6, 1992.

沈正輔, 「百濟 泗沘都城의 築造時期에 대하여」『사비도성과 백제의 성곽』, 서경문화사, 2000.

梁起錫, 「熊津時代의 百濟支配層 硏究－王權强化政策과 關聯하여－」『史學志』14, 1980.

梁起錫, 「百濟 腆支王代의 政治的變革」『湖西史學』10, 1982.

梁起錫, 「5세기 百濟의 「王」・「侯」・「太守」制에 대하여」『史學硏究』38, 1984.

梁起錫, 「百濟專制王權成立過程硏究」, 檀國大大學院 博士學位論文, 1990.

梁起錫, 「韓國古代의 中央政治－百濟 專制王權의 成立問題를 중심으로－」『國史館論叢』21, 1991.

梁起錫, 「兪元載, 『梁書』〈百濟傳〉의 檐魯에 대한 討論要旨」『百濟의 中央과 地方』, 忠南大百濟硏究所, 1996.

梁起錫, 「百濟 近仇首王의 對外活動과 政治的 地位－高句麗와의 關係를 중심으로－」『百濟論叢』6, 1997.

梁起錫, 「百濟 泗沘時代의 佐平制 硏究」『忠北史學』9, 1997.

梁起錫, 「百濟 初期의 部」『韓國古代史硏究』17, 2000.

余昊奎, 「高句麗 初期 那部統治體制의 成立과 運營」『韓國史論』27, 1992.

余昊奎, 「3세기 후반~4세기 전반 고구려의 교통로와 지방통치조직-南道와 北道를 중심으로-」『韓國史硏究』 91, 1995.
余昊奎, 「高句麗 初期의 諸加會議와 國相」『韓國古代史硏究』 13, 1998.
余昊奎, 「고구려 초기 정치체제의 성격과 성립기반」『韓國古代史硏究』 17, 2000.
吳舜濟, 「百濟 漢城時期 都城體制의 硏究」, 명지대대학원 박사학위논문, 2000.
吳舜濟, 「경기도 중·북부지방의 고구려산성」『고구려산성과 해양방어체제 연구』, 백산자료원, 2000.
兪元載, 「熊津都城의 五部問題」『于江權兌遠敎授停年紀念論叢』, 1994.
兪元載, 「熊津時代의 泗沘經營」『百濟文化』 24, 1995.
兪元載, 「百濟 湯井城硏究」『百濟論叢』 3, 1995.
兪元載, 「百濟 熊津時代의 地方統治와 貴族勢力」『百濟文化』 26, 1997.
유원재, 「『梁書』〈百濟傳〉의 檐魯」『百濟의 地方統治』, 學硏文化社, 1998.
兪元載, 「百濟의 領域變化와 地方統治」『韓國上古史學報』 28, 1998.
兪元載, 「百濟의 領域變化와 地方統治」『百濟의 地方統治』, 學硏文化社, 1998.
유원재, 「백제의 마한 정복과 지배 방법」『榮山江流域의 古代社會』, 學硏文化社, 1999.
유현용, 「溫祚王代 馬韓征服記事의 재고찰」『史叢』 46, 1997.
尹武炳, 「金堤 碧骨堤 發掘報告」『百濟硏究』 7, 1976.
李基東, 「中國史書에 보이는 百濟王 牟都에 대하여」『歷史學報』 62, 1974.
李基白, 「百濟史上의 武寧王」『武寧王陵』, 文化財管理局, 1973.
李根雨, 「『日本書紀』에 引用된 百濟三書에 관한 硏究」, 한국정신문화연구원 박사학위논문, 1994.
李根雨, 「熊津時代 百濟의 南方境域에 대하여」『百濟硏究』 27, 1997.
李根雨, 「百濟의 方郡城制 관련사료에 대한 재검토」『韓國 古代의 考古와 歷史』, 學硏文化社, 1997.
李南珪, 「韓半島 古代國家形成期 鐵製武器의 形成과 普及-中國과의 比較的 視覺에서 -」『한국고대사연구』 16, 1999.
李道學, 「永樂 6年 廣開土王의 南征과 國原城」『孫寶基博士停年紀念韓國史學論叢』, 知識産業社, 1988.
李道學, 「漢城 後期의 百濟 王權과 支配體制의 整備」『百濟論叢』 2, 百濟文化開發硏究院, 1990.

李道學, 「百濟의 起源과 國家形成에 관한 재검토」『한국 고대국가의 형성』, 민음사, 1990.
李道學, 「百濟 七支刀 銘文의 再解釋」『韓國學報』60, 1990.
李道學, 「백제 집권국가 형성과정 연구」, 한양대대학원 박사학위논문, 1991.
李道學, 「方位名 夫餘國의 성립에 관한 檢討」『白山學報』38, 1991.
李道學, 「百濟 漢城時期의 都城制에 관한 檢討」『韓國上古史學報』9, 1992.
李道學, 「4세기 征服國家論에 대한 檢討」『韓國古代史論叢』6, 1994.
李道學, 「古代國家의 成長과 交通路」『國史館論叢』74, 1997.
李東熙, 「南韓地域의 高句麗系 積石塚에 대한 再考」『韓國上古史學報』28. 1998.
李文基, 「百濟 黑齒常之 父子 墓誌銘의 檢討」『韓國學報』64, 1991.
李文基, 「泗沘時代 百濟의 軍事組織과 그 運用」『百濟研究』28, 1998.
李成珪, 「中國의 分裂體制模式과 東아시아 諸國」『韓國古代史論叢』8, 1996.
李成市, 「軍事組織과 指揮體系」『百濟史上의 戰爭』, 충남대백제연구소, 1998.
李銖勳, 「新羅 中古期 部의 形態와 城村」『古代研究』1, 1998.
李永植, 「伽倻諸國의 國家形成問題」『白山學報』32, 1985.
李永植, 「百濟의 加耶進出過程」『韓國古代史論叢』7, 1995.
李鎔彬, 「百濟 初期의 地方統治體制 研究-'5部制'를 中心으로-」『實學思想研究』12, 1999.
李鎔彬, 「百濟의 檐魯制 研究」『明知史論』11·12합집, 2000.
李宇泰, 「百濟의 部體制-新羅와의 比較를 중심으로-」『百濟史의 比較研究』, 忠南大百濟研究所, 1993.
이정호, 「영산강유역의 고분 변천과정과 그 배경」『榮山江流域의 古代社會』, 學研文化社, 1999.
李鍾旭, 「南山新城碑를 통하여 본 新羅의 地方統治體制」『歷史學報』64, 1974.
李鍾旭, 「百濟의 國家形成」『大丘史學』11, 1976.
李鍾旭, 「百濟王國의 成長」『大丘史學』12·13합집, 1977.
李鍾旭, 「百濟의 佐平-삼국사기를 중심으로-」『震檀學報』45, 1978.
李鍾旭, 「高句麗 初期의 地方統治制度」『歷史學報』94·95, 1982.
李鍾旭, 「百濟의 建國과 統治體制의 編成」『百濟論叢』4, 1994.
李鍾旭, 「百濟 初期國家로서 十濟의 形成」『國史館論叢』69, 1996.
李鍾旭, 「한국고대의 부와 성격-소위 부체제설 비판을 중심으로-」『韓國古代史

硏究』 17, 2000.
李賢惠,「馬韓 伯濟國의 形成과 支配集團의 出自」『百濟硏究』 22, 1991.
李賢惠,「3세기 馬韓과 伯濟國」『百濟의 中央과 地方』, 忠南大百濟硏究所, 1996.
李賢惠,「金海地域의 古代 聚落과 城」『한국고대사논총』3, 1996.
李賢惠,「馬韓地域 諸小國의 形成」『三韓의 歷史와 文化－馬韓篇－』, 1997.
李賢惠,「4세기 加耶社會의 交易體系의 변천」『韓國古代史硏究』 1, 1988.
李賢惠,「4～5세기 榮山江流域 토착세력의 성격」『歷史學報』 166, 2000.
李炯基,「大加耶의 聯盟構造에 대한 試論」『韓國古代史硏究』 18, 2000.
이홍종,「『三國史記』'靺鞨'記事의 考古學的 接近」『韓國史學報』 5, 1998.
林起煥,「高句麗 初期의 地方統治體制」『慶熙史學』 14, 1987.
林起煥,「4～6세기 中國史書에 나타난 韓國古代史像」『韓國古代史硏究』 14, 1998.
林永珍,「百濟 漢城時代 古墳硏究」, 서울대대학원 박사학위논문, 1995.
林永珍,「馬韓의 形成과 變遷에 대한 考古學的 考察」『三韓의 歷史와 文化－馬韓篇－』, 1997.
張元燮,「百濟 初期 東界의 形成에 관한 一考察－靺鞨과의 關係를 中心으로－」『靑溪史學』 7, 1991.
張寅成,「중국 고대 障塞의 출현과 형태」『百濟硏究』 28, 1998.
全德在,「新羅 州郡制의 成立背景硏究」『韓國史論』 22, 1990.
全德在,「백제 농업기술 연구」『韓國古代史硏究』 15, 1999.
全榮來,「百濟 南方境域의 變遷」『千寬宇先生還曆紀念韓國史學論叢』, 1985.
全榮來,「百濟地方制度와 城郭－全北地方을 中心으로－」『百濟硏究』 19, 1988
田祐植,「百濟 漢城時代 末期 檐魯制의 實施와 展開」『北岳史論』 5, 1998.
田中俊明,「百濟 地方統治에 대한 諸問題－5～6세기를 중심으로」『百濟의 中央과 地方』, 忠南大百濟硏究所, 1996.
田中俊明,「新羅中原小京의 成立」『中原文化國際學術會議 結果報告書』, 忠北大湖西文化硏究所, 1996.
전호태,「고분 벽화에 나타난 고구려인의 신분관－5세기 집안지역 고분벽화의 인물도를 중심으로－」『한국 고대의 신분제와 관등제』, 대우학술총서 489, 2000.
鄭載潤,「熊津·泗沘時代 百濟의 地方統治體制」『韓國上古史學報』 10, 1992.
정찬영,「량 원제의 《직공도》에 대하여」『문화유산』 1962－6호, 1962.

趙法鍾, 「百濟社會의 流亡民과 盜賊의 政治的 性格에 대한 檢討」『百濟研究』 27, 1997.
조법종, 「한국고대사회의 신분과 부담」『韓國古代史研究』 12, 1997.
朱甫暾, 「新羅 中古期의 郡司와 村司」『韓國古代史研究』 1, 1988.
朱甫暾, 「蔚珍 鳳坪新羅碑와 法興王代 律令」『韓國古代史研究』 2, 1989.
朱甫暾, 「新羅의 村落構造와 그 變化」『國史館論叢』 35, 1992.
朱甫暾, 「明活山城作城碑의 力役動員體制와 村落」『西巖趙恒來敎授華甲紀念韓國史學論叢』, 1992.
朱甫暾, 「百濟 初期史에서의 戰爭과 貴族의 出現－部體制를 중심으로－」『百濟史上의 戰爭』, 忠南大百濟研究所, 1993.
朱甫暾, 「百濟의 榮山江 流域 支配方式과 前方後圓墳 被葬者의 性格」『韓國의 前方後圓墳』, 忠南大百濟研究所, 1999.
朱甫暾, 「『日本書紀』의 編纂背景과 任那日本府說의 成立」『韓國古代史研究』 15, 1999.
車勇杰, 「泗沘都城의 築城史的 位置」『사비도성과 백제의 성곽』, 서경문화사, 2000.
千寬宇, 「三韓의 國家形成」 上・下『韓國學報』 2・3, 1976.
千寬宇, 「馬韓諸國의 位置試論」『東洋學』 9, 1979.
千寬宇, 「目支國攷」『韓國史研究』 24, 1979.
崔夢龍, 「漢城時代 百濟의 都邑地와 領域」『震檀學報』 60, 1985.
崔夢龍・權五榮, 「考古學的 資料를 通해 본 百濟初期의 領域考察－都城 및 領域問題를 中心으로 본 漢城時代 百濟의 成長過程－」『千寬宇先生還曆紀念韓國史學論叢』, 1985.
崔夢龍, 「漢城時代 百濟의 領域과 文化」『韓國考古學報』 22, 1989.
崔夢龍, 「馬韓・目支國研究의 諸問題」『百濟論叢』 2, 1990.
崔夢龍, 「馬韓・目支國 研究의 諸問題」『三韓의 歷史와 文化－馬韓篇－』, 1997.
崔夢龍, 「夢村土城과 河南慰禮城」『百濟研究』 19, 1988.
崔在錫, 「百濟의 五部・五方研究 序說」『史學研究』 39, 1987.
崔鍾澤, 「고고학상으로 본 고구려의 한강유역진출과 백제」『百濟研究』 28, 1998.
韓圭哲, 「高句麗時代의 靺鞨研究」『釜山史學』 14・15, 1988.
韓沽劤, 「古代國家 成長過程에 있어서의 對服屬民施策－其人制 起源說에 대한 檢討에 붙여서－」『歷史學報』 12, 1960.

洪思俊,「梁代 職貢圖에 나타난 百濟國使의 肖像에 대하여」『百濟研究』12, 1981.
今西龍,「百濟五方五部考」『百濟史研究』, 近澤書店, 1934.
旗田巍,「『三國史記』新羅本紀にあらわれた'倭'」『日本文化と朝鮮』, 朝鮮文化社編, 1975.
武田幸男,「『6世紀における朝鮮三國の國家體制」『東アジア世界における日本古代史講座』4, 學生社, 1980.
白鳥古吉,「丸都及國內城考」『史學雜誌』25-4, 1914.
濱田耕策,「新羅の城・村社會と州郡制の施行」『朝鮮學報』84, 1978.
山尾辛久,「ヤマトの朝鮮支配說の形成」『古代の日朝關係』, 塙書房, 1989.
鈴木英夫, 「朝鮮史料の倭人・倭國－5世紀を中心に」『東アジアの古代文化』 44, 1985.
田中俊明,「『三國史記』にみえる'倭'關係記事について」『歷史公論』, 1982年 4月號.
田中俊明,「『南齊書』東夷傳の缺葉について」『村上四男退任記念朝鮮史論文集』, 1982.
請田正幸, 「六世紀前期の日朝關係－任那'日本府'を中心として－」『古代朝鮮と日本』,龍溪書舍, 1974.
坂元義種,「五世紀の<百濟大王>とその王・侯」『古代の朝鮮』, 學生社, 1973.

찾 아 보 기

ㄱ

ㄴ

ㅁ

ㅂ

ㅈ

日文抄錄

百濟地方統治制度研究

-檐魯制를 中心으로-

李 鎔 彬

百濟史に關する認識の幅がひろくなった最近, いちばん多くの關心が集中されている分野中の一が百濟の中央と地方の關係を糾明しようとする努力だということだ. このいうことは百濟の中央に依る地方支配の問題は結局, 百濟の政治發展の程度をわかるような重要な要因だからばかにしてはならない課題だ.

既存の研究では百濟の地方統治制度で5部制, 城・村制, 檐魯制, 王・侯・太守制, 5 方制等が上程されてある. しかし, この制度が繼承的な發展關係の中で存在してあるか, 時期的な先後關係と共存性の問題, また同一の制度に對するちがう表現かなどいろんな問題が解決されていない論難が續けている實情である.

したがって, 本の論文は百濟史の展開過程の中で存續した地方統治制度の正しい 實狀を把握することが目的である.

まず, 百濟初期の溫祚王代に區劃することで記錄されている5部制については存在與否とその性格などで多くの論難があるが, 考古學の資料と文獻の資料を綜合してみた結果, 夫餘系の高句麗の流移民だった百濟の建國勢力が前代の歷史的な經驗を援用して人爲的に編制する行政・軍事的な性格の地方統治組織だったとわかった. 百濟の建國勢力はこの部を通じて戰爭での效率性と領土の擴張及び人口の增大，新しい先進文化の受用，力役の動員單位等で役割を遂行して，また王土思想に對する意識の擴大と民の國家にたいする歸屬意識をもつようにした．したがって，百濟は部の編制とその機能を通じて古代國家への成長ができて， 王權の强化を指向することができることになった．

百濟の地方統治制度中いちばん多くの論難を惹起している制度は檐魯制だということだ．しかし，檐魯制に對する學界の大體的な見解は前代の制度であらわれる未熟性を克服して， 地方に對する直接的な統治を實現するために百濟の 全領域を對象で設定された制度で認識している．しかし，このような認識とはちがって，檐魯制が實施されていた時期にも5部制はいつもの通り百濟の地方統治の根幹になった反面，檐魯制は偏重された地域に特殊目的をもって設定したとみられている．それだから5部制に代身する檐魯制が登場したという旣存 見解は檐魯制の設定以前の百濟の地方統治制度の未熟性という側面の浮刻と その以後に施行する制度はもっと發展的なことになければならないという先入見が揭載になった結果だということである．

むしろ，檐魯は近肖古王の南方經略時の服屬になった全南地域と百濟の影響圈內にあった加耶の一部地域を對象で設置したとみられる．この地域はだいたい百濟とは種族的・文化的差異で異質城が常存していたからで，高句麗との全面的な對決に全力をつくさなければならない狀況下でこれらの勢力を百濟の旣存地方統治制度だという5部に編入させるというのはむしろ現實的な多くの負擔があったから，新しい統治方式を適用したとみられる．この地域では‘子弟宗族’を責任者として派遣していたが，このいうことは中國史書にみえる王侯號受爵者と『日本書紀』にみえる君呼稱者とおなじなことで，史書によってちがう名稱で記錄されていたということを確認することができた．

檐魯が編制した地域に對する支配方式は間接支配だが，檐魯の責任者が中央の指示によって，服屬地に對する軍事權・外交權・交易權等などを掌握とするのは土着支配層に經濟的な收取と勞動力の動員等を管掌させるようにする支配權を行事していることをみたら，直接支配を前提したとわかっっある.

百濟が5方制を編制した背景は前代の制度であらわれる諸問題點を克服して，新しく造成した國內外の環境變化に能動的に對處しようとする努力の一環だった．しかし，既存の研究では前代の唯一の制度で檐魯制を上程したことで，實施の背景に關する檢討方向から誤謬を犯していた．すなわち，5方制が編制する以前の百濟の地方統治制度は5部と檐魯が竝存する二元的な形態だったことで，むしろ主になる役割を遂行したのは5部制で檐魯制ははなはだしく限定される一部の特殊地域を支配する爲に制度の性格が强かった．したがって　5方制の編制背景は既存の理解とはちがって，5部制と檐魯制という各のちがう　制度の常存にしたがう國力の分散を克服して全統治領域を直接支配するという　同時に475年の對高句麗戰に露出した防禦體系の問題點を克服するためにしたことだった.

5方制の實施時期と關聯して考古學的な資料と文獻の史料を檢討した結果，6世紀の前半頃，すなわち泗沘遷都の以前だった熊津の都邑期に成しとげられたとみられる．特に，關聯の文獻史料を通じて，新しく征服した地域に對する　中央政府の支配力行事過程と方式をどのぐらい把握することができるが，すなわち軍事的な進出ができた以後，その地域が安定になったら本格的に行政區劃化の作業をして，このような過程を通じて地方統治が落ち着いたということを 確認できた．したがって，5方制の成立時期はこのような過程を適用してみる時，武寧王12年(512)を前後する時期で壓縮ができる.

5方制の統治構造は方-郡-城の統屬關係にいたが方城には縣級の城だけが

軍政と民政, すべての部分に直接的な領屬關係ができて, 方城と大部分の郡城との關係は兩面性があって, 軍政部分にあっては徹底な統屬關係がまもったが, 民政部分においては郡が中央と連結され, 方の直接的な統制を受けなかったとみられる.

このような關係は5方制が初め, 編制する當時にもう成立されて, 地域と時代的な狀況によってどのくらい屬性の變化を上程することができたが, 成立の 當時の基本構造とは多くの差がなかったとみられる.

百濟の5方制下であらわれる地方長官の名稱は方領・軍葬・城主でこれらの 官品は各各達率・德率・扞率だった. しかし, 後期になればなるほど下位等級の行政單位が增加してまた, 行政單位ではない防衛城なども增加するようになって, それらを總括する最上位級の地方官をもっと高位官で代替する必要性が 提起するようになった. これと別途で定員に制限があった佐平と達率等の官等が武寧王代の以後, 漸次定員が撤廢されることをみたら地方官の官等も上位 職級として調整になったという可能性も排除することができない.

以上のように, 百濟の地方統治制度は5部制－檐魯制－5方制の順序で變化發展するという旣存の認識とはちがう5部制－5部制・檐魯制の竝置期－5方制で變化していることを確認することになった.

저자약력

明知大學校 人文大學 國史學科(文學士)
同 大學院 史學科 碩士 및 博士課程修了(文學博士)
韓國記錄管理學教育院 卒業(2期)

主要論文으로는
百濟의 熊津 遷都와 政治變革
百濟 蓋鹵王의 卽位와 政治變革
百濟의 建國과 初期 地方統治體制 研究 - '5部制'의 編制過程을 中心으로 -
百濟의 檐魯制 研究
百濟의 5方制 成立過程 研究 등이 있다.

백제 지방통치제도 연구 - 담로제를 중심으로 -

초판 인쇄일 • 2002년 2월 1일
초판 발행일 • 2002년 2월 5일
발행인 • 김선경
지은이 • 이용빈
발행처 • 서경문화사
서울특별시 종로구 동숭동 199-15(105호)
Phone : 743-8203 / FAX : 743-8210 / E-mail : sk8203@chollian.net
등록번호 • 1-1664호

값 13,000원

ISBN 89-86931-41-9 93900